Jayne Gackenbach
Jane Bosveld

Herrscher im Reich der Träume

Jayne Gackenbach
Jane Bosveld

Herrscher im Reich der Träume

Kreative Problemlösungen durch luzides Träumen

AURUM VERLAG

Die amerikanische Originalausgabe erschien
unter dem Titel CONTROL YOUR DREAMS
im Verlag Harper & Row, New York.

Ins Deutsche übersetzt von Christian Stephan.

CIP-Titelaufnahme der Deutschen Bibliothek

Gackenbach, Jayne:
Herrscher im Reich der Träume : kreative Problemlösungen
durch luzides Träumen / Jayne Gackenbach ; Jane Bosveld. –
Braunschweig : Aurum, 1991
Einheitssacht.: Control your dreams <dt.>
ISBN 3-591-08298-8
NE: Bosveld, Jane:

1991
ISBN 3-591-08298-8

Gesamtherstellung: Chemnitzer Verlag und Druck GmbH, Zwickau

Inhalt

Vorwort von Charles T. Tart 7
Danksagung 15
Was ist dran am Traum? 19

Teil 1 Die Reise beginnt

Kapitel 1 Konversation in der Nacht
Macht und Bedeutung der Träume 23
Kapitel 2 Induktion der Erkenntnis
Der Weg zum luziden Träumen 49
Kapitel 3 Ein Blick in den Traum
Lieder, Liebe und der Reiz zu fliegen 71
Kapitel 4 Trainer in der Nacht
Der kreative Weg 99
Kapitel 5 Phantome der Nacht
Wie man die Dämonen in luziden Träumen konfrontiert 129
Kapitel 6 Der innere Heiler
Können Träume uns gesund machen? 159

Teil 2 Biologie des Bewußtseins

Kapitel 7 Die Träume des Heiligen
Das Raster der Meditation 189
Kapitel 8 Der paradoxe Traum
Schlüssel zum träumenden Gehirn 211
Kapitel 9 Der Stoff, aus dem luzide Träume sind
Das Rüstzeug luzider Träumer 233

Kapitel 10 Die Entwicklung der Seele
Aufbruch zum reinen Bewußtsein 261

Quellen 299
Bibliographie 301

Vorwort

Als Jayne Gackenbach und Jane Bosveld dieses Buch schrieben, haben sie allen Menschen, die an ihrem Innenleben interessiert sind, einen großen Dienst erwiesen. Die moderne Schlafforschung hat uns gezeigt, daß der Mensch etwa 20 Prozent seines Schlafes im Zustand des Träumens verbringt, bei acht Stunden Schlaf bedeutet dies also etwa eineinhalb Stunden für das Träumen. Könnte man dabei eventuell die bewußte Qualität dieses Traumlebens spürbar anheben, die Träume also unserem Tagesleben zuschlagen, dann wäre dies so, als wenn unsere Lebenserwartung sich um knapp 10 Prozent gesteigert hätte. Das wäre doch ein ziemlicher Fortschritt! Worin könnte dieser qualitative Sprung bestehen?

Aus der Sicht unseres Wachzustandes sind die meisten Träume, um es unverblümt zu sagen, eine recht stupide Angelegenheit. Wir sind in ihnen geistig nicht ganz klar. Wir schätzen vor allem die Realität unserer erlebten Situation nicht richtig ein, nämlich daß wir gerade träumen und uns nicht in der uns geläufigen (physikalischen) Welt bewegen. Auch haben wir nicht die vollen Kräfte und Fähigkeiten unseres Wachzustandes, beispielsweise des Beobachtens, des Gedächtnisses, der Vernunft, der Willenskraft und so weiter. Und obwohl Träume manchmal unangenehm oder schlichtweg langweilig sind, fällt es uns normalerweise im Traum nicht ein, etwas gegen die frustrierende Situation zu tun. Eine entsprechende Erfahrung im Wachzustand könnten wir aber leicht abändern. Ehrlich, wohl können Sie viele Dinge über sich selbst lernen, wenn Sie Ihre Träume retrospektiv deuten, dies also später im Wachzustand tun, im gerade erfahrenen

Traum ist man aber blind, frustriert und ohne Vernunft, verglichen mit dem Wachbewußtsein.

Im Jahre 1913 teilte der holländische Arzt Frederik Van Eeden die folgende erstaunliche Entdeckung der Welt mit: Man kann auch in seinen Träumen erwachen! Er meinte, daß man, anstatt ziemlich passiv und dümmlich vor sich hin zu träumen, nicht nur lernen könnte, die eigenen Träume besser zu verstehen, sondern auch, sie aktiv und nach eigenem Geschmack in (geistige) Abenteuer zu verwandeln. Man könne beispielsweise über die schönsten Landschaften hinwegfliegen oder seinen Lieblingsphilosophen herbeizitieren oder den verstorbenen Freund für eine ziemlich lebendige Diskussion. Die Qualität unseres Bewußtseins wäre luzide – klar – und darin dem Wachbewußtsein, in dem Sie gerade eben leben, ähnlicher, würde sich also deutlich unterscheiden vom typischen Traum-»Bewußtsein«. Obwohl Sie sich im Geiste klar fühlten und wüßten, daß Sie tatsächlich träumen, würde die Traumwelt um Sie herum perfekt und realistisch vor Ihren »Sinnen« bestehen bleiben.

Natürlich haben schon eine Menge Leute individuell, das heißt für sich, und voneinander unabhängig die Existenz des luziden Träumens entdeckt, nachdem sie spontan einen luziden Traum erlebt hatten. Diese Menschen hatten dann aber oft nur isoliert ihr persönliches Wissen und fanden nicht den ganzen Nutzen und die Erweiterung des Horizontes, die sich dann ergibt, wenn man solche Erfahrungen einander mitteilt. Nur eine größere historische Ausnahme gibt es davon, und zwar im tibetischen Buddhismus, in dem sich ein detailliertes Wissen von der Entwicklung und der Anwendung des luziden Träumens über Jahrhunderte erhalten hat. Aber diese Kenntnisse (die in diesem Buch wiedergegeben sind) waren uns bis vor kurzem nicht zugänglich. Frederik Van Eeden war nun einer der ersten, der das luzide Träumen im westlichen Kulturkreis »offiziell« entdeckte, weil er uns seine Erfahrungen in einer Publikation mitteilte.

Viele mögen denken, daß die Existenz luzider Träume wirklich aufregend und wichtig ist, aber im Jahre 1913 beachtete die Welt dies nicht sehr. Die *Proceedings of the Society for Psychical Research* (Berichte der »Gesellschaft für psychische Erforschung« in London), in denen Van Eedens Artikel erschienen war, erreichten gerade eine Leserschaft von einigen hundert Intellektuellen, die uns wenige Zeichen hinterließen, daß auf diesen Artikel Reaktionen zu verzeichnen waren.

In vieler Hinsicht war die Welt noch nicht bereit, Van Eeden zu verstehen. Viele Menschen erachteten Träume als einer ernsthaften Betrachtung nicht wert. Diese seien irgendwelche geistigen Anomalien, die von Störungen des sonst gesunden Schlafes herrührten; sie hätten die Ursache in etwas[3], was ich einmal die Hypothese des »Träumens wegen gesalzener Nüsse« genannt hatte. Damit ist das gemeint: Wenn man vor dem Schlafengehen etwas Ungewöhnliches wie gesalzene Nüsse gegessen hätte, würde der rumorende Magen einen dazu bringen, darüber zu träumen.

Die wenigen Intellektuellen dieser Zeit, die an Träumen interessiert waren, hatten sich in Freuds Theorien vertieft, die besagen, daß Träume gewöhnlich sinnvolle Repräsentationen negativer unbewußter Prozesse sind. Man könnte sie analysieren, aber man sollte sich nicht in ihnen täuschen, daß sie nicht als eine Art »Sicherheitsventil« dienten, um uns von lästigen Triebregungen zu befreien. Außerdem war die Welt zu stark eingenommen vom Fortschritt der Naturwissenschaften, um sehr an solchen geistigen Raritäten interessiert zu sein: Da die Wissenschaft uns ermöglicht hatte, die Probleme der Armut und der Krankheit zu lösen, stellte man sich vor, dergestalt könnten auch alle anderen Probleme verschwinden.

In den sechziger Jahren begannen wir zu entdecken, daß materieller Fortschritt und Reichtum nicht genug sind, nicht einmal für diejenigen, die glücklich genug sind, ihn zu erlangen. In einem glücklichen Leben ist Sinnfindung das wichtigste Element, ein Gefühl des Verstehens für das Wesen unserer

Realität und ihrer Ziele sowie unseres Platzes in der Ordnung aller Dinge. Wenn Freiheit von krasser Armut und physischem Leiden sicherlich wünschenswert ist, so brachte es doch nicht viel Glück, einfach mehr und mehr materielle Güter zu erlangen.

Die sechziger Jahre brachten uns das Interesse an östlichen Religionen, das Biofeedback, die sensorische Deprivation, Meditationstechniken, psychedelische Drogen, *acid rock*, alles Reaktionen auf den grassierenden Materialismus unserer Kultur. Viele Menschen wollten tiefere Lebenserfahrungen finden, wir wollten tiefe Werte erleben. Einige – mich eingeschlossen[1] – glaubten, daß verschiedene veränderte Bewußtseinszustände lohnende Wege dahin sein könnten. In einem solchen veränderten Erleben konnten wir zeitweilig Dinge von einer anderen Warte sehen und denken und mit neuer Logik und Gefühlen evaluieren, anstatt immerzu dieselben alten Sichtweisen des rationalen Tageslebens zu repetieren, die uns so unzulänglich erschienen.

Viele veränderte Bewußtseinszustände sind entweder schwierig zu erreichen oder auch etwas gefährlich zu erforschen, aber es gibt einen, der jedem Menschen zugänglich ist: unsere Träume. Wir wissen nun, wie in diesem Buch genau dargestellt wird, daß jeder Mensch etwa 20 Prozent seiner Schlafzeit in einem physiologischen Zustand verbringt, der stark mit dem Träumen assoziiert ist, ob er sich nun an seine Träume erinnert oder nicht. Wenn wir lernen könnten, mit diesem veränderten Erlebniszustand des Träumens zu arbeiten, wenn wir manchmal das Träumen luzide – das heißt klar bewußt – machen könnten, welche Möglichkeiten eröffneten sich dann für uns?

Ich war einer der wenigen, die in den sechziger Jahren von Van Eeden wußten und ihn schätzten. Als Kind hatte ich gelegentlich an Alpträumen gelitten. Ich entdeckte das luzide Träumen auf eigene Faust als einen Weg, mich von den Alpträumen zu heilen, weshalb ich seine Existenz und den praktischen Wert kannte. So war ich in der Lage, Van Eedens Entdeckung vom Vergessen zu bewahren, indem ich seinen Artikel in meiner Anthologie *Altered States of Consciousness* (Veränderte Bewußtseinszustände; 1969)[2] abdruckte.

Im selben Buch veröffentlichte ich auch den Artikel des Psychologen Kilton Stewart aufs neue, der uns von einem ganzen Stamm eines malaysischen Volkes berichtete, den Senoi, die das luzide Träumen regelmäßig praktizierten und, scheinbar als ein Ergebnis davon, ein sehr glückliches und geistig gesundes Leben führten. Neuere Forschungen[3] lassen vermuten, daß Stewart wohl aufgrund des Nachteils, daß er über Dolmetscher arbeiten mußte, die Tüchtigkeit der Senoi beim luziden Träumen ziemlich überschätzte; aber seine Grundidee war doch so wahr wie inspirierend: Wenn man eine aktivere, luzide Haltung in seinen Träumen einnahm, konnte man mehr nächtliche Abenteuer erleben und darin psychologisch wachsen, wenn man diesen veränderten Zustand erkundete. Das Buch *Altered States of Consciousness* wurde auch als ein wissenschaftlich gefaßter Sammelband ein Bestseller und verbreitete die Idee der Luzidität weithin.

Während viele Menschen davon inspiriert waren und mit unterschiedlichem Ausmaß an Erfolg versuchten, in ihren Träumen luzide zu werden, blieben viele andere, besonders in der wissenschaftlichen Forschung, skeptisch. Wie sollte das schlafende Gehirn einen völlig wachen Zustand kreieren können, der in der Traumwelt existieren konnte? Vielleicht waren luzide Träume tatsächlich überhaupt nicht real vorhanden oder lediglich Augenblicke lebhafter Imagination während kurzer Momente der Wachheit in der Nacht? (Als wenn wir den Vorgang der Imagination schon gut genug verstanden hätten, um die Luzidität mit dem Hinweis darauf beiläufig abzuwerten!)

Die Arbeiten zweier voneinander unabhängiger Forschungsteams, die in diesem Buch beschrieben sind, und zwar von Alan Worsley und Keith Hearne in England und Stephen

LaBerge in Stanford, Kalifornien (USA) legten allerdings sehr klar dar, daß die luziden Träume in demselben physiologischen Zustand wie das gewöhnliche Träumen stattfinden. Der luzide Träumer befindet sich physiologisch eindeutig im Schlaf und träumt, selbst wenn sein Bewußtsein wach ist.

Wenn dies auch aufschlußreich sein mag, worin liegt dann aber der Unterschied, wenn wir unsere Fähigkeiten, luzid zu träumen, entwickelt haben?

Wir leben in einer überwiegend materialistischen Gesellschaft, welche die Wissenschaft ziemlich blind verehrt, und *Big Science* ist heute fast ausschließlich physikalische (Natur-) Wissenschaft. Es gibt einen starken Hang sowohl unter Wissenschaftlern als auch bei den Laien, daß dasjenige, was real ist, auf Physik, Chemie, Elektrik oder Physiologie zurückzuführen sei. Diese Haltung durchdringt unsere Kultur und hat wichtige negative Konsequenzen für unser inneres Selbstverständnis, wie ich an anderer Stelle dargestellt habe[4].

In diesem Sinne sind Träume für lange Zeit als unwichtig, bloß subjektiv herabgewürdigt worden. Die Entdeckung der fünfziger Jahre, daß Träume in einem spezifischen physiologischen Zustand des Organismus auftreten – Hirnwellen der Stufe 1 und rasche Augenbewegungen – hatte auch einen stark »wissenschaftspolitischen« Effekt: Träume wurden erst danach in der wissenschaftlichen Welt als »real« angesehen, und es war damit legitimiert, sie zu erforschen. Während vorher fast kein Naturwissenschaftler Träume studiert hatte (die wenigen, die es doch getan hatten, eher zum Nachteil ihrer Karriere), begannen viele Forscher mit Traumforschung, und hinreichende finanzielle Forschungsmittel wurden verfügbar.

In ganz analoger Weise machte die Entdeckung, daß die luziden Träume in einem meßbaren physiologischen Zustand stattfinden, das luzide Träumen »real« für viele Wissenschaftler und legitimierte ihre Erforschung. Dies hat zu vielen Studien verschiedenster Aspekte luzider Träume geführt, die ansonsten kaum stattgefunden hätten: wie sie sind, wer sie hat, wie wirksam verschiedene Techniken der Herbeiführung sind und so weiter.

Ich persönlich glaube, daß es eigentlich etwas albern ist, seelische Ereignisse »physiologisieren« zu müssen, um ihre Erforschung zu legitimieren. Da gleichwohl die Erkenntnisse aus diesen Untersuchungen für uns alle nützlich sind, ist es dennoch gut, daß dem so geschah. Freilich äußert sich in einem derartigen Bestehen auf der Physiologie[5] ein allzu begrenztes Wissenschaftsverständnis; dies stellt jetzt ein größeres Hindernis in dem Bemühen dar, unser psychologisches und spirituelles Leben zu verstehen und zu entwickeln.

Jayne Gackenbach und Jane Bosveld haben ein faszinierendes Buch geschrieben, in dem sie unseren gegenwärtigen Wissensstand vom luziden Träumen darstellen. Besonders nützlich ist es, weil es solide auf den neuesten wissenschaftlichen Ergebnissen basiert und klar formuliert ist. Die Autorinnen haben außerdem einen breiten Horizont. In diesem Buch werden keine trockenen wissenschaftlichen Fakten über das luzide Träumen aneinandergereiht; hier wird eine Perspektive hergestellt, was das luzide Träumen für den Menschen und die Gesellschaft sowohl in psychologischen als auch in spirituellen Begriffen bedeuten kann. Das Ergebnis ist faszinierend. Angenehme Träume!

Charles T. Tart

University of California
Davis, California, USA und
Institute of Noetic Sciences
Sausalito, California, USA

1. Tart, C. T.: Science and the Sources of Value. *Phoenix: New Directions in the Study of Man* 3 (1979), Seite 25–29

2. Tart, C. T. (Hg.): *Altered States of Consciousness: A Book of Readings.* New York, 1969: Wiley & Sons
3. Domhoff, W.: *The Mystique of Dreams: A Search for Utopia through Senoi Dream Therapy.* Berkeley, CA, 1985: University of California Press
4. Tart, C. T.: *Open Mind, Discriminating Mind: Reflections on Human Possibilities.* San Francisco, 1989: Harper & Row
5. Tart, C. T.: States of Consciousness and State-Specific Sciences. *Science* 176 (1972), 1203–1210

Danksagung

Dies ist das letzte Stück am Buch, das ich noch zu schreiben habe, weshalb ich gerade nicht so sicher bin, ob ich den Leuten, die mir dies eingebrockt haben, nun noch Dank sagen möchte oder sie eher verwünschen sollte. Freilich, an diesem Punkt scheint es fast auf dasselbe hinauszulaufen.

Nach all den Geschichten, die mir zugetragen wurden – und das wären hier die am wenigsten recherchierten Informationen – kam die Idee für das Buch-Projekt von Craig Nelson, Lektor beim Verlag Harper & Row. Beim Lunch mit der Literatur-Agentin Barbara Lowenstein meinte er: »Ich glaube, es wäre mal wieder Zeit für ein Buch über Träume.« Barbara, die schon auf hundert Meter einen Buch-Kontrakt wittern kann, stimmte ihm darin gleich zu. Gleich nachdem sie in ihr Büro zurückgekehrt war, rief sie Dick Teresi an, der Redakteur bei der amerikanischen Zeitschrift *Omni* ist, und fragte ihn: »Wer bei euch hatte diesen Artikel über das luzide Träumen geschrieben?« Dick, dessen banktresorähnliches Gedächtnis plötzlich ein Loch hatte, meinte: »Ruf mal Jane an!« Zwar war nicht ich die Autorin gewesen, die sich die Idee mit dem Experiment des luziden Träumens ausgedacht hatte, sondern Pamela Weintraub. Aber das wollte ich gerade Barbara so unrecherchiert nicht wiedergeben.

Ein paar Wochen später war ich auf dem alljährlichen Kongreß der Association for the Study of Dreams (Wissenschaftliche Gesellschaft für Traumforschung) und lief dort Jayne Gackenbach in die Arme, die an dem Projekt mit *Omni* beteiligt gewesen war. Sie fragte mich, was ich auf der Tagung vorhätte und ob *Omni* plane, mal wieder etwas über Traumforschung herauszubringen. »Na klar«, erzählte ich ihr, wir seien doch immer für einen guten Traumartikel zu haben; ich sei gerade dabei, Stoff für ein Buch über Träume zu sammeln. Sie schaute mich an und meinte, daß sie auch an einem Buch über Träume arbeitete. Das war nun »opportunistische« Liebe auf den ersten Blick. Später am Telefon sprachen wir weiter darüber und waren schon auf und davon.

Einmal in Gang gebracht, war es eine bemerkenswert glatte Angelegenheit. Wärmsten Dank für ihre Unterstützung sage ich den Freunden, Modems, Veterinären und Mitstreitern bei *Omni*. Um von letzteren zu sprechen, nicht alle Herausgeber haben die Vorstellung gern, daß ihre Redakteure an einem Projekt außerhalb des Hauses mitarbeiten. So hatte ich Glück, daß Patrice Adcroft (Herausgeberin von *Omni*) dem ihren Segen gab. Danke, Patti, und mögen all deine Träume – und die von allen anderen Leuten – so luzide sein.

Jane Bosveld

Als ich vor zwölf Jahren in der Gegend des James River bei Richmond (Virginia, USA) lebte, lernte ich zum ersten Male jenen ungewöhnlichen Traumzustand kennen, der luzides Träumen genannt wird. Diese Träume waren wahrscheinlich eine Reaktion auf die Krankheit und den darauffolgenden Tod einer Freundin von mir, die 85 Jahre alt geworden war. Bis zum Schluß hatte sie in ihrem Blockhaus gewohnt, ganz nahe dem Land, das sie so geliebt und über fünfzig Jahre lang gehegt und gepflegt hatte.

Ich war an einem Punkt meines Studiums angelangt, an dem von mir erwartet wurde, daß ich das Thema meiner Dissertation formulierte. Mir kam der Gedanke, daß diese wenig erforschten Träume interessant genug für eine Untersuchung sein könnten. Mit der finanziellen wie auch der moralischen

Unterstützung der *Association for Research and Enlightenment** im nahe gelegenen Virginia Beach (Virginia, USA) begann ich meine Karriere für die Erforschung des Bewußtseins während des Schlafzustands.

Nachdem ich den Doktortitel der Virginia Commonwealth University mit einer Dissertation über diese sogenannte Traum-Luzidität erworben hatte, führten mich meine Forschungen kurz ins Hügelland des westlichen Pennsylvania (USA) an das Clarion State College und danach in die wellige Ebene des Bundesstaates Iowa. Dort an der University of Northern Iowa verbrachte ich neun Jahre damit, das luzide Träumen zu untersuchen und noch weitere Formen des Bewußtseins im Schlafzustand mit Hilfe meiner Kollegen an der Maharishi International University in Fairfield, Iowa. Dieses Buch wurde mit Unterstützung der University of Northern Iowa und der University of Alberta (Kanada) geschrieben, wo ich mein Studienjahr verbrachte.

Hier müßten sehr viele Kollegen und Freunde, die mich während dieser zwölf Jahre der Forschung und Theoriebildung über Bewußtseinsphänomene im Schlafzustand begleitet und beraten haben, Erwähnung finden. Stellvertretend möchte ich mich hier bei den folgenden bedanken, die direkt oder indirekt etwas zu meiner Arbeit über luzide Träume beigesteuert haben: Kathy Belicki, Fariba Bogzaran, Erik Craig, Bob Cranson, Joe Dane, Gayle Delaney, Robert Dentan, Rita Dwyer, Patricia Garfield, Albert Gilgen, George Gillespie, Gordon Globus, Milt Kramer, Stan Krippner, Don Kuiken, Judith Malamud, Scott Sparrow, Vera Sullivan, Charles Tart, Paul Tholey, Mary Tuttle, Bob Van de Castle und Alan Worsley. Diesen Menschen möchte ich auch stellvertretend für die vielen Ungenannten danken, die mir ihren Rat oder ihre Hilfe gegeben haben. Es gibt aber noch jene vier

* Die A.R.E. erforscht Phänomene des Bewußtseins, der Meditation und Spiritualität (Anm. des Übersetzers)

guten Kollegen, die mich mit ihrer Freundschaft, mit ihrem professionellen Rat und durch ihre persönliche Unterstützung, in der Zeit nachhaltig beeinflußt haben, als ich meine Vorstellungen über die Bewußtheit im Schlafzustand entwikkelte. Dies sind Skip Alexander, Stephen LaBerge, Alan Moffitt und ganz besonders Harry Hunt, ohne den dieses Buch nicht existieren würde.

Schließlich danke ich meiner Familie und den Freunden, die sich mit meiner unbeirrbaren Obsession für das Phänomen der Bewußtheit im Schlaf zu arrangieren hatten, für ihre Toleranz und die Unterstützung. Besonders aber würdige ich die Liebe, Nachsicht, den Rat und die generelle Unterstützung durch meinen Mann und Kollegen Thomas Snyder. Er war sowohl intellektuell als auch emotional für mich da von Anbeginn meiner Arbeit in unserer Blockhütte in Virginia, die vielen Jahre in Iowa hindurch und jetzt in Kanada.

Jayne Gackenbach

Was ist dran am Traum?

Dieses Buch behandelt eine besondere Sorte von Träumen, diejenigen, in denen man realisiert, daß man träumt, und dies nicht erst, nachdem man erwacht ist und sich sagt: »Mensch, war das ein Traum.« Vielmehr soll es um jene Träume gehen, in denen man, während man träumt, zu sich selbst sagt: »Jetzt träume ich doch!« Diese Träume werden luzide Träume genannt, und obwohl noch nicht jeder Mensch einen solchen Traum gehabt hat, können doch fast alle lernen, luzide zu träumen. Wir werden zeigen, wie.

Dieses Buch handelt auch davon, warum Sie sich einen luziden Traum wünschen dürfen. Es berichtet ausführlich darüber, wie das luzide Träumen Ihr psychologisches Wohlergehen verbessern und vielleicht sogar Ihre Gesundheit beeinflussen kann. Es ist eine Untersuchung darüber, wie die luziden Träume unsere Vorstellungen davon, was real ist und was illusionär, herausfordern sowie darüber, was es im Grunde bedeutet, bewußt zu sein.

Es beschreibt die Entwicklung des menschlichen Geistes, die in der wissenschaftlichen Erforschung des luziden Traums enthüllt wird.

Teil 1

Die Reise beginnt

Kapitel 1

Konversation in der Nacht

Macht und Bedeutung der Träume

Vielleicht gibt es andere Welten,
die realer sind als die Welt
des Wachzustands.
Marcel Proust

Wenn wir wach sind, wird in unseren Köpfen die erlebte Umwelt definiert. Wir entscheiden darüber, welche Ideen wir uns zu eigen machen, wessen Hand wir halten möchten oder welchen Namen wir unserer Katze geben. Wir wollen den Bewegungen der Börsenkurse folgen oder dem jahreszeitlichen Wechsel der Sternenkonstellationen am Himmelszelt. Kontinuierlich verflechten sich unser genetisch determiniertes Erbe und die Zufälligkeiten der Umweltbedingungen, und damit wird jenes geschaffen, was wir selbst zu sein glauben. Aber die festgelegte Landschaft in unserem Tagesbewußtsein macht nur einen Teil unseres Daseins aus. In jenen drei Pfund Materie, die unseren Geist bilden, entstehen noch andere Welten. Wir schließen die Augen und treiben jede Nacht dort hinein; aus einer biologischen Notwendigkeit heraus lassen wir das los, was wir kennen. Viele Menschen aber widmen dem kaum Aufmerksamkeit, was dort im Traum abläuft; sie stehen dem, was in ihren Träumen liegt, ähnlich uninteressiert gegenüber wie ein gelangweilter Postangestellter »seinen« Briefen, wenn er sie nach Postleitzahlzonen sortiert.

Wenn das zu ändern wäre, wenn wir uns die Welten des Traums genauer anschauen könnten, würden wir ein Terrain entdecken, das so vielfältig und so attraktiv ist wie nur irgendeines, das wir im Wachzustand kennen. Einmal darauf eingestellt, könnten uns unsere nächtlichen Visionen futuristische Städte zeigen, die Stimme eines lang verstorbenen Freundes offenbaren, die Dachkammern einst bewohnter Häuser öffnen, die wir längst vergessen haben. Wir könnten Blicke auf Raumkreuzer außerirdischer Kulturen erhaschen, den süßen, vertrauten Duft von reifem Mais riechen oder einen Abend damit zubringen, dem Rhythmus der Trommelschläge am Feuer eines Stammeslagers nachzuhorchen. Die Straßen unserer Traum-Welten durchqueren den Raum und die Zeit; sie verbinden das Gewußte mit dem Vorgestellten; sie erhellen das Auf und Ab unseres Lebens in reichen Metaphern.

Unsere Träume können uns aus der Realität befreien. Einige Überlebende aus den Konzentrationslagern Hitlers haben erzählt, daß sie während ihrer Gefangenschaft nur wenige Träume mit Greueltaten geträumt hätten. Indes berichteten sie über schöne Träume von früher erlebten guten Zeiten oder über Träume, die die Vorfreude auf ihre Befreiung aus Auschwitz, Dachau oder Bergen-Belsen zum Thema hatten. Aber ähnlich wie politische Systeme können Träume auch zu Fallen werden: Einige Menschen leiden ein Leben lang an sich wiederholenden Alpträumen, die so schlimm sind, daß schließlich der Schlaf selbst zum Feind wird.

Jede Nacht werden wir in unseren Träumen wiedergeboren. Paradoxerweise möchten wir unsere Träume oft verleugnen, weil wir unfähig sind, darin einen Sinn zu sehen, und lassen deshalb die seltsamen, trügerischen Bilder der Nacht fallen. Dies jedoch ist bis zu einem gewissen Grad auch ein Ausdruck unserer Kultur. In vielen alten Gesellschaften glaubte man, der Traum sei das nächtliche Gegenstück zum Tagesleben, erfüllt mit geheimer Weisheit und spiritueller Erleuchtung. Ein guter Jäger konnte das Wild im Traum entdecken und dann aus diesem Wissen heraus seinen Stamm zur Nahrungsquelle führen. In vielen Stammeskulturen wird diese Tradition noch heute fortgeführt. Die Arapesh aus Neuguinea, die Tarahumara (Raramuri) aus Mexiko, die nordamerikanischen Zuni-Indianer und die Stämme aus dem mittleren Westen der USA verlassen sich noch auf ihre Träume zur Orientierung.

In europäischen Kulturen war der Wert, der Träumen beigemessen wurde, vielfachen Veränderungen unterworfen. Die alten Griechen und Römer besuchten Traum-Tempel und warteten dort auf die Stimmen der Götter, die sie heilen oder beraten sollten. Regeln zur Interpretation von Träumen wurden entwickelt: Schmutziges Wasser im Traum zu trinken, zu lachen oder Süßigkeiten zu essen, sollten Anzeichen von Krankheit sein; zu träumen, zu weinen, geschlagen zu werden oder gar die Kehle durchgeschnitten zu bekommen, sollte Glück bedeuten. Im Mittelalter aber wurde all dies gänzlich verworfen. Träume wurden jetzt häufiger als ein Werk des Teufels angesehen, denn als das Werk Gottes. »Ihr sollt keine Hexe am Leben lassen«, wurde gefordert; und es konnte noch gleich hinzugefügt werden: »... oder ebenso jene Menschen, die ihre Träume aufmerksam deuten.«

Als solch blinder Glauben der Vernunft Platz machte, wurden auch die Träume ein Werkzeug der Philosophen, die sie für Rätsel des Bewußtseins hielten. »Niemand hat irgendeine Sicherheit, außer seinen Glauben«, schrieb Pascal, »ob er wach ist oder schlafend.« Descartes sah dieselbe Unsicherheit zwischen Wachsein und Träumen. Auch Schriftsteller fanden eine zweite Welt im Traum. Emerson schrieb, Träume »scheinen auf eine Fülle und einen Fluß von Gedanken hinzuweisen, die unserer Tageserfahrung nicht vertraut ist. Sie reizen uns, weil sie von uns unabhängig sind, und dennoch erfahren wir uns inmitten dieser närrischen Gesellschaft, und wir verdanken den Träumen eine Art Vorahnung und Weisheit. Meine Träume sind nicht ich; sie sind keine Naturkräfte; (...) sie sind beides.«

Erst im 19. Jahrhundert wurden die Träume wissenschaftlich als eigenständige Phänomene untersucht. Frühe Forschungen zur Neurobiologie des Gehirns führten zu einer Menge Theorien über Ursprung und Sinn des Träumens. Die Wissenschaftler machten sich zu ihren eigenen Forschungsobjekten, zeichneten ihre Träume auf und führten Experimente durch, um festzustellen, was den Inhalt des nächtlichen Bewußtseins beeinflussen könnte. Folgten Alpträume auf stark gewürzte Mahlzeiten? Wurden Fallträume dadurch verursacht, daß ein Bein aus dem Bett baumelte?

Als Vater der modernen Traumdeutung hielt Sigmund Freud Träume für die Entlarvung der unbewußten Seelenregungen. Analysiert eure Träume, sagte er, und ihr werdet die Gründe für eure Sorgen entdecken, die vergessene Stimme eurer Seele. Die Veröffentlichung von Freuds *Traumdeutung* (1900) leitete eine neue Ära der Traumforschung ein, welche die Ansichten über Schlaf und Träume fast fünfzig Jahre lang prägen sollte. Nach und nach wurde seine Ansicht akzeptiert, daß Träume Botschaften des Unbewußten seien, die unsere Aufmerksamkeit verdienten, weil in ihnen der Schlüssel für das Verständnis des menschlichen Seelenlebens läge.

In der ersten Hälfte unseres Jahrhunderts blieb die Biologie des Traumzustands allerdings weitgehend ein Mysterium. Die meisten Naturwissenschaftler meinten, das Gehirn sei physiologisch während des Schlafes untätig, und Träume seien rein psychologischer Natur. Im Jahre 1953 fand dann doch die Entdeckung statt, die das Gegenteil beweisen sollte. Als Eugene Aserinsky, ein ehrgeiziger junger Student, im Labor des berühmten Schlafforschers Nathaniel Kleitman Schlafforschungen durchführte, untersuchte er zunächst die Art und Weise, wie Kinder im Schlaf ihre Augen bewegten. Das war ein besonders ermüdender Job, weil dazu gehörte, die unterschiedlichen Augenbewegungen einer ganzen Anzahl von Kindern auszuzählen. Aber wie es bei wissenschaftlichen Experimenten so oft der Fall ist, zahlte sich die Geduld am Schluß aus, als Aserinsky so etwas wie ein recht regelmäßiges Muster von Augenbewegungen bei allen Kindern fand.

Nachdem er das gleiche Experiment auch an Erwachsenen durchgeführt hatte – diesmal jedoch mit einer elektrischen Vorrichtung, um die Augenbewegungen aufzuzeichnen –, entdeckte er, daß sich nach etwa eineinhalb Stunden Schlaf die langsamen, regelmäßigen Augenbewegungen des Schlafs sich plötzlich in schnelle, ruckartige verwandelten. Dieser Aktivitätsausbruch dauerte bis zu einer halben Stunde oder länger. Aserinsky und Kleitman zeichneten erst einmal andere physiologische Reaktionen auf und fanden dabei heraus, daß während dieser Phasen rascher Augenbewegungen (englisch *rapid eye movements*, abgekürzt REM) Herzschlag und Atemfrequenz stiegen und sich die Muster der Hirnwellen änderten, was darauf hindeutete, daß das Nervensystem aus irgendeinem Grund aktiviert worden war. Es war die dann folgende Erkenntnis dieser Forscher, die die wissenschaftliche Welt aufmerksam werden ließ. Versuchspersonen, die während dieser REM-Phasen geweckt wurden, berichteten fast jedesmal einen lebhaften Traum. Jahre später entdeckten Wissenschaftler übrigens, daß Personen, die aus anderen Schlafstadien geweckt wurden, auch häufig über gedankenähnliche Sequenzen oder kleine Träume berichteten, während des REM-Schlafes aber fanden sich diese komplizierten Schaustücke, die wir uns als Träume vorstellen, am regelmäßigsten.

Seit Aserinsky und Kleitmans Entdeckung hat die Untersuchung der biologischen Aspekte des Traumzustands die Schlaf-/Traumforschung beherrscht. Der Mensch, fanden die Wissenschaftler, ist nicht der einzige Träumer im Tierreich: Alle Säugetiere, außer einem einzigen, erleben einen REM-Schlaf und gleichen ihn, sobald dieser Schlaf ihnen entzogen worden ist, in der folgenden Nacht durch verlängerte REM-Phasen aus. Das einzige Säugetier, das keinen REM-Schlaf kennt, – der Ameisenigel (Echidna) in Australien – kann nun zufällig mit einer Hirnrinde im Stirnbereich aufwarten, die in Proportion zu den übrigen Hirnteilen sogar größer ist als die des Menschen. Nach der Theorie eines Forschers entwickelte sich bei diesem primitiven Säugetier ein so riesiger präfrontaler Kortex (wobei man lange annahm, dies sei gerade ein Merkmal für die intelligentesten Tiere) deshalb, um die Verarbeitung des am Tage Erlebten zu ermöglichen. Andere Säuger sollen dann die Fähigkeit zu träumen entwickelt haben, um viel von dieser Information verarbeiten, wenn sie in jener »Ausfallzeit« in der Nacht schlafen.

Andere Forschungen enthüllten, daß die REM-Phasen ihren Ursprung im Hirnstamm nehmen, einem Teil des Gehirns, der frei von logischen Gedankenprozessen ist. Dieses Ergebnis führte den Psychiater J. Allan Hobson von der Harvard Medical School und seinen Kollegen Robert W. McCarley dazu anzunehmen, daß Träume nur wenig mit der unbewußten Denkwelt zu tun haben. Vielmehr sollen sie zufällige Bilder sein, aus denen das schlafende Gehirn Sinn macht, indem es sie zu komplizierten Geschichten verbindet. Mit anderen Worten entstehen Träume, um unzusammenhängende mentale Bilder zu strukturieren, die spontan im Gehirn produziert werden. Der Nobelpreisträger Francis Crick und sein Kollege Graeme Mitchison sind sogar noch weiter gegangen mit ihrer Hypothese, daß Träume nichts weiter seien als der überflüssige Rest des Wachlebens. Das träumende Gehirn funktioniert nach ihrer Hypothese ähnlich wie ein Müllwagen, der den Abfall aus dem Wachleben abholt, um ihn danach auszukippen. Und wie Schrott sollte man Träume am besten gleich vergessen.

Es ist nicht erstaunlich, daß Crick und Mitchisons Theorie eine weniger positive Reaktion von vielen Wissenschaftlern erntete. Der Psychiater Gordon Globus, Autor des Buches *Dream Life, Wake Life*, zum Beispiel hat darüber folgendes zu sagen:

> Ich wäre eher geneigt, diese Polemik ernst zu nehmen, wenn Crick und Mitchison uns Gründe gäben anzunehmen, sie hätten überhaupt schon ernsthaft in der klini-

> schen Praxis gearbeitet und dabei ihre eigenen Träume oder die anderer Menschen aufgeschlossen untersucht. Ihr Standpunkt, daß Träume im Grunde mechanische, bedeutungslose Produktionen seien, beruht auf diesem Faible, ungemildert durch möglichen Kontakt mit Traumangaben. Kliniker sind dagegen besser informiert, einfach wegen ihrer ausgedehnten Erfahrung in der Arbeit mit wirklichen Träumen. Überhaupt findet jeder, der seine eigenen Träume ernsthaft untersucht, (...) sie für sich persönlich bedeutungsvoll.

Tatsächlich gibt uns die klinische Forschung überzeugende Hinweise darauf, wie wichtig es ist, die eigenen Träume zu beachten. Rosalind Cartwright, ein Glanzlicht für die Traumpsychologie, hat in ihren zahlreichen Untersuchungen gezeigt, daß Träume uns direkten Zugang zu den emotionalen Drehpunkten in unserem Leben verschaffen. Sie helfen uns, mit Depressionen umzugehen und fungieren als ein »Mechanismus« für psychologisches Wachstum. Auch Donald Kuiken von der University of Alberta (Kanada) hat die Wirkung dokumentiert, welche die Emotionen des Traums auf die Gedanken und Gefühle des Wachlebens haben.

Nichtsdestoweniger stellen die physiologischen Traumtheorien, etwa von Hobson und McCarley, eine schwere Herausforderung für die vielen Traumforscher dar, die glauben, daß Träume mehr sind als die Summe ihrer physiologischen Teile. Alan Moffitt, Entwicklungspsychologe an der Carleton Universität in Kanada, machte darauf aufmerksam, daß die gegenwärtige Traumpsychologie nun eine »intellektuelle Basis« definieren muß, um die in der klinischen Praxis wie in der Öffentlichkeit akzeptierte Vorstellung zu rechtfertigen, daß das Arbeiten an Träumen gut für den Menschen ist. Ähnlich behauptet David Foulkes, einer der heute führenden Theoretiker der Traumforschung, daß die Psychoanalyse wie auch die psychophysiologische Untersuchung des Träumens gleichermaßen dabei versagt haben, uns eine befriedigende Erklärung des Traumvorgangs zu geben. Er schlägt eine »geistige Einberufung« vor, um den Traum von den Begrenzungen der Psychoanalyse und den freudlosen Beschränkungen einer rein biologischen Definition freizumachen.

»Das Träumen«, wie er in seinem Buch *A Grammar of Dreams* (Grammatik der Träume) schreibt, »muß als etwas angesehen werden, das mehr als ein abnormes Wahrnehmen ist. Es ist eine begriffliche Leistung des Menschen von äußerster Wichtigkeit und eines der Kernprobleme kognitiver Psychologie. Der Traumprozeß muß noch einmal wie unter Freud als ein so zentrales Problem für die Untersuchung unserer Seele angesehen werden, daß seine Lösung dazu beitragen kann, die fundamentalen Strukturen der menschlichen Erkenntnis zu enthüllen.«

Die meisten Traumwissenschaftler sind sich heute darin einig, daß sich der Traumvorgang in eine umfassende Theorie seelischer Vorgänge einfügen sollte und daß er als komplexe symbolische Aktivität des Gehirns verstanden werden sollte, als Komplement zum Wissen im Wachsein. In diesem Sinne hat Globus einen Rückgriff auf die neuere Theorie zur Informationsverarbeitung im Assoziationismus gemacht, um zu erklären, warum Träume nicht nur bedeutungsvoll sind, sondern auch die harmonischste und methodischste Lösung unserer Probleme im Tagesleben darstellen. In der Theorie der Assoziationslehre heißt es, daß unser Gehirn Informationen durch ein Gewebe von Nervenzellen, ein neuronales Netzwerk, durchgibt. Diese Netzwerke sollen bestimmen, wie wir auf Informationen reagieren, die uns erreichen. Wenn die Millionen Neuronen und ihre Verbindungen durch Reize – Worte, Geräusche, Gerüche in der Tageswelt oder Erinnerungen daran im Traum – wachgerüttelt werden, verarbeiten sie Informationen, um anschließend wieder in harmonischer Konstellation stillzustehen. Wenn wir schlafen, ist dieser harmonische Rahmen der Traum.

Dieses Zur-Ruhe-kommen-lassen von Information kann mit einem Spiel verglichen werden, das es in vielen Vergnügungsparks von Einkaufszentren gibt. Kinder können dort in einen Raum springen, der voll von leichten Bällen ist. Wenn ein Kind (als Gleichnis für den Stimulus oder die Tageserinnerung) die Bälle (die Neuronen) anstößt, stieben sie auseinander und schießen in die Luft. Jeder Ball bewegt sich, wie er von den ihn umgebenden Bällen angestoßen wird. Kurz darauf kommen alle, die Bälle und das Kind, in eine Ruhelage, und jeder findet einen sicheren Platz. Das kann bedeuten, daß der Kopf des Kindes unter die Bälle gesunken ist oder daß sein Körper mit den Bällen bedeckt ist. Das System aus Bällen und Kind setzt sich in einer harmonischen Weise zur Ruhe. Eine Harmonie in diesem Sinne ist nicht notwendigerweise gut (der Kopf des Kindes über den Bällen) oder schlecht (der Kopf des Kindes unter den Bällen); es ist neutral der Ort, an dem alle Bälle und das Kind zur Ruhe gekommen sind. In diesem System gibt es aber doch bestimmte Beschränkungen wie die Anzahl der Bälle, die Anzahl der Kinder, die in die Bälle springen, der Auftrieb der Bälle. Die meisten Kinder empfinden das Erlebnis, in die Bälle zu springen, als Spaß, während einige Erwachsene es unheimlich fänden. Auf jeden Fall jedoch kommen die Bälle in der besten »Paßform« zur Ruhe, genau wie Wacherfahrungen und Erinnerungen sich in den Träumen niederschlagen.

Mit der Entwicklung der wissenschaftlichen Diskussion hinsichtlich der Funktion und Bedeutung von Träumen hat sich die Auffassung von einem Bewußtsein im scheinbar so unbewußten Zustand des Schlafes erst einmal durchgesetzt. Tatsächlich ist Foulkes vor kurzem so weit gegangen festzustellen, daß »das Träumen weniger das Unbewußte sondern das Bewußte enthüllt«. Viel von der Aufregung über das Bewußtsein im Schlaf hängt nun von der Untersuchung dieser einzigartigen Traumerfahrung ab, die Gegenstand dieses Buches ist – den luziden Träumen.

Einfach gesagt, ist ein luzider Traum einer, in dem man sich mehr oder weniger gewahr oder klar bewußt ist, daß man träumt. Viele, vielleicht sogar die meisten Menschen haben während eines Traumes plötzlich einmal gemerkt, daß sie träumen, aber dieser Gedanke löst sich typischerweise schnell auf, überwältigt von der zwingenden Bilderwelt des Traumes. Einige Menschen jedoch »erwachen« in ihrem Traum; sie bemerken, daß sie träumen, und können sich zur selben Zeit an ihr Wachleben erinnern. Dies ist eine Erfahrung, die reich an Emotionen ist, aufgeladen mit der Begeisterung für eine spektakuläre, aber selten zu erlangende Betrachtung auf einen natürlich entstandenen veränderten Bewußtseinszustand. Abhängig vom Charakter dieser Erfahrung kann der luzide Träumer ein passiver Beobachter oder aktiver Teilnehmer sein, der vielleicht die Handlung des Traumes lenkt. »Die Luzidität macht die zusätzliche Entwicklung absichtsvoller Handlungen innerhalb des Traumzustandes möglich«, erklärt Moffitt. »So kann man eine neue Form von Kompetenz entwickeln, eine Art von Fertigkeit, die uns während des Wachzustandes nicht verfügbar ist.«

Das luzide Träumen stellt dabei unser Verständnis dessen in Frage, was es bedeutet, wach zu sein. Wie Moffitt und sein Kollege Robert Hoffman schreiben: »Die kognitive Psychologie kann nicht länger von der Annahme ausgehen, daß unser Wachsein eine klar definierte, unzweideutige, unmißverständliche Bedeutung hat.«

In einem Traum wach zu werden bedeutet, sich in einer grundsätzlich anderen Realität wahrzunehmen, einer anderen Welt, die das wache und das schlafende Bewußtsein überbrückt. Man ist gleichzeitig »im« Traum und »außerhalb« davon. Diese Dualität kann offensichtlich sowohl Verwirrung als auch Neugierde bei jenen erwecken, die das luzide Träumen nicht gewöhnt sind. Zum Beispiel hatte Steve Fox, Chef vom Dienst bei der Zeitschrift *Omni*, seinen ersten richtigen luziden Traum im vorigen Jahr. »Ich ging am Strand meiner

Heimatstadt am Wasser entlang«, schreibt er, »als ich plötzlich abhob und zunächst über dem Wasser flog, meine Hände vor mich hingestreckt wie Superman. An diesem Punkt bemerkte ich, daß ich träumte. Es war ein euphorisches Gefühl. Nach wenigen Minuten begann ich mich zu fragen, in welcher Position sich wohl mein Körper daheim im Bett befand – insbesondere, ob meine Arme ausgestreckt waren. Meine Neugier wurde immer hartnäckiger, bis ich mich entschloß, wach zu werden, um es herauszufinden. Beim Erwachen entdeckte ich, daß ich auf dem Bauch geschlafen hatte und meine Arme unter dem Kissen ausgestreckt waren.«

Fox bedauerte, zugelassen zu haben, daß seine Neugier den luziden Traum unterbrach und beendete. Aber wie viele Anfänger beim luziden Träumen mußte er in den Wachzustand zurückkehren, um sich zu »erden«. Falls und wenn er wieder einmal merken sollte, daß er in einem Traum wach ist, dürfte er mehr an das Terrain gewöhnt sein und ist vielleicht fähig zu weiterer Erkundung, ohne gleich ins Wachbewußtsein zurückzuweichen. Das luzide Träumen erfordert tatsächlich Erfahrung und Kühnheit, um alle Erkenntnisse zu sammeln, die sich durch diese außergewöhnlichste Erkundung der Imagination einstellen.

Historisch gesehen hat es eine ganze Zahl solcher Untersuchungen gegeben. Im 19. Jahrhundert veröffentlichte der Marquis d'Hervey de Saint-Denys, ein französischer Professor für chinesische Literatur, die erste seriöse Arbeit über Träume und Traumkontrolle. Seit er dreizehn Jahre alt war, hatte Saint-Denys regelmäßig seine Träume in Wort und Bild aufgezeichnet und in den ersten fünf Jahren bereits 22 Bände an Material gesammelt. Im Grunde seines Herzens ein Wissenschaftler, führte Saint-Denys viele Experimente in dem Bestreben aus zu verstehen, was seine nächtlichen Grübeleien seien und wie er diese verändern könne. Er entwickelte die Fähigkeit, innerhalb der Träume luzid zu werden, und fand heraus, daß er ein Experiment im Wachzustand entwerfen und es nach Erlangung der Luzidität im Traum ausführen konnte. »Während des Träumens«, schreibt er in seinem Buch *Dreams and How To Guide Them* (Über Träume und ihre Lenkung), »war ich mir meiner wirklichen Situation oft bewußt; ich behielt einige Impressionen von den Beschäftigungen des Vortages, und als Resultat davon hatte ich eine ausreichende Kontrolle über meine Absichten, um ihre weitere Entwicklung zu lenken, egal in welche Richtung ich wollte.«

Er fand heraus, daß seine Träume kohärenter wurden, sobald er die Kontrolle über sie ausübte. Er befreite sie von unangenehmen Gedanken, von heftigen Begierden und quälenden Bildern. »Die Furcht vor lästigen Vorstellungen schwächt sich ab, wenn wir merken, wie töricht dies ist«, begründet er, »und der Wunsch, angenehme zu sehen, wird stärker, wenn wir eine wachsende Macht entwickeln, sie aus freien Stücken hervorzurufen. So wird dieses Begehren stärker als die Furcht; und weil die dominante Idee das ist, was die Bilder (des Traumes) hervorruft, erringt der angenehme Traum den Sieg.«

Er zitiert zahlreiche Träume, in welchen bewußte Kontrolle des Traumes die Bilder, die er verlangte, produzierte. In einem

> träumte ich, daß ich große, magische Geheimnisse entdeckte, durch die ich die Schatten der Toten heraufbeschwören konnte und auch Menschen und Dinge nach meinem Wunsch und Willen verwandeln konnte. Zuerst rufe ich zwei Leute herbei, die vor mehreren Jahren gestorben waren und deren Bilder nun in getreuem Detail und mit äußerster Klarheit erscheinen. Ich wünsche einen abwesenden Freund zu sehen und sehe ihn sofort auf einem Sofa schlafend liegen. Ich verwandle eine Porzellanvase in eine Quelle von Bergkristallen, aus der ich einen kühlenden Trunk begehre

> – und dieser fließt sogleich aus einem goldenen Hahn hinaus. Vor einigen Jahren verlor ich einen besonderen Ring, dessen Verlust mich tief schmerzte. Die Erinnerung daran kommt mir in den Sinn, und daß ich ihn gerne wiederfinden würde. Ich äußere diesen Wunsch und fixiere meine Aufmerksamkeit auf ein Stück Kohle, das ich vom Kamin aufhebe – und sogleich befindet sich der Ring in meinen Fingern.

Saint-Denys' Buch ist heute recht schwer zu bekommen (eine englische Übersetzung existiert aber) und es war sogar zu seiner Zeit nicht ohne weiteres erhältlich. Freud gelang es zu seinem großen Bedauern nicht, ein Exemplar zu erhalten. Aber er hörte genug Einzelheiten von Saint-Denys' Arbeiten, um ihn »einen besonders energischen Gegner jener Leute (zu nennen), welche versuchen, die psychischen Funktionen des Traums herabzuwürdigen«. Obwohl kein Hinweis darauf existiert, daß Freud selbst je einen luziden Traum gehabt hat, verließ er sich auf andere, die sagten, daß man sich tatsächlich bewußt sein könne, daß man träume. »Es gibt einige Leute«, schrieb er in der *Traumdeutung*, »die sich in der Nacht ziemlich klar dessen bewußt sind, daß sie schlafen und träumen, und die so die Fähigkeit zu besitzen scheinen, ihre Träume bewußt zu lenken. Wenn zum Beispiel so ein Träumer nicht mit der Wendung zufrieden ist, die ein Traum nimmt, so kann er ihn ohne aufzuwachen abbrechen und ihn in anderer Richtung wieder beginnen – so wie ein bekannter Dramatiker unter einem gewissen Druck seinem Stück ein glücklicheres Ende geben könnte.«

Dennoch konnten Saint-Denys' Untersuchungen viele der führenden Schlaf- und Traumforscher des 19. und frühen 20. Jahrhunderts nicht beeindrucken. Havelock Ellis leugnete, daß luzide Träume tatsächlich Träume sein könnten, und der französische Psychologe Alfred Maury, der in einigen Darstellungen der erste Mensch war, der ein persönliches Traumexperiment durchführte, bezweifelte ebenso ihre Existenz, teilweise weil er selbst nie einen gehabt hatte, ein blinder Fleck, der bei heutigen Traumforschern immer noch oft gefunden wird.

Denn andere wissenschaftliche Untersucher nächtlicher Phänomene, die riskierten, zu solch ungewöhnlichen Realitäten wie dem luziden Träumen Kommentare abzugeben, wurden nur noch mit spitzen Fingern angefaßt. Zu Beginn unseres Jahrhunderts beschloß der holländische Arzt Frederik Willems Van Eeden, der beste Weg, dieses Thema anzuschneiden, sei ein Roman. Die fiktive Form, meinte er, würde ihm erlauben, »mit der delikaten Materie frei umzugehen und auch den Vorteil (haben), diese ziemlich ungewöhnliche Idee in einer weniger aggressiven Weise auszudrücken«. Schließlich jedoch wurde Van Eeden mutiger und plante, ein wissenschaftliches Werk herauszugeben. Es existiert jedoch kein solches Buch, aber er veröffentlichte noch einen brillanten Aufsatz über dieses Thema. Er trug ihn 1913 der Society for Psychical Research vor, einer britischen Gesellschaft, die sich der Untersuchung esoterischer Phänomene widmete. In diesem Aufsatz benennt Van Eeden die Erfahrung des »luziden« Träumens und beschreibt in Einzelheiten seine eigenen Abenteuer mit der Bewußtheit im Traum. »Ich erlangte den ersten Einblick dieser Luzidität im Juni 1897 während des Schlafs«, erläutert er. »Ich träumte, daß ich durch eine Landschaft mit kahlen Bäumen schwebte und wußte, daß es April war, und ich bemerkte, daß die Perspektive der Äste und Zweige sich ziemlich realistisch veränderte. Dann kam mir während des Schlafs die Überlegung, daß meine Phantasie niemals fähig sein würde, ein so kompliziertes Bild wie die perspektivische Bewegung kleiner Zweige, die man beim Vorüberschweben sieht, zu erfinden oder zu produzieren.« Mit dieser Einsicht wurde Van Eeden luzid.

Motiviert durch den Wunsch des Wissenschaftlers, Erklärungen zu finden, führte Van Eeden zahlreiche Experimente durch, um die Möglichkeiten und die Eigenart des luziden Träumens zu umreißen. Das folgende ist ein Beispiel für eines seiner Traumexperimente:

> Ich malte mit meinem Finger, den ich mit Speichel befeuchtet hatte, ein nasses Kreuz auf die Fläche der linken Hand in der Absicht zu sehen, ob es nach dem Aufwachen noch dort wäre. Dann träumte ich, daß ich aufwachte und fühlte das feuchte Kreuz auf meiner linken Hand, indem ich mir die Hand an die Wange hielt. Und nach längerer Zeit wachte ich dann tatsächlich auf und wußte sofort, daß die Hand meines physischen Körpers die ganze Zeit über in geschlossener Haltung ungestört auf meiner Brust gelegen hatte.

Wie viele der heutigen luziden Träumer war Van Eeden fasziniert von dem Effekt, den seine Stimme im Traume hatte. »Ich gebrauche meine Stimme so laut ich kann«, erklärte er, »und obwohl ich ziemlich genau weiß, daß mein physischer Körper im tiefsten Schlafe liegt, kann ich kaum glauben, daß diese laute Stimme in der wachen Welt unhörbar ist.« Aber obwohl er sang, rief und in einer ganzen Zahl luzider Träume laut dozierte, wurde seine Frau, die während all seiner Experimente das Bett mit ihm teilte, nicht einmal geweckt, oder wenn selbst wach, hörte ihn niemals ein Wort laut sprechen. »In diesen luziden Träumen ...«, sagt Van Eeden, »erinnert sich der Schläfer an das Tagesleben und seine eigene Lage, erreicht einen Zustand perfekter Bewußtheit und ist fähig, seine Aufmerksamkeit zu lenken und verschiedene Handlungen des freien Willens zu untersuchen. Dennoch ist der Schlaf, wie ich zuversichtlich feststellen kann, ungestört, tief und erfrischend.«

Van Eeden und Saint-Denys waren nicht allein mit ihrem Interesse am Traumbewußtsein und seinem Potential für Kontrolle. Der französische Biologe Yves Delage führte seine eigene Erkundung des luziden Träumens durch wie auch die Engländerin Mary Arnold-Forster, die lernte, ihre Träume zu erinnern, indem sie sich selbst vor dem Schlafengehen instruierte, darauf achtzugeben, was passierte, eine Technik, die seitdem von vielen Leuten benutzt wird, die daran interessiert sind, ihre Träume zu erinnern. Arnold-Forster lernte auch, die bizarren Elemente in den Träumen zu erkennen, eine Fähigkeit, die dazu diente, genug bewußte Aufmerksamkeit dafür aufzubauen zu erwachen und damit einen direkteren Zugang zu den Inhalten ihrer Träume zu erlangen. Aus welchen Gründen auch erlaubte ihre Erfahrung mit der Traumkontrolle ihr jedoch niemals eine anhaltende Erfahrung des luziden Träumens.

Ein Zeitgenosse von Arnold-Forster, der Engländer Hugh Calloway, der unter dem Pseudonym Oliver Fox schrieb, ergründete das luzide Träumen viel tiefer. Die Beschreibung seiner ersten Erfahrung der Luzidität (im Alter von 16 Jahren) spiegelt die Aufregung wider, die auch von vielen Anfängern des luziden Träumens ausgedrückt wird. »Sofort nachdem ich luzid geworden war«, schreibt er, »steigerte sich die Lebendigkeit des Lebens um ein Hundertfaches. Niemals waren See und Himmel und Bäume in solch bezaubernder Schönheit erstrahlt; sogar die gewöhnlichen Häuser schienen lebendig und in mystischer Weise schön zu sein. Niemals hatte ich mich so absolut wohl gefühlt, so klarsichtig, so unbeschreiblich frei! Diese Empfindung war jenseits von allen Worten intensiv; aber sie dauerte nur wenige Minuten, und ich erwachte.«

Ohne den Namen zu kennen, den Van Eeden diesen Träumen gegeben hatte, die sich in einem veränderten Zustand des Traumbewußtseins ereigneten, nannte Calloway sie »Träume des Wissens«. Ähnlich bezog sich einige Jahre später der Philosoph P.D. Ouspensky auf die luziden Träume als »Halbtraum-Zustände«. Er beschreibt wunderbar einen solchen Traum.

> Außer mir gab es in dem Raum nur ein kleines schwarzes Kätzchen. »Ich träume«, sage ich zu mir selbst. »Wie kann ich wissen, ob ich wirklich schlafe oder nicht? Vorausgesetzt, ich versuche es einmal so. Laß sich dieses schwarze Kätzchen in einen großen weißen Hund verwandeln. Im Wachzustand ist das unmöglich, und wenn es klappt, so soll das heißen, daß ich schlafe.« Dies sage ich zu mir selbst, und sogleich verwandelt sich das schwarze Kätzchen in einen großen weißen Hund. Zur selben Zeit verschwindet die gegenüberliegende Wand und zeigt mir eine Berglandschaft mit einem Fluß, der sich wie ein langes Band in der Weite verliert. »Das ist komisch«, sage ich zu mir. »Ich habe diese Landschaft nicht herbeigerufen. Woher ist die dann gekommen?« In mir beginnt sich eine schwache Erinnerung zu regen, daß ich diese Landschaft irgendwo schon einmal gesehen habe und sie irgendwie mit dem weißen Hund verbunden sein müßte. Aber ich denke, daß wenn ich mich jetzt da hineinfallen lassen würde, könnte ich die wichtigste Tatsache vergessen, an die ich mich erinnern muß, nämlich, daß ich schlafe und mir meiner selbst bewußt bin.(...)

Eine Reihe weiterer Wissenschaftler und Philosophen verfaßte Beschreibungen oder Aufsätze über das luzide Träumen, aber erst die Veröffentlichung von Celia Greens Klassiker *Lucid Dreams* (1968) in England, sowie, fast zeitgleich, in den USA der Wiederabdruck von Van Eedens Aufsatz im Sammelband *Altered States of Consciousness*, herausgegeben von Charles Tart (1969), machten das Phänomen einer großen Leserschar bekannt. Die meisten erfuhren allerdings erst durch die Veröffentlichung von Carlos Castanedas *Reise nach Ixtlan* (1972) zum ersten Mal etwas über das luzide Träumen. In diesem Buch lehrt der Zauberer Don Juan den Protagonisten von Castaneda, luzide zu träumen. »Werde erreichbar für die Kraft; pack deine Träume an«, instruiert ihn Don Juan. Wenn Don Juan den Zustand des luziden Träumens als »das Träumen« (schlechthin) bezeichnet, hebt er dessen Wichtigkeit hervor. »Bei dem ›Träumen‹ hast du Macht; du kannst Dinge verändern; du kannst zahllose verborgene Dinge herausfinden, du kannst kontrollieren, was immer du willst.« Um sich diese Macht nutzbar zu machen, rät der Zauberer seinem Schüler, in seinen Träumen auf die Hände zu schauen; dies würde innerhalb des Traums das Bewußtsein erwecken oder, so erklärt Don Juan, »wähle irgend etwas aus. Aber wähle eine Sache im voraus und finde diese in deinen Träumen. Ich sagte, deine Hände, weil sie immer dort sein werden.(...) Wenn sie beginnen, ihre Form zu verändern, so mußt du deinen Blick von ihnen abwenden und etwas anderes auswählen und dann wiederum auf deine Hände schauen.« Die Erforscher luzider Träume haben inzwischen die Effektivität dieser Technik, Luzidität zu induzieren, verifiziert.

Zum allgemeinen Interesse an Träumen trug auch der Bestseller *Kreatives Träumen* von Patricia Garfield bei. Darin gibt sie den Lesern eine ausführliche Beschreibung des luziden Träumens und anderer Arten der Traumkontrolle. Zum ersten Mal hatte die breite Öffentlichkeit ein Lehrbuch für den Umgang mit den eigenen Träumen.

Überraschenderweise hinkte die wissenschaftliche Untersuchung luzider Träume großenteils irgendwie hinter diesem allgemeinen Interesse her. Erst Mitte der siebziger Jahre machten sich Wissenschaftler ernsthaft daran nachzusehen, was dieses seltsame Phänomen überhaupt sei. Für dieses Forschungsgebiet war es ein erster Meilenstein, als unabhängig voneinander gleich zwei Gruppen von Wissenschaftlern in England und den USA entdeckten, daß der Träumer im Zustand des luziden Bewußtseins mit der Außenwelt Kontakt aufnehmen kann, wenn er mitten in einem luziden Traum seine Augen in vorher verabredeter Weise bewegt. Beide Gruppen führten ihre Untersuchungen in Schlaf-Traum-

Laboratorien aus. Die Versuchspersonen wurden dort mit Registrier-Apparaturen verbunden, welche das Schlafstadium aufzeichnen konnten, in dem sich der Träumer befand, wenn er aus dem Traum heraus das Augen-Signal abgab. In allen Fällen befand sich der Träumer im REM-Schlaf, als er signalisierte. Dieses überraschende Resultat, das genauer in Teil 2 dieses Buches dargestellt wird, gab Wissenschaftlern einen ersten direkten Zugang zur privaten Welt der Träume und hat ein neues Zeitalter der Traumforschung eingeläutet. Es war nun möglich festzustellen, wann eine Versuchsperson im Traumlabor luzide träumte, und die mit diesem Zustand einhergehenden physiologischen Veränderungen aufzuzeichnen.

Durch die Entdeckung, daß die vorher verabredeten Augenbewegungen ein objektives Signal aus dem luziden Traumzustand an die Außenwelt darstellten, trat eine Änderung der Einstellung bei den etablierten Traumkundigen auf. Nun gingen seriöse Traumforscher auf die Idee von David Foulkes für eine »geistige Einberufung« ein. Auch durch soziologische Gegebenheiten wurde das Interesse an der Luzidität gesteigert.

Es gibt nämlich heute eine soziale Bewegung für »Arbeit mit Träumen«*, in der sich Leute zusammenfinden, um ihre Träume zu studieren.**. In gewisser Weise ist das Wiederaufleben des Interesses an Träumen ein Ergebnis des Baby-Booms in der nach dem Zweiten Weltkrieg geborenen Generation. In den sechziger Jahren hatte diese Generation gegen das rebelliert, was sie als Amerikas krassen Materialismus im zwanzigsten Jahrhundert ansah. Sie warfen die Fesseln des verkirchlichten Christentums ab und wandten sich auf ihrer

* Mit dieser »Traum-Arbeit« ist die persönliche Arbeit mit oder an den eigenen Träumen gemeint; dies darf nicht verwechselt werden mit dem tiefenpsychologischen Begriff der »Traumarbeit«, d. h. der Arbeit des Traumes selbst, in spezifischer Form in Erscheinung zu treten. (Anm. d. Übers.)

** Gemeint ist ein Netzwerk aus Selbsterfahrungsgruppen und Selbsthilfegruppen in den USA, die sich vor allem mit »Traum-Arbeit« befassen (Anm. d. Übers.)

Suche nach spirituellem Sinn den östlichen Religionen zu. Während der siebziger Jahre füllte das Interesse an Buddhismus, Hinduismus, Taoismus, Mystik christlicher Prägung sowie Sufismus die Buchläden mit neuen Übersetzungen religiöser und philosophischer Texte. Kurse für chinesische und indische Philosophie waren randvoll ausgebucht, und Meditationsgruppen schossen im ganzen Land aus dem Boden.

Auf einem sehr persönlichen Niveau war das Bedürfnis nach Sinnfindung wieder aufgelebt. Wenn heute nun die Eltern dieser Generation sterben, wenn der Tod eine Realität wird, mit der sich jeder Mensch abfinden muß, setzt sich das Interesse an der spirituellen Dimension fort. Was geschieht nach dem Tod? Überlebt die Seele? Reinkarniert sie sich? In gewisser Weise könnte die Woge des Interesses an Träumen und insbesondere an luziden Träumen die Notwendigkeit reflektieren, daß diese Fragen beantwortet werden. Aber die Faszination für Träume spiegelt auch unseren Wunsch wider, sich selbst als Lebewesen zu erkunden und zu erkennen, daß unser Leben nicht endet, wenn wir die Lichter ausgemacht und unsere Augen geschlossen haben. Wir sind neugierig auf die Schatten unserer Seele, die in den Träumen zu uns hervorstoßen. Wir wollen sie klarer sehen.

Ein Schattenspiel

Wie stark belastende oder ungewöhnliche Erinnerungen werden luzide Träume kaum vergessen. Was am luziden Träumen kann so einen unauslöschlichen Effekt hervorrufen? Wohnt dieser Erfahrung etwas inne, weshalb sie uns nicht mehr aus dem Sinn geht? Wir wollen uns zur Beantwortung dieser Frage den Berichten anderer Leute zuwenden, weil die meisten Menschen den Kitzel eines derart ausgewachsenen luziden Traums noch nicht erlebt haben. Dabei dringt unser Bewußtsein zu träumen durch den ganzen Traum oder ermöglicht uns, seine Inhalte zu steuern. Der Psychotherapeut Kenneth Kelzer schreibt in seinem autobiographischen Buch über das luzide Träumen mit dem Titel *The Sun and the Shadow* (Die Sonne und der Schatten), daß es in den luziden Träumen »einen erkennbaren ›Energieschalter‹, eine ›Bewußtseinszunahme‹, ein Gefühl von ›Expansion‹ oder ein ›Erwachen‹ gibt, das mit einer starken geistigen Klarheit verbunden ist«.

Andere luzide Träumer sprechen über den Nervenkitzel, ihre eigenen Träume wahrzunehmen, als wenn sie einen Film drehten, d. h. eine Phantasie kreieren und sich zur selben Zeit entfalten sehen würden. Auf einer Tagung zum Thema Luzidität, die 1985 an der University of Virginia abgehalten wurde, schilderten Leute, die langjährig luzid träumten, in einer Diskussionsrunde ihre eigenen Traum-Lebensläufe. Bei den meisten der Diskussionsteilnehmer addierten sich die luziden Träume auf ein paar hundert, tauchten oft zuerst in ihrer Kindheit auf und kamen dann in ihrem Leben phasenweise und wie in Trauben. Für all diese Teilnehmer war das luzide Träumen zu einem integralen Teil ihres Lebens geworden. Sie fühlten sich davon bereichert, vielleicht auch etwas erleuchtet von der Klarheit und der hochemotionalen Atmosphäre der luziden Träume. Sie hatten sich damit auch einen Gutteil ihres Lebens wieder verfügbar gemacht (ein Drittel des menschlichen Lebens wird ja im Schlaf verbracht).

Oft entwickelt sich das luzide Träumen so, daß es mit einem kurzen Aufflackern von Bewußtsein beginnt, das schließlich den Traum beherrschen soll. Diejenigen, die ihre Luzidität kultivieren, spielen oft damit, lernen neue Fertigkeiten und testen die Grenzen dieses Zustandes aus. »Ich lernte, wie ich sehr schnell und sehr hoch zu fliegen kann«, erläutert Daryl E. Hewitt aus San Francisco, »ging durch Wände einschließlich durch Stahl und bohrte Löcher mit Laserstrahlen hinein, die aus meinen Fingerspitzen kamen, untersuchte die Umwelt im luziden Traum in brillanten Vergrößerungen, erkundete andere Planeten und änderte insbesondere die Traumumgebung willentlich, konnte schließlich Dinge erscheinen lassen, verschwinden lassen und in Form und Farbe verwandeln.«

Aber Hewitt bemerkte, daß ihm nach etwa fünf Jahren »solch wirklich bemerkenswerter Erfahrungen« die Themen auszugehen begannen, die er in seinen luziden Träumen ausleben konnte. Wie so mancher luzide Träumer vor ihm, entschied er sich, einige Experimente durchzuführen, um zu sehen, ob er die Qualität seines Traumes verbessern könnte. »Bei etwa einem halben Dutzend Gelegenheiten träumte ich und erreichte, mich so lange nicht mehr von Traumbildern ablenken zu lassen, wie ich ein tiefes, rhythmisches Atmen durchführte«, erklärt er. »Jedesmal schien sich das Bewußtsein bis zu einer eiförmig aussehenden Sphäre auszudehnen, die meinen Traumkörper umgab, mit einer entsprechenden dramatischen Verstärkung des Bewußtseins. Als dies geschah, flossen die Farben in Bächen von Neonlicht vor meinem inneren Auge, wie es sonst manchmal in der Meditation oder vor dem Einschlafen geschieht.«

Hewitt erreichte also durch ein bewußtes Engagement für eine Aktivität innerhalb des luziden Traums, die der Meditation des Wachzustandes verblüffend ähnlich ist, ein neues Niveau der Luzidität, welches er »ekstatisch-luzide« nennt. Diese Träume bringen ihn auf ein tieferes Niveau des Bewußtseins, das am besten als freudvoll oder glückselig bezeichnet werden kann. Die Parallelen zu Erfahrungen von Leuten, die Meditation im Wachsein praktizieren, können nicht übersehen werden. Auf welcher Ebene man es praktisch analysiert, es gibt tatsächlich feste Verbindungen zwischen dem luziden Träumen und der Meditation, Parallelen, die wichtige Rückschlüsse auf die Beschaffenheit des menschlichen Bewußtseins zulassen. Der Inhalt beider Erfahrungen zum Beispiel kann ziemlich ähnlich sein, so wie sich auch die Persönlichkeiten von Meditierenden und luziden Träumern entsprechen. Ebenso ähneln die physiologischen Veränderungen, die in den meditativen Zuständen wie auch beim luziden

Träumen auftreten, einander. Und was vielleicht am wichtigsten ist: Wie sich gezeigt hat, erhöht das Praktizieren der Meditation die Häufigkeit luzider Träume. Zusätzlich können sowohl Leute, die meditieren als auch luzide Träumer den Charakter und Inhalt ihrer Erfahrung steuern. Die Frage ist dabei, warum sollte jemand seine Meditation oder seine Träume kontrollieren?

Wozu also Traum-Kontrolle?

In Büchern zum Thema Traum findet man viele Vorschläge, wie man den Inhalt seiner Träume beeinflussen kann. Einige Menschen konnten träumen zu fliegen, nachdem sie sich vor dem Schlafengehen suggeriert hatten, daß sie in ihrem Traum fliegen würden. Aber so eine Kontrolle ist ebensowenig beliebig verfügbar wie jederzeit vorhersagbar. Eine von uns (Autorinnen dieses Buches) wollte sich so einmal vor dem Schlafengehen »soufflieren«, im Traum zu fliegen, und sie fand sich dann an der Außenseite einer Rakete wieder, die gerade abhob. Um ihr teures Leben zu retten, mußte sie sich festklammern. Das war natürlich nicht die Art zu fliegen, die sie sich gewünscht hatte. In ähnlicher Weise kann man, wenn im Traum der »Schwarze Mann« gejagt wird, einige Kontrolle darüber ausüben, was in dieser Situation passiert; fieserweise braucht er sich aber nicht darum zu scheren, daß man versucht, ihn fortzuzaubern. Die wichtigen Fragen, die man sich stellen sollte, sind dann: Warum will man so jemanden gleich umbringen und muß man diesem Wunsch nachgeben?

In der westlichen Gesellschaft hat sich die Vorstellung, die Welt kontrollieren zu können, ziemlich festgesetzt. Von finanzieller Unabhängigkeit bis hin zur Freiheit bei der Religionsausübung wollen wir fähig sein, uns selbst zu bestimmen und auch das, was unser Leben ausmacht. Und dies wird nun sogar auf die Welt unserer Träume ausgedehnt. Wenn es einen Weg gibt zu kontrollieren, was wir träumen, warum sollten wir es dann nicht lernen, um vielleicht all diese seltsamen Erfahrungen, die wir in der Nacht haben, mehr in den Griff zu bekommen? Es ist in der Tat ein herausforderndes Thema und auch eines, wovon die Menschen fasziniert sind, wenn die Verkaufszahlen einer Zeitschrift irgend etwas bedeuten. Die Ausgabe der Zeitschrift *Omni* vom April 1987 zum Beispiel wurde von Hunderttausenden von Lesern im ganzen Land ergattert. Im Titel stand »Wie Sie Ihre Träume kontrollieren«. Andere Zeitschriften einschließlich *Psychology Today* haben ebenso mit Titeln über Traumkontrolle Erfolge gehabt.

Aber »Kontrolle« in ihrer psychologischen Bedeutung der bewußten Steuerung seelischer Inhalte ist per se nicht unbedingt positiv. Wenn Gefühle stets am kurzen Zügel gehalten werden, scheint es oft sinnvoller zu sein, sie ungefiltert zuzulassen. Träume freilich sind mehrheitlich unserem bewußten Zugriff entzogen gewesen, und so enthüllten sie uns seelische Aspekte, die wir in unserem Wachleben nicht bemerkt hätten. Wir könnten nicht nur darüber positiv verblüfft sein, was ein Traum beleuchtet, sondern auch davon Aufschluß über uns selbst bekommen, wenn wir Fragen an den Traum stellen und uns dann überlegen, was uns diese Fragen bedeuten: »Warum mußte ich diesen Traum haben? Was bedeutet er? Warum ärgert er mich?« Wie Don Kuiken es formuliert hat: »Träume liefern uns Hinweise auf eine persönliche Realität, die typischerweise unbekannt ist – eine persönliche Wirklichkeit, die sich von der alltäglichen Selbstwahrnehmung abhebt.«

Unser Wunsch nach Traumkontrolle kann in gewisser Weise ein uneingestandenes Bemühen sein, uns von jenen Emotionen oder Verhaltensweisen zu entledigen, welche uns stören, aber er kann auch ein Ausdruck unseres Verlangens sein zu verstehen, was wir im Grunde sind. Wir wissen, daß es irgendwo in unseren Träumen verborgene Aspekte unseres tieferen Selbstes geben mag. Gordon Globus drückt es so aus: »Es gibt eine mysteriöse Dimension zu unserem Leben, wenn wir uns ihr aufschließen (...).«

Indem wir lernen, luzide Träume zu haben, vergrößern wir unsere Erfahrung des Mysteriösen. Wenn wir aktiv die Welt unserer nächtlichen Imaginationen betreten, schaffen wir damit eine andere Definition unserer selbst als kreative Wesen. Das ist eine Anstrengung, die nicht jeder gern unternimmt, aber für jene, die es tun, wird dieses Buch eine Landkarte und eine wissenschaftliche Beschreibung dessen liefern, was einem auf diesem Weg begegnen kann.

Kapitel 2

Induktion der Erkenntnis

Der Weg zum luziden Träumen

Schon jahrelang haben die »Oneironauten«, jene Forschungsreisenden in der Traumwelt, einen zuverlässigen Weg gesucht, um das luzide Träumen herbeizurufen. Am Anfang gehörte zu den Methoden, das Kopfkissen mit Flieder- oder Moschusgeruch zu versehen, um herauszufinden, was das schlafende Gehirn aktivieren würde, um es soweit wachzurütteln, daß es Luzidität erlangte, aber doch nicht so stark, daß der Schlaf unterbrochen wurde. Die Forscher ließen sich selbst hypnotisieren oder sporadisch während der Nacht wach werden, auf daß sich ein luzider Traum vom Hirnstamm löste. Auch haben sie sich selbst vor dem Einschlafen suggeriert, daß sie einen luziden Traum haben würden.

Jedoch eine Formel zu finden, die garantiert, daß die luzide Muse inspiriert wird, ähnelte eher der Jagd nach dem heiligen Gral als der Mixtur eines geistigen Cocktails. Was für eine Person funktioniert, muß nicht für eine zweite gelten. Nichtsdestoweniger sind die Forscher bei dieser überraschend schwierigen Aufgabe unverzagt geblieben und haben einige zuverlässige, wenn auch sicher nicht allgemeingültige Techniken für die Induktion entwickelt. Es sind sozusagen unvollkommene Landkarten für eine Welt der Schatten, und wie bei der Kartographie der Erde gibt es einige Karten, die mehr aufklären als andere. Wir hoffen, daß unser Führer sie erfolgreich zu einem luziden Traum führen wird. Entschieden holistisch im Vorgehen, wird die Arbeit einiger Untersucher miteinander kombiniert. Das ist dazu gedacht, dem Leser zu helfen, seine Träume in ihren Kontext einzuordnen, wie auch, ihn in das Gebiet dieses Buchs einzuführen.

> Nan-in, ein japanischer (Zen-) Meister (...) empfing einen Universitätsprofessor, der kam, um eine Untersuchung über Zen anzustellen. Nan-in servierte ihm Tee. Er goß seinem Besucher die Tasse voll und er goß weiter. Der Professor beobachtete das Überlaufen der Tasse, bis er sich nicht länger zurückhalten konnte. »Sie ist doch randvoll. Da geht doch nichts mehr hinein!« »Wie bei dieser Tasse«, meinte darauf Nan-in, »sind Sie voll von Ihren eigenen Meinungen und Spekulationen. Wie kann ich Ihnen da noch zeigen, was Zen ist, bevor Sie nicht Ihre Tasse entleert haben?«
>
> Paul Reps, *Zen Flesh, Zen Bones*

Wenn das luzide Träumen, wie wir glauben, starke Bezüge zur Meditation hat, sollte es nicht erstaunen, daß man durch Meditationspraxis fähig werden kann, luzide Träume zu induzieren. Die anekdotischen Hinweise dafür sind durch Untersuchungen der Träume von Meditierenden bekräftigt worden, weil diese signifikant häufiger luzide Träume haben.

Gregory (Scott) Sparrow, Autor des klassischen Buchs *Lucid Dreaming: Dawning of the Clear Light* (Luzides Träumen: Der Morgen der klaren Erkenntnis) war einer der ersten, der die Verbindung zwischen Meditation und luziden Träumen beachtete. »Als (bei mir) Luzidität mit wachsender Regelmäßigkeit aufzutauchen begann (...), bemerkte ich bald, daß sie gut vorhersagbar nach einer tiefen oder erfüllenden Meditation auftrat«, erläutert er. »Es wurde klar, daß das luzide Träumen, wenn mein religiöses Leben intensiv war, als eine Begleiterscheinung auftauchen würde. Diese Verbindung wurde ausgeprägter, als ich begann, während der frühen Morgenstunden (d. h. zwischen 2 Uhr und 4 Uhr morgens) 15 bis 20 Minuten zu meditieren. Wenn ich dann wieder schlafen gegangen war, sollten hin und wieder Träume von erstaunlicher Klarheit ebenso wie kurze Phasen von Luzidität auftreten.«

Seit Sparrows Beobachtung haben andere Forscher systematisch untersucht, welche Rolle die Meditation bei der Induktion von luziden Träumen spielen könnte. Der Psychologe Henry Reed, der als erster eine solche Studie durchführte, fand, daß die Luzidität eher an Tagen auftrat, an denen eine Person meditiert hatte, als an Tagen, an denen sie nicht meditiert hatte. Dieser Zusammenhang wurde auch von anderen Forschern gefunden. In einigen Studien mit Menschen, die die sogenannte Transzendentale Meditation (TM) praktizieren, haben Gackenbach und Mitarbeiter der Maharishi International University (MIU) herausgefunden, daß Meditierende durchweg über mehr luzide Träume berichten als Kontrollpersonen.

Die Häufigkeit luzider Träume wird auch durch schamanistische Zeremonien gesteigert, bei denen Trommeln und Gesang verwendet werden, um einen meditationsähnlichen Zustand hervorzurufen. Fariba Bogzaran, eine Studentin der Psychologie, entdeckte beispielsweise, daß sich bei ihr, wenn sie vor dem Schlafengehen durch das Singen oder Hören von Trommelschlägen in einen schamanischen Zustand gekommen war, die Anzahl luzider Träume von monatlich sechs bis sieben auf runde 17 erhöhte.

Ein Wort der Vorsicht zu diesen Techniken: Scott Sparrow hat entdeckt, daß durchweg dann, wenn er in den Stunden vor Sonnenaufgang Meditation zur »Einstimmung« praktizierte, luzide Träume folgten; wenn er hingegen nur meditierte, um einen luziden Traum hervorzurufen, pflegte er keinen zu haben. »Meine Träume haben mich eindrücklich vor einer solchen Konfundierung meiner Motive gewarnt«, sagt er. »Nun lerne ich langsam, sanft vorzugehen.«

Die Lektion von Sparrow wird von Gyaltrul Rinpoche, einem tibetischen buddhistischen Mönch, bestätigt. In einer

Abhandlung über den »Tibetischen Yoga des Traumzustandes« betont Gyaltrul, daß man beim Versuch, im Schlaf das Bewußtsein zu erlangen, Motive haben muß, die einen transpersonalen Charakter haben. Man sollte meditieren, erläutert der Mönch, indem er auf buddhistische Terminologie zurückgreift, »um allen fühlenden Wesen nutzen zu wollen, um ihnen zeitweiliges oder permanentes Glück zu bringen«. Mit anderen Worten, der Charakter der Meditation sollte rechtschaffen und nicht selbstsüchtig sein.

Obwohl für die meisten Studien, bei denen sich die Verbindung von Meditation zur Luzidität ergeben hatte, TM-Meditierende herangezogen worden sind, dürfte das, was für TM gilt, wohl auch für andere Meditationstechniken zutreffen. Alle Meditationsarten streben in der Tat eine Sühne an, ein Entleeren des Kelches unseres Geistes und eine Erweiterung der Bewußtheit. Jede ist nur in ihrem Zugang und Stil anders. Bei einigen werden zum Beispiel Geschichten oder Koans (Rätsel) präsentiert, über die man meditiert; bei anderen wird man instruiert, sich auf die Atmung zu konzentrieren, alle Gedanken frei durch den Geist gehen zu lassen. Viele Bücher können einem helfen, mit Meditation zu beginnen, aber es ist kein Zufall, daß alle seriösen Meditationsschulen die Wichtigkeit eines Meisters oder Führers betonen, der dem Schüler bei den Übungen helfen kann. Manchmal werden während der Meditation unerwartete Empfindungen und Gefühle auftreten; ein erfahrenerer Meditierender kann uns helfen, sie richtig einzuordnen.

Die Straße zur Traum-Arbeit

Obwohl einige Meditierende behaupten, daß sie im allgemeinen ihre Träume weder erinnern noch sie beachten, weil sie sie als eine weitere Form der »Illusion« der Welt betrachten, haben Untersuchungen ergeben, daß die meisten Meditierenden mehr Träume erinnern als der durchschnittliche Nicht-

Meditierende. Aber wie geht es Leuten, denen die ausreichende Disziplin oder das Verlangen fehlt, auf regelmäßiger Basis zu meditieren? Wie können sie lernen, luzide Träume zu induzieren? Jayne Gackenbach wie auch der Psychologe Harry Hunt von der Brock University in Kanada haben herausgefunden, daß sich durch schlichtes Erinnern der eigenen Träume die Wahrscheinlichkeit erhöht, einen luziden Traum zu erleben. In einigen Fällen haben Leute mit (schon vorher) häufiger Traumerinnerung tatsächlich genauso viele luzide Träume wie Meditierende. Obwohl das Praktizieren der Meditation die eigene Traumerinnerung eher noch steigert, haben sich andere Wege als effektiver erwiesen, um Menschen zu helfen, sich ihrer Träume zu erinnern. Das Geheimnis scheint allgemein in der Wertschätzung zu liegen, die man dem Traum als solchem zumißt. Dies überrascht nicht, denn luzide Träumer stehen ja in Verbindung mit ihrer schlafenden Seele. Sie erinnern sich nicht nur an ihre Träume, sondern führen auch mit großer Wahrscheinlichkeit ein Traumtagebuch, ein Beweis, daß sie ihre eigenen Träume schätzen.

Wir alle wissen, daß wir, wenn wir uns an etwas Wichtiges erinnern wollen, größeren Erfolg dabei haben, als wenn wir etwas erinnern möchten, an dem uns nicht besonders viel liegt. Es ist teilweise schon deshalb schwer, sich an Träume zu erinnern, weil wir in einer Gesellschaft leben, in der man dem Traum wenig Beachtung schenkt. Ein erster guter Schritt zur Traumerinnerung ist, sich jenen Leuten anzuschließen, die unser Interesse an Träumen teilen. Ein überraschend guter »Kandidat« dafür ist das eigene Kind. Wenn man Kindern nur halbwegs eine Möglichkeit dafür gibt, lieben sie es richtig, ihre Träume zu erzählen. Eine feste Zeit zum Traumerzählen einzurichten, ist ein guter Weg, das Kind wie auch sich selbst zu ermuntern, sich an die Träume zu erinnern. (Dies dient auch dazu, eine Offenheit mehr zu begünstigen, und kann es darüberhinaus dem Kind wie auch uns selbst erleichtern, weitere persönliche Erlebnisse zu erörtern.)

Auch sind sogenannte Traumgruppen hilfreich. Diese im allgemeinen informellen Gruppen halten beispielsweise wöchentlich Treffen ab, in denen die Teilnehmer einander ohne Zwang ihre Träume mitteilen. Dabei hilft man sich gegenseitig und kommt so dazu, den Verlauf bestimmter Themen oder die Entwicklung von Emotionen, die in den Träumen kreiert werden, zu verstehen oder auch zu »inkubieren« (ermuntern). Der Psychologe Montague Ullman ist einer der Pioniere solcher Traumgruppen. Wenn Sie eine seiner Gruppen besuchen sollten, dann würde er Sie einen Traum erzählen lassen, ohne daß Sie ein Wort darüber sagen, was der Traum Ihrer Meinung nach bedeuten könnte. Dann würden die anderen Gruppenmitglieder über Ihren Traum sprechen: woran er sie denken läßt und welche Bedeutung sie dazu assoziieren würden. Erst danach würden Sie in die Diskussion eintreten. Schließlich würden Sie sich überlegen, welche Gedanken zu Ihrem Traum die wichtigsten gewesen sind. Ullman betont diesen letzten Schritt. Im Grunde, meint er, »besitzt« der Träumer den Traum, nicht die Gruppe und eigentlich auch nicht der Therapeut.

Natürlich müssen Sie Ihre Träume nicht andern mitteilen, um sich an sie zu erinnern. Als eine der bekanntesten Traum-Expertinnen hat Patricia Garfield mit verschiedenen Techniken für die Förderung der Traumerinnerung gearbeitet. »Wenn Sie Ihre Träume für wichtig genug erachten und sich Zeit nehmen, sich an sie zu erinnern«, schreibt sie in ihrem populären Buch *Kreativ Träumen*, »werden sie auch schneller und öfter zu Ihnen kommen.«

Hier sind ein paar Hinweise von Garfield und anderen Traumforschern, die gelernt haben, wie man Traumerinnerungen wachruft:

- Bereiten Sie sich auf den Traum vor: Sagen Sie sich vor dem Einschlafen, daß Sie Ihre Träume erinnern wollen und werden. Halten Sie einen Notizblock und Schreibstift (vielleicht einen, der mit einer Batterie und einem Licht versehen ist) nah bei Ihrem Kopfkissen bereit, oder versuchen Sie, die Träume auf einen Kassettenrecorder zu erzählen.

- Wenn Sie nach einem Traum erwachen, bleiben Sie für einen Moment ruhig und schließen vielleicht die Augen noch einmal, um zum Traum zurückzukehren und sich an ihn zu erinnern. Lassen Sie die Gedanken schweifen.
- Wenn Sie von selbst erwachen (ohne Wecker oder Radio), lassen Sie Ihre Gedanken los. Dies wird nämlich, weil Sie wahrscheinlich gerade nach einer REM-Phase erwacht sind, in welcher Träume ja am wahrscheinlichsten auftreten, einen Traum oft wieder einfangen. Wenn Sie sich vom Wecker wecken lassen müssen und herausfinden, daß Sie sich an keinen Traumteil erinnern, stellen Sie beim nächsten Mal die Weckzeit um eine halbe Stunde zurück. Dies könnte Sie aus einem anderen Teil Ihres Schlaf-Traum-Zyklus wecken.
- Wenn Sie bemerken, daß Sie durch äußere Geschehnisse abgelenkt werden – daß beispielsweise Ihr Dreijähriger reden will – oder durch innere Gedanken, was Sie nach dem Aufstehen zu tun haben, versuchen Sie einmal, sich einen Morgen (z. B. samstags), wenn Sie wahrscheinlich weniger gestört werden, für die Erinnerung eines Traums freizuhalten.
- Halten Sie die Augen geschlossen, wenn Sie versuchen, sich an einen Traum zu erinnern, und spielen Sie den Traum vor Ihrem geistigen Auge noch einmal durch, bevor Sie die Augen aufmachen. Äußere Bilder könnten Träume unterbrechen.
- Wenn keiner der obigen Schritte Ihnen hilft, einen Traum zu erinnern, können Sie versuchen, ein Wecksignal auf mitten in der Nacht zu stellen, oder einen Freund bitten, Sie zu einer bestimmten Zeit zu wecken. Solch ungewöhnliches Wecken kann Sie dazu führen, sich an einen Traum zu erinnern.

Sobald Sie Erfolg hatten und sich einige Träume aufschreiben konnten, ist es das Beste, sich etwas mit Traumdeutung zu befassen, um mit Ihren Traumsymbolen vertraut zu werden und damit, was diese in Ihrem Wachleben repräsentieren können. Wie die Meditation ist auch die Psychotherapie eine Form der Selbstbeobachtung, die helfen kann, Gefühle und Handlungen zu integrieren und sie mit Ihren Träumen zu verbinden. Wenn Sie Ihre Träume analysieren, so analysieren Sie sich auch selbst.

Montague Ullman wie auch die Traumtherapeutin Gayle Delaney haben eingehend beschrieben, wie Sie Ihre Träume deuten können. Beide betonen, daß das Stellen von Fragen ein guter Weg ist, mitten in Herz und Seele Ihrer Träume vorzustoßen. Versuchen Sie, sich selbst die Fragen zu stellen, die Delaney für die Traumanalyse empfiehlt:

1. Woran in Ihrem gegenwärtigen Leben werden Sie erinnert, wenn Sie Gefühle nacherleben, die Sie im Traum hatten?
2. Haben Sie schon irgendeine Vorstellung im Kopf, was dieser Traum bedeuten könnte?
3. Beschreiben Sie die Eingangsszene des Traums.
4. Erinnert Sie der Traum an irgend etwas?
5. Wer ist X, Y oder Z? (Beschreiben Sie die Figuren des Traums und Ihre Assoziationen dazu).
6. Gibt es einen Teil in Ihnen selbst, der wie X, Y und/oder Z ist? (Selbst wenn Ihre Traumfigur jemand ist, den Sie überhaupt nicht leiden können, könnten Sie doch einige seiner/ihrer Eigenschaften bei sich selbst wahrnehmen.)
7. Wie ist Ihre Verbindung im Leben mit X, Y oder Z?
8. Welches sind die wichtigeren Gegenstände in dem Traum und wofür werden sie benutzt oder wie funktionieren sie?
9. An was erinnern die Gegenstände in Ihrem Traum und warum sind sie wichtig (oder unwichtig) für Sie?
10. Was sind die wichtigeren Ereignisse oder Handlungen im Traum, an was in Ihrem Wachleben erinnern sie Sie?

Obwohl die Deutung eines gewöhnlichen Traums allein Sie nicht notwendigerweise zu einem luziden Traum führt, wird dadurch doch ein solider Rahmen der Selbstreflektion geschaffen, in dem man vorankommen kann. Sobald Sie die Inhalte Ihrer Träume und ihre Bedeutungen erforscht haben, wird Ihnen wahrscheinlich auffallen, daß bestimmte Gegenstände oder Symbole von Zeit zu Zeit wiederkehren. Eines dieser Symbole können Sie als einen Brennpunkt benutzen, um Luzidität zu induzieren. Nehmen wir zum Beispiel an, Sie träumen oft von einem sprechenden Papagei. Wenn Sie zu sich am Tag oder abends vor dem Einschlafen sagen, daß Sie beim nächsten Mal, wenn Sie einen Papagei sehen, erkennen werden, daß Sie das träumen, dann sind Sie fähig, die Luzidität auszulösen. Wie Jill Gregory, eine Traum-Expertin aus Novato, Kalifornien, zeigt: »Wenn Sie sich mit den Symbolen und Themen in Ihren Träumen vertraut gemacht haben, dann werden Sie leichter ihre Bedeutung in Ihrem Wachleben erkennen und sie auch als Traumsymbole erkennen, wenn Sie noch schlafen.«

Diese Art sanfter, bewußter Ermutigung ist eine Form von Autosuggestion und wurde von vielen Menschen mit Erfolg verwendet, um luzide Träume zu bekommen. Eine andere Art von Autosuggestion ist, sich vor dem Schlafengehen zu sagen, daß man über ein besonderes Thema träumen oder einen luziden Traum haben will. Patricia Garfield beispielsweise induzierte Luzidität, indem sie sich schlicht vor dem Schlafengehen sagte: »Heute nacht will ich einen luziden Traum haben.«

Vor dieser Technik für sich müsse man sich ein bißchen in acht nehmen, meint Sparrow und betont die Wichtigkeit einer angemessenen kognitiven Strategie. »In dem Ausmaß, wie jemand sein Bewußtsein von ungelösten, möglicherweise schmerzvollen vorbewußten Erinnerungen und Problemen fortgesetzt unterdrückt hat (und das trifft wahrscheinlich für die meisten von uns in unterschiedlichem Ausmaß zu), beinhaltet die Aussage ›Ich will luzid werden‹ ein Paradox«, erklärt er. »Sie scheint zu sagen: Ich bin willens, mir dessen bewußt zu werden, wozu ich unwillens gewesen bin, es mir bewußt zu machen. Wie können wir vorher wissen, was wir überraschend durch unsere weitgeöffneten Traumaugen wahrnehmen werden? Wie können wir wissen, ob wir dazu bereit sind?«

Sparrow veranschaulicht diesen Punkt, indem er vom Erlebnis einer seiner Klientinnen berichtet, die sich einen Tag von der Arbeit freinehmen mußte, um sich von einem beunruhigenden luziden Traum zu erholen. In dem Traum fand die Frau »eine alte plattgedrückte Puppe unter einem Haufen Abfall, nahm sie auf und dachte, noch prä-luzid: ›Wenn ich diese Puppe wäre, wüßte ich, was ich mag.‹ Sie begann, die Puppe zu drücken und zu streicheln, und sie wurde lebendig«, erklärt er. »Als ihr dämmerte, daß sie träumte, fühlte sie sich nichtsdestoweniger tief beunruhigt zu wissen, daß diese ›Puppe‹ wirklich gewissermaßen lebendig war. Man kann verstehen, welche Bedeutung es für sie hatte, herauszufinden, daß das mißbrauchte (sehr mißhandelte) Kind noch (in ihr) lebendig war, aber das war eine Wirklichkeit, die gegen ihre Ich-Definition verstieß. Große Wahrheiten können vom Standpunkt eines wohlgefestigten Ichs aus vernichtend sein. Da ich diese Frau kenne, glaube ich, daß sie Glück hatte, gerade in einer Therapie zu sein, als diese ›guten‹ Neuigkeiten ihr bewußt wurden.«

Der Punkt ist klar: Forcieren Sie keinen Bewußtseinszustand herbei, für den Sie nicht bereit sind. Arbeiten Sie mit all Ihren Träumen und den persönlichen Problemen, die hochkommen. Wenn Sie eine Vorstellung stört, versuchen Sie herauszufinden, warum. Wenn Sie ein Traum ängstigt, sprechen Sie darüber mit einem Freund. Die meisten Menschen sind nicht gelehrt worden, an den dunklen Seiten in sich zu arbeiten, die manchmal in Träumen auftauchen, und es ist wichtig, daß wir uns unseren Träumen mit diesem klar verfügbaren Wissen nähern.

Nicht empfehlenswert ist der Versuch, luzide Träume

außerhalb eines Programms der »Arbeit an sich selbst« zu haben, sei es in der Form von Meditation, Traum-Arbeit oder Psychotherapie. Obwohl es möglich ist, eine Begabung für Luzidität ohne so einen umfassenden Kontext zu entwickeln, wird das Resultat davon oft hohl und leer sein. Das luzide Träumen sollte nicht als eine Art Verdienstplakette gesehen werden oder als Zeichen spiritueller Überlegenheit. Jene, die wahrlich auf einem spirituellen Weg sind, erkennen, daß ein authentisches persönliches Wachstum eine holistische Angelegenheit ist, die alle Aspekte im Leben eines Menschen umfaßt. In der Tat liegt ein sicherer Hinweis auf Leute, deren Ich größer als ihr spirituelles Verständnis ist, in ihrem Hausierengehen mit speziellen Fähigkeiten wie luziden Träumen oder mystischen Begegnungen. Laßt Euch nicht durch falsche Heilige narren!

Wie wichtig es ist, kritisch zu sein

Wenn man begonnen hat, sich an seine Träume zu erinnern und mit ihnen als Aspekten von sich selbst zu arbeiten, wird man finden, daß man selten einen luziden Traum hat. Es gibt zahlreiche Techniken, die sich als hilfreich erweisen können, um hinter diesen Punkt zu kommen. Eine Reihe von Forschern, an erster Stelle der deutsche Psychologe Paul Tholey, betont die Wichtigkeit, eine kritische Haltung demgegenüber, was real ist, zu entwickeln. Zum Beispiel haben einige Leute erfolgreich luzide Träume induziert, indem sie ein großes B (für Bewußtsein) auf die Fläche einer Hand geschrieben haben. Jedesmal, wenn sie das B sehen, fragen sie sich: »Ist das real?« oder »Ist dies ein Traum?« Nachdem sie sich umgesehen haben und die Beschaffenheit des Ortes, an welchem sie sich befinden, untersucht haben, schließen sie daraus, daß sie nicht träumen und daß das, was sie gerade erfahren, die Tageswelt ist. Wenn sie sich dies viele Male während des Tages fragen, werden sie sich dieselbe Frage mit größerer Wahrscheinlichkeit auch während des Träumens stellen. Und mit etwas Glück werden sie dann merken, daß sie träumen.

Tholey meint, daß es wichtig sei, sich diese Fragen so oft wie möglich zu stellen, besonders in Situationen, die uns in gewisser Weise an einen Traum erinnern. Es hilft auch, sich die Frage so kurz vor dem Einschlafen wie möglich zu stellen. »Wenn eine Person«, erklärt Tholey, »im Wachsein eine kritisch-reflektierende Haltung in bezug auf ihren gegenwärtigen Bewußtseinszustand entwickelt, indem sie sich fragt, ob sie träumt oder wacht, kann diese Haltung in den Traumzustand übertragen werden.«

Traditionelle tibetische Texte empfehlen auch ein Befragen am Tage, um die Luzidität in der Nacht zu induzieren, aber sie gehen anders heran. Anstatt sich zu fragen, ob etwas real oder ein Traum ist, empfehlen die Tibeter, daß man sich während des Wachseins versichern sollte, daß alles, was man wahrnimmt, ein Traum ist. Wie George Gillespie vom Department of Oriental Studies an der University of Pennsylvania erläutert: »Während des Tages sollte der Yogi die Vorstellung aufrechterhalten, daß alle Dinge aus dem Stoff sind, aus dem Träume gemacht sind. Er (oder sie) sollte denken: ›Dies ist ein (großer) Traum.‹« Oder wie Gyaltrul Rinpoche es ausdrückt: »Du mußt dich wirklich entsinnen, daß dies alles eine Illusion ist. Erinnere dich den Tag hindurch so oft daran, wie du kannst, daß dies eine Illusion ist.«

Wiederum müssen wir hier ein Wort der Vorsicht hinzufügen. Zu fragen: »Ist dies ein Traum?« oder sich selbst zu sagen: »Dies ist ein Traum« kann in sich ein starkes psychologisches Gewicht haben, besonders für Menschen, die etwas Schwierigkeiten haben, zwischen Phantasie und Realität zu unterscheiden. Ein Biologe aus Oregon zum Beispiel beendete seine luziden Traumexperimente allesamt, weil, wie er sagt, »ich begann, über die unterschiedlichen Zustände der Seele verwirrt zu sein – den Schlaf, das Wachsein und das Traumbewußtsein.«

Eine kritische Reflexion zu entwickeln ist nicht der einzige Weg auf der Straße zum luziden Traum. Einige Forscher empfehlen statt dessen eine Steigerung der Bewußtheit unserer Wahrnehmung. Dabei kann Luzidität charakterisiert werden als ein Zustand erhöhter innerer Aufmerksamkeit und als solcher durch eine aktive und dabei rezeptive Haltung hervorgerufen: Man beobachtet sein Traum-Selbst, während man zur selben Zeit akzeptiert, was auch immer an Traumbildern auftaucht. Wie wir zu Beginn dieses Kapitels erläuterten, besteht ein Weg dazu in der Autosuggestion (sich vor dem Schlafengehen und nach jedem Erwachen vom Schlaf zu suggerieren, daß man einen luziden Traum haben will). Patricia Garfield und Stephen LaBerge, ein Traumforscher an der Stanford University (Kalifornien, USA) berichteten jeweils von Erfolgen mit dem Gebrauch dieser Technik, aber LaBerge fand, daß seine luziden Träume nach einer Weile langsam zurückgingen. Er begann, verschiedene Variationen auszuprobieren und entwickelte schließlich eine Technik, die als »MILD« bekannt wurde (mnemonische Technik für die willentliche Induktion luzider Träume).

Bei dieser Methode sagt man sich selbst, man wolle früh am Morgen erwachen (einige Leute sind dabei viel erfolgreicher als andere) und dann jeden Traum noch einmal durchgehen, den man in seiner Vorstellung erinnert. Nachdem man das getan hat, sollte man aufstehen und sich für 10 bis 15 Minuten mit etwas beschäftigen, was die eigene volle Aufmerksamkeit des Wachseins erfordert, vielleicht ein Buch lesen oder eine Einkaufsliste zusammenstellen. Dann soll man ins Bett zurückgehen und sich selbst sagen, während man sich in den Schlaf fallen läßt: »Beim nächsten Mal, wenn ich träume, werde ich mich daran erinnern, daß ich träume.« Während man dies tut, sollte man sich den eigenen Körper vorstellen, wie er schlafend im Bett liegt, und sich gleichzeitig selbst in dem Traum sehen, den man gerade durchgespielt hat, und dabei wissen, daß dies ein Traum ist. Diese Technik wird helfen, die Luzidität zu erhalten, wenn man in den Schlaf zurückfällt.

Sparrow hat auch mit einer ähnlichen Technik experimentiert, bei der er fand, daß Personen, die noch einmal einen Traum durchlebten oder durchspielten, als wenn sie dabei luzid wären, größeren Erfolg bei der Induktion eines luziden Traumes hatten als jene, die es nicht so taten. Man kann diese Methode selbst ausprobieren, indem man sich entspannt und mit geschlossenen Augen, vielleicht vor dem Schlafengehen, einen alten Traum visualisiert und alle Handlungen beobachtet, während man registriert, daß es eine Traumhandlung ist.

Eine komplexere Technik, aber eine, die bessere Ergebnisse haben kann als MILD, kommt von Paul Tholey, der sein Rezept für die Induktion in fast dreißig Jahren Forschung und beratender Arbeit in Deutschland entwickelte.

Tholeys Methode

1. Fragen Sie sich: »Wach ich oder träume ich?« wenigstens fünf- bis zehnmal am Tag.
2. Zur selben Zeit versuchen Sie, sich intensiv vorzustellen, daß Sie in einem Traum sind, und daß alles, was Sie wahrnehmen, einschließlich Ihres eigenen Körpers, lediglich ein Traum ist.
3. Während Sie sich fragen »Wach ich oder träume ich?« sollen Sie sich nicht nur auf die gegenwärtigen Ereignisse konzentrieren, sondern auch auf Handlungen, die schon abgelaufen sind. Bemerken Sie irgend etwas Ungewöhnliches, oder leiden Sie an Gedächtnislücken?
4. Sie sollten sich zur Regel machen, die kritische Frage in allen Situationen zu stellen, die charakteristisch für Träume sind, das heißt, wann immer sich etwas Überraschendes oder Unwahrscheinliches ereignet oder wenn Sie starke Emotionen erleben.
5. Wenn Sie eine wiederkehrende Traumhandlung oder ein

Traummotiv haben – beispielsweise häufige Gefühle der Furcht oder das Auftauchen eines Hundes – sollten Sie sich selbst die Frage stellen, wann immer Sie sich in einer bedrohlichen Situation befinden oder am Tage einen Hund sehen.

6. Wenn Sie oft Traumerfahrungen haben, die niemals oder sehr selten im Wachzustand auftauchen, so wie in der Luft zu schweben oder zu fliegen, sollten Sie, wenn Sie wach sind, versuchen, sich vorzustellen, daß Sie eine solche Erfahrung haben, und sich die ganze Zeit dabei sagen, daß Sie träumen.

7. Wenn Sie Schwierigkeiten haben, sich an Ihre nicht-luziden Träume zu erinnern, sollten Sie sich mit Methoden beschäftigen, die Ihr Gedächtnis für sie verbessern. In den meisten Fällen allerdings wird die Gewohnheit, den kritisch-reflektierenden Gemütszustand zu erlangen, auch die Traumerinnerung verbessern.

8. Bevor Sie in den Schlaf eintauchen, versuchen Sie nicht, Luzidität mit Gedankenkraft herbeizuzwingen. Sagen Sie sich einfach, daß Sie in Ihrem Traum aufmerksam oder bewußt werden. Diese Methode ist besonders effektiv, wenn Sie früh am Morgen gerade erwacht sind und glauben, daß Sie wieder in den Schlaf fallen.

9. Sie sollten beschließen, eine spezielle Handlung im Traume durchzuführen. Jede einfache Handlung ist dafür geeignet.

Um die Schritte acht und neun zu ermöglichen, empfiehlt Tholey, das Wachbewußtsein während des Übergangs in den Schlaf durch die hypnagogischen Bilder des frühen Schlafes aufrechtzuerhalten. Dies schließt folgendes ein:

- Die Bild-Technik: Konzentrieren Sie sich nur auf die visuellen Bilder, während Sie in den Schlaf fallen.
- Die Körper-Technik: Konzentrieren Sie sich völlig auf Ihren Körper, wenn Sie in den Schlaf fallen. Registrieren Sie Ihren Atem, die Weise, wie sich Ihre Beinmuskeln entspannen, und die Schwere Ihrer Arme.

- Die Bild-Körper-Technik: Konzentrieren Sie sich sowohl auf die Bilder als auch auf den Körper.
- Die Ich-Punkt-Technik: Stellen Sie sich vor, daß Sie nur ein »Punkt« sind, von welchem aus Sie in der Traumwelt wahrnehmen und denken.
- Die Bild-Ich-Punkt-Technik: Zusätzlich zum Ich-Punkt konzentrieren Sie sich auch auf die Bilderwelt.

Obwohl Tholeys Methode ausführlicher als LaBerges »MILD« ist, ist sie auch komplizierter und zeitaufwendiger. Sie kann allerdings auch bei weitem effektiver sein. Zwei französische Wissenschaftler, die mit Tholeys Technik arbeiteten, fanden, daß selbst jene Teilnehmer, die aus ihren Studien herausfielen, damit oft gute Resultate erzielten.

»Sie werden sehr schläfrig«

Der Psychologe Joseph Dane von der University of Virginia konnte bei einigen Frauen, die noch nie zuvor Luzidität erlebt hatten, luzide Träume herbeiführen, indem er Hypnose anwendete. Und anders als bei vielen anderen Experimenten mit luziden Träumen hatte er Erfolg damit, Luzidität im Schlaflabor hervorzurufen. Nachdem er sie hypnotisiert hatte, erzählte er jeder Frau: »Heute nacht werden Sie den Auto-Piloten in ihrem Traum abstellen und mit Bewußtsein fliegen. Heute nacht, wenn Sie träumen, werden Sie irgendwie erreichen zu träumen, wobei Sie merken werden, daß Sie träumen. Etwas wird in Ihren Träumen geschehen, um Ihr Bewußtsein zu lösen, und Sie werden sich erinnern, daß Sie träumen.«

Weil er Personen auswählte, die alle ohne Vorgeschichte mit luzidem Träumen waren, kontrollierte Dane in gewissem Ausmaß die individuellen Neigungen; indem er nur Frauen auswählte, »zinkte« er aber auch die Karten. Wie wir in Kapitel 9 ausführen (auf Seite 233), scheinen Frauen neurologisch für luzide Träume prädisponiert zu sein. In dieser Studie hypnotisierte Dane jede Frau und gab verbal eine starke Ermunterung, einen luziden Traum zu haben. Jede Frau wurde auch unter Hypnose gebeten, einen Traum über die Bedeutung der Hypnose zu haben. Bei der Hälfte der Frauen ging Dane noch weiter und verwendete posthypnotische Suggestionen, um die Frauen zu bestärken, ein persönliches Traumsymbol zu finden, das helfen könnte, einen luziden Traum zu verursachen. Dane schreibt über diesen Prozeß: »Der Traum über die Hypnose handelte bei einer Person davon, daß sie mit ihrem Hund spielte. Während dieses Traumes wollte die Person mit aller Kraft einen Ball aufnehmen und für ihren Hund fortwerfen. Freilich war sie total unfähig, dies zu tun, bis der Hund sie anbellte. Nach ihrem eigenen Bericht war es so, als wenn sie unfähig gewesen wäre zu handeln, bis der Hund ihr die Erlaubnis dazu gegeben hatte. Wie sie es ausdrückte: ›Es war so eine Erleichterung, als er mir sagte, daß ich den Ball aufheben und werfen durfte.‹ Die Person gab bereitwillig zu, daß dieser Traum eine mögliche Erinnerungsstütze aus dem Unbewußten dafür war, daß wir, auch wenn wir mit dem Unbewußten ›spielen‹ können und glauben, es kontrollieren zu können, ihm auch seinen ›Willen‹ zu lassen, es umgekehrt oft das Unbewußte ist, das in Wirklichkeit diktiert, was wir können und was nicht. Auf dieser Basis wurde der Hund der Person als ihr persönliches Symbol gewählt.«

Die luziden Träume derjenigen Frauen, die ein persönliches Traumsymbol benutzten, waren länger und wurden von der Träumerin als komplizierter angesehen als jene der anderen Frauen. »Das qualitative Niveau ihrer Erfahrung«, meint Dane, »ging eigentlich über das hinaus, was man normalerweise von einem Laborexperiment erwarten würde.«

Weil nur ein kleiner Prozentsatz der Bevölkerung fähig ist, in einen tiefen hypnotischen Zustand hineinzukommen, ist diese Art der Induktion luzider Träume beschränkt. Andere, zugänglichere Formen der Trance allerdings scheinen zu gehen. Hildegard Klippstein, eine Hypnotherapeutin aus Kiel, wendet eine leichte Trance an, um Luzidität bei ihren Klienten hervorzurufen. »Wenn ich mit der Trance arbeite«, erklärt sie, »kann der Patient wenigstens zwei Niveaus der Realität zur selben Zeit erleben.« Wenn jemand mit dem Therapeuten in der Trance interagiert und sein Bewußtsein für diesen Zustand aufrechterhält, ahmt er die Dualität des Bewußtseins nach, die typisch für das luzide Träumen ist, und übt sie damit auch ein.

Klippsteins Methode kann mit diesem Traum ihres Klienten Gerd illustriert werden. Gerd hatte bei einem Qualifikationstest zum Eintritt in die Universität versagt und begann deshalb eine Ausbildung als Ingenieur. Er mußte eine Zwischenprüfung ablegen, um seine Ausbildung fortsetzen zu können, und war sicher, daß er wieder versagen würde. Nach dem Beginn der Therapie hatte er diesen Traum:

> Ich fahre im ersten Wagen eines Eisenbahnzuges. Am Bahndamm gibt es einen Hebel für eine Weiche zu einem Nebengleis. Der Zug fährt mit sehr hoher Geschwindigkeit aufs Abstellgleis und kann nicht mehr gestoppt werden. Er fährt über den Prellbock weg, und am Schluß hängen einige Eisenbahnwaggons von der Böschung herab. Mir gelingt es, unverletzt aus dem ersten Wagen herauszugehen, obwohl er nur wenige Zentimeter über der Erde hängt.

Der Traum schien zu zeigen, daß Gerd sich darauf einstellte, wiederum seine Prüfung zu schmeißen. Klippstein führte Gerd in eine leichte Trance und begann mit ihm im Traum zu arbeiten, als wenn er ein luzider Traum wäre. »Vor dem Aussteigen aus dem Zug,« erklärt Klippstein, »bat ich Gerd, zur anderen Seite des Waggons zu schauen. Er sah die Notbremse und hatte die Idee, sie zu ziehen. Dann ging er zur Lokomotive und überzeugte den Ingenieur, den Zug aufs andere Gleis zurückzufahren. Dann warf er den Hebel der Weiche herum, und der Zug konnte in eine andere Richtung fahren.«

Gerd hatte zwei luzide Träume, die spiegelten, was er während der Trance gelernt hatte, und er erreichte auch das beste Ergebnis bei dieser Zwischenprüfung. Solch leichte Trance-Techniken, meint Klippstein, sind effektiv, um Luzidität herbeizuführen.

Sowohl für die hypnotische, als auch für andere Formen der Trance muß man die Hilfe eines erfahrenen Therapeuten gewinnen, um die luziden Träume zu induzieren. Es scheint aber doch ein produktiver und zuverlässiger Weg für jene zu sein, die willens und fähig sind, ihn auszuprobieren.

Die Maske mit dem Licht

Bis hierher haben wir die inneren Wege zur Traumluzidität erkundet, die Reihe der mentalen Hinweise und Übungen, von denen man weiß, daß sie luzide Träume hervorrufen. Aber Forscher haben auch mit externen oder Reizen aus der Umwelt gearbeitet. Diese haben allgemein die Form auditorischer Stimuli. Mit einer Bandaufnahme von einer Stimme, die beispielsweise sagt: »Dies ist ein Traum«, kann man es so einrichten, daß diese in 90 Minuten-Intervallen die ganze Nacht hindurch immer wieder gespielt wird. Der Klang der Stimme, die mit den Phasen des REM-Schlafes in etwa übereinstimmen sollte, soll in die schlafende Seele hineinsickern und sie partiell erwecken. Unglücklicherweise wird ein stimmlicher Stimulus den Träumer oft wachmachen und den Traum unterbrechen, anstatt einen luziden Traum zu produzieren.

Der Erfolg taktiler Stimuli hat sich auch irgendwie als unberechenbar erwiesen. Wasser, das auf das Gesicht gesprenkelt wurde, oder unterschwellige elektrische Reize an den Armen haben luzide Träume bei einigen Personen hervorgerufen.

Aber ersteres erfordert die Hilfe eines Freundes, der die schnellen Augenbewegungen erkennen kann und dann das Wasser aufs Gesicht sprenkelt; und letzteres, was von Keith Hearne entwickelt worden ist, dem ersten Wissenschaftler, der einen luziden Traum im Schlaflabor aufgezeichnet hat, hat sich nicht als besonders erfolgreich herausgestellt.

Ein relativ zuverlässiger Anstoß zur Luzidität, der von außen kommt und nicht die Hilfe einer weiteren Person erfordert, ist erst kürzlich entwickelt worden. Es ist die Lichtmaske, die von LaBerge und seinen Mitarbeitern an der Stanford University konstruiert wurde. Sie sieht ein bißchen wie ein Ausrüstungsstück eines »Lone Rangers« aus – es ist eine glatte, schwarze Augenmaske, die sich eng an den Kopf anschmiegt. Aber anders als die von Kimosabe, wird LaBerges Maske während des Schlafes getragen und beginnt, mit weißem Licht zu flackern, wenn sie hauptsächlich die gehäuften Augenbewegungen ausmacht. Das Licht wird dann in jeden Traum inkorporiert, der gerade ablaufen könnte, und mit dem richtigen Training lernt der Träumer, das Licht als Signal zu erkennen, daß er gerade träumt.

In Untersuchungen im Schlaflabor fand LaBerge bei 55 Prozent von Leuten, die häufig luzide Träume erleben (wenigstens einen pro Monat), daß diese wenigstens einen per bewußtem Augen-Signal verifizierten luziden Traum hatten, wenn sie die Maske benutzten. Wenn man also bereits ein habitueller luzider Träumer ist, kann einem die Maske in einer Nacht helfen, wenn man sich einen luziden Traum besonders wünscht. Aber weil spontan nur eine von fünf Personen luzide Träume einmal im Monat oder öfter hat, muß offen bleiben, wie erfolgreich die Maske sein wird, wenn sie in der gesamten Öffentlichkeit eingeführt wird.

In einer weiteren Studie fand LaBerge, daß eine mentale Vorbereitung in Kombination mit dem Tragen der Maske weit bessere Resultate einbrachte als die Maske allein. Aber wiederum traten dabei Probleme auf. Erstens hatte weniger als ein Viertel seiner Personen Erfolg (praktisch alle Träumer, die vorher luzide gewesen waren), wenn sie die Maske mit der mentalen Vorbereitung nutzten. Zweitens war LaBerge überrascht von dem hohen Prozentsatz an Träumen, in denen seine Personen das Licht nicht als Signal erkannten, um luzid zu werden. Im allgemeinen waren die Inkorporationen ungewöhnlich genug, so daß man erwarten könnte, die Leute würden sie als etwas Bizarres erfassen. So begann die Sonne zu flackern, oder ein Licht fing an zu flimmern, oder es wurde ein riesiges orangefarbenes Mandala sichtbar. Eine Person träumte, die Maske einem Freund zu zeigen, als sie plötzlich zu flackern begann. Eigentlich waren die geistigen Verrenkungen, die die Leute zustande brachten, um diese Inkorporationen nicht zu erkennen, sogar bemerkenswert. Ein Mann legte beispielsweise die Maske während der Nacht halb ab und schlief damit wieder ein. In seinem Traum dachte er dann: »Wenn ich noch diese dumme Maske tragen würde, wüßte ich, daß ich jetzt träume«.

Eine neue Untersuchung von Stephen Burton und Mitarbeitern an der University of Mississippi kann einiges Licht auf den Widerstand werfen, der von LaBerges Versuchspersonen berichtet wird. Um bei Personen, die an Schlaf-Apnoen leiden (einem Zustand, in dem jemand während des Schlafes ungleichmäßig atmet), ein Verhaltenstraining zu erproben, konditionierten die Untersucher sie zuerst am Tage, immer dann einmal durchzuatmen, wenn sie einen speziellen Ton hörten. Während die Personen dann schliefen, spielten die Forscher den Ton wiederholt ein in der Hoffnung, er würde eine regelmäßige Atmung induzieren. Problematischerweise atmeten die Personen eher weniger, wenn der Ton während einer REM-Phase eingespielt wurde, als wenn er im Non-REM-Schlaf erklang. Es schien, daß sich die schlafende Seele dem Soufflieren von außen widersetzen wollte. In ähnlicher Weise könnte die Lichtmaske als zu aufdringlich erlebt werden, das heißt, selbst wenn die Träumer das Licht zur Kenntnis nehmen, würden sie dennoch nicht merken, daß sie träumen. Das (mentale) System während des Träumens scheint so konstruiert zu sein, daß es allen groben Versuchen der Beeinflussung von außen widersteht. Deshalb überrascht es nicht, daß eine innere Vorbereitung etwa durch Meditation und die Entwicklung einer kritisch-reflektierenden Haltung bei weitem wirksamer sind als alle Methoden mit äußeren Mitteln, wenn es darum geht, das Bewußtsein in den nächtlichen Geist einzuladen.

Kapitel 3

Ein Blick in den Traum

Lieder, Liebe und der Reiz zu fliegen

Am Heiligabend des Jahres 1911 zeichnete der holländische Arzt Frederik Van Eeden den folgenden Traum auf:

> Er begann mit Fliegen und Schweben. Ich fühlte mich wunderbar leicht und stark. Ich sah enorme und schöne Aussichten – zuerst eine Stadt, dann Landschaften draußen, phantastisch und in hellen Farben. Danach bemerkte ich, daß mein Bruder da saß – der 1906 gestorben war –, und ich ging zu ihm hinauf und sagte: »Nun träumen wir beide.« Er antwortete: »Nein, ich nicht!« Da erinnerte ich mich daran, daß er tot war. Wir hatten ein langes Gespräch über die Bedingungen des Fortlebens der Seele nach dem Tode, und ich erkundigte mich besonders nach der Bewußtheit, nach der klaren, deutlichen Einsicht. Aber dies konnte er nicht beantworten; ihm schien sie zu fehlen. Danach wurde der luzide Traum von einem gewöhnlichen Traum unterbrochen, in dem ich eine Frau sah, die auf einer Brücke stand und zu mir sagte, sie habe mich im Schlafe sprechen gehört. Und ich vermutete, daß meine Stimme während des luziden Traums hörbar gewesen war. Dann folgte eine zweite Phase der Luzidität, in welcher ich Professor van't Hoff sah, den berühmten holländischen Chemiker, den ich als Student gekannt hatte. Er stand in einer Art Vorlesungssaal, von einer Zahl gelehrter Leute umgeben. Ich ging zu ihm hin, wobei ich sehr genau wußte, daß er tot ist, und setzte meine Befragung über den Zustand nach dem Tod fort. Es war ein langes,

ruhiges Gespräch, in welchem ich mir der Situation vollständig bewußt war. Ich fragte zuerst, wie wir, wenn uns doch die Sinnesorgane fehlten, zu irgendeiner Sicherheit kommen könnten, daß die Person, mit der wir sprächen, wirklich diese Person sei und nicht eine subjektive Illusion. Darauf sagte van't Hoff: »Genau wie im normalen Leben; nur als allgemeiner Eindruck.« »Im normalen Leben«, sagte ich, »gibt es doch Stabilität der Beobachtungen, und es gibt eine Verfestigung durch wiederholte Beobachtung«.

»Hier auch«, sagte van't Hoff, »und das Gefühl der Sicherheit ist ganz dasselbe.« (...) Die ganze Atmosphäre des Traums war beglückend, strahlend, erhaben, und die Personen um van't Hoff schienen sympathisch zu sein, obwohl ich sie nicht kannte.(...) Danach hatte ich noch mehrere gewöhnliche Träume, und ich erwachte ziemlich erfrischt und wußte dabei, daß meine Stimme in der Tageswelt nicht hörbar gewesen war.

Van Eedens Beschreibung veranschaulicht etwas von der Vielschichtigkeit der Traumwelt, die Entwicklung von einem Traum zu einem anderen, sowie das Wechseln des Bewußtseins vom gewöhnlichen Traum zur Luzidität und wieder zurück. Das Bewußtsein, sowohl im Wachen als auch im Schlafen, verläuft wirklich auf einem Kontinuum, das viele unterschiedliche Stufen des Geistes umfaßt.

Um die Vielfalt der Traumwelt am besten beobachten zu können, braucht man die spezifischste Form – nämlich die individuellen Träume. Hier findet man die düsteren Gesichter, die gewundenen Straßen, das hieroglyphische Gekritzel und den Aufbau unserer Traum-Skripte. Zu erkennen, was in unseren Köpfen vorgeht, wenn wir schlafen, war für die Forscher lange eine schwierige Sache. Einige Menschen haben eine exzellente Traumerinnerung, weil sie fähig sind, fast jedes Detail eines komplizierten Traums zu berichten. Anderen aber geht es so, daß ihnen die Träume zwischen den Fingern zerrinnen, sobald sie erwacht sind. Ein Weg, Informationen über Träume zu sammeln, besteht darin, daß man Personen in ein Schlaflabor legt und sie während jeder REM-Phase weckt. Die Forscher wissen, daß sich das Träumen fast stets – wenn auch nicht ausschließlich – während der REM-Phase ereignet, und wenn man fragt, was eine Person beim Aufwachen aus dieser Schlafphase denkt, wird sie typisches Traummaterial berichten. Eine andere Technik, Informationen über Träume zu erlangen, besteht darin, die Leute zu bitten, ein Nächtebuch zu führen, wo alles, an was sie sich aus ihren Träumen erinnern können, aufgezeichnet wird.

Der erste Traumforscher, der in den fünfziger Jahren systematisch untersucht hat, was Menschen träumen, war der Psychologe Calvin S. Hall. Er und andere Forscher, besonders Robert Van de Castle von der University of Virginia, entwikkelten mehrere Einstufungsskalen, um den manifesten Inhalt individueller Träume zu analysieren. Einerseits besteht der manifeste Inhalt aus den offensichtlichen Tatsachen des Traumes: wo er spielt, wie viele Traumfiguren vorkommen, ihr Geschlecht sowie die ablaufende Handlung. Der latente Gedanke andererseits betrifft die zugrundeliegenden Strukturen und die mögliche Bedeutung des Traumes.

Nachdem Hall und Van de Castle Tausende von Träumen analysiert hatten, enthüllten sie faszinierende Informationen über den Stoff, aus dem die Träume sind. Sie fanden, daß viele unserer Träume in Innenräumen spielen, und zwar meistens in Häusern. Tatsächlich spielt fast ein Drittel der Träume in so etwas wie einer Wohnung. In den Häusern unserer Träume ist das Wohnzimmer die beliebteste Umgebung, der Reihe nach gefolgt vom Schlafzimmer, der Küche, dem Treppenhaus und dem Untergeschoß.

Wir scheinen uns auch in unseren Träumen sehr viel zu bewegen. Meistens fahren wir Auto, aber Flugzeuge und Schiffe führen uns auch ans Ziel. Manchmal lenken wir das

Auto selbst oder fliegen das Flugzeug; zu anderer Zeit sind wir Passagiere, was nach Hall wichtige Unterscheidungen sind. »Als Passagier«, erklärt er, »spielt der Träumer die Rolle einer passiven Person, die von anderen abhängig ist. Als Fahrer drückt er (oder sie) das Selbstbild von Unabhängigkeit und Können aus.«

Träume sind meist von mindestens zwei weiteren Figuren außer dem Träumer bevölkert. Bei Kindern oder Teenagern kommen in den Träumen oft Mutter und Vater vor. Das ändert sich, wenn man erwachsen wird und eine wichtige (oder mehrere) Bezugspersonen hat. Dann ersetzen Gatten und Kinder die Eltern als bedeutende Traumfiguren. Die anderen Leute, die in unsere Träume kommen, sagt Hall, sind jene, »mit denen wir emotional umgehen. Die Emotion kann Liebe sein, Furcht oder Ärger oder Mischungen aus diesen Gefühlen. Wir träumen nicht von Leuten, mit denen wir eine stabile und befriedigende Beziehung erreicht haben.« Interessanterweise können wir herausfinden, wer von uns träumt, wenn wir uns die Leute in unseren eigenen Träumen ansehen. Hall glaubt, daß die Leute, von denen wir träumen, wahrscheinlich auch von uns träumen.

Männer träumen häufiger von anderen Männern als von Frauen; Frauen träumen nahezu gleich häufig über beide Geschlechter. So überraschend dies erscheinen mag, es paßt doch in die Theorie hinein, daß man meistens über instabile Beziehungen träumt. »Für Männer«, erläutert Hall, »sind die Beziehungen zu anderen Männern unbeständiger als die Beziehungen zu Frauen. Frauen haben andererseits etwa ein gleiches Maß an emotionalen Konflikten mit Leuten beiderlei Geschlechts.« Was Fremde in unseren Träumen anbetrifft (sie erscheinen in etwa vier von zehn Träumen), so glaubt Hall, daß sie das Unbekannte repräsentieren, das Ambivalente oder das Unbestimmte.

Sprechen, sitzen, beobachten und andere »passive« Aktivitäten kennzeichnen etwa ein Viertel aller Traumhandlungen.

Doch, so sagt Hall, »was einem an den Träumen am meisten auffällt, ist das Fehlen anstrengender Aktivitäten.« Wir engagieren uns also lieber für die angenehmen Tätigkeiten als für die eintönigen Arbeiten des Wachlebens. Unsere Träume sind voll von Tanz und Spielen. Es mutet dann aber seltsam an, daß Halls Forschungen auch ein Überwiegen von emotional unangenehmen Träumen ergaben. Gefühle von Ärger und Furcht sind zweimal so häufig wie Empfindungen von Freude und Glück. Hier finden wir vielleicht die ungelösten Ereignisse und Gefühle des Wachlebens wieder, die in der Nacht ausgedrückt werden.

Hall sah sich den Inhalt der Träume im allgemeinen an und unterschied dabei nicht zwischen luziden und nicht-luziden Träumen. Aber wie läßt sich die Landschaft des luziden Traums mit der gewöhnlicher Träume vergleichen? Verändert nicht die hinzukommende Bewußtheit darüber, daß man träumt, das Wesen und/oder den Inhalt des Traums? Gackenbach begann 1976, diese Fragen zu sondieren, und verwendete dafür Traumberichte einer Vielzahl von Leuten, einschließlich Studenten der University of Northern Iowa (USA). Ihre Testpersonen waren keine erfahrenen luziden Träumer; sie wußten, was ein luzider Traum ist, und berichteten, wenigstens schon einmal einen gehabt zu haben, aber sie hatten nie versucht, die Luzidität herbeizuführen oder sie einzuüben. In der Tat waren Gackenbachs Personen ziemlich typische Träumer, ein ideales Aufgebot, um dadurch Einblick in die Beschaffenheit luzider Träume, so wie sie natürlich und spontan entstehen, zu bekommen.

Als man zu verstehen versuchte, wie luzide Träume waren, und wie sie sich von gewöhnlichen unterschieden, gab es Probleme. Einmal werden luzide Träume eher leichter als andere Träume erinnert. Deshalb war einer der Faktoren, den Gackenbach aus ihren Studien heraussieben mußte, die Traumerinnerung: Sie mußte den Trauminhalt systematisch analysieren und dabei berücksichtigen, wieviel oder wie wenig von dem Traum erinnert worden war. Sonst würde es unmöglich sein zu wissen, ob die Unterschiede, die man zwischen den Inhalten luzider und nicht-luzider Träume fand, nur auf der besseren Erinnerung oder auf einer Besonderheit des luziden Traums beruhten.

Zusätzlich entdeckte Gackenbach auch noch, daß viel von dem, was einen luziden Traum zu charakterisieren scheint, im Bericht des Träumers über seinen Traum offenbar an andere Personen nicht weitergegeben wird. Unabhängige Beurteiler, die die Traumberichte durchlasen und sie einstuften,schrieben dem Traum dabei oft recht andere Emotionen zu, als sie der Träumer erlebt hatte. Zum Beispiel wurde dieser luzide Traum von einer von Gackenbachs Versuchspersonen geschildert, einer College-Studentin aus einer Kleinstadt in Iowa:

> Da ist ein riesiger Swimmingpool, an dessen Rand meine beste Freundin und ich stehen. Es ist eine Party im Gange, und eine Marschkapelle spielt dort. Das Bekken hat einen Sims, der wenige Zentimeter über dem Wasser ganz herumläuft. Zwei Freunde aus der High-School schwimmen durch das Becken. Darüber bin ich überrascht, weil der eine, wie ich wußte, ein sehr guter Schwimmer war, aber ich glaubte nicht, daß der andere überhaupt schwimmen konnte. Meine Freundin und ich entschließen uns, auf den Rand zu springen, um mit den Jungens zu sprechen und um ein Spielzeug von einem Kind herauszuholen. Wir stehen auf dem Rand, und die Marschkapelle kommt auf uns zu. Sie laufen rund um den Sims herum. Weil wir nicht die Wände hinaufklettern können, schließen wir uns der Kapelle an. An uns werden Instrumente ausgeteilt, und wir spielen dann auf ihnen. Ich lächle, grinse, weil ich mir so albern vorkomme, und es auch etwas lustig ist. Während wir so herumlaufen, bewege ich meine Augen (sie übte schon

das Signalisieren mit ihren Augen für einen bevorstehenden Aufenthalt im Schlaflabor bei Gackenbach). Als die Kapelle die gegenüberliegende Seite des Beckens erreicht hat, weichen wir zurück. Ein Mädchen, mit dem ich Prüfung gemacht habe, sagt, daß sie unsere Instrumente halten will, während wir hinüberschwimmen, aber ich sage: »Nein danke, wir können sie beide halten.« Und ich springe ins Wasser.

Nach dem Lesen dieses Traums beschrieb der unabhängige Beurteiler, daß darin Gefühle von Besorgnis, Verlegenheit wie auch ein schwaches Glücksgefühl zu erkennen seien. Die Studentin wies andererseits darauf hin, daß sie in dem Traum überhaupt keine negativen oder unangenehmen Gefühle erlebt hatte. Und die positiven Gefühle waren so stark, sagte sie, daß sie sie wieder empfand, als sie sich an den Traum erinnerte. Dieser »Balken im Auge des Zuschauers« bei der Auswertung taucht oft bei Gackenbachs Forschung auf und veranlaßte sie anzunehmen, daß sich die größere Bewußtheit innerhalb des luziden Traums vielleicht auf die Bedeutung auswirkt, die der Träumer dem Traum beimißt, was in den schriftlichen Traumberichten nicht offenkundig ist. Tatsächlich registrierten die Beurteiler weitaus geringere Differenzen zwischen luziden und nicht-luziden Träumen als die Träumer selbst. Die subjektive Erfahrung eines luziden Traums, berichten die Personen, sei sehr verschieden von der eines gewöhnlichen Traums.

Während Träumer mit luziden Träumen allgemein von starken Gefühlen positiver wie negativer Art berichten, vermelden die Beurteiler weniger glückliche Gefühle in luziden Träumen von Studenten und Erwachsenen als in ihren nichtluziden. Keine Unterschiede wurden gefunden für die anderen Gefühle wie Ärger, Verwirrung oder Besorgnis. Die große Emotionalität luzider Träume wird auch von vielen routinierten luziden Träumern berichtet. Scott Sparrow, ein Psychotherapeut, der als einer der ersten eingehend seine luziden Träume beschrieb, erzählt beispielsweise diesen Traum, von dem er meint, er habe sein Leben verändert:

> Ich bin anscheinend von der Schule nach Hause gekommen. Ich werde mir bewußt, daß ich träume, als ich außerhalb eines kleinen Gebäudes stehe, welches große, schwarze Doppeltüren an seiner Ostseite hat. Ich gehe hin und will hineingehen. Wie ich sie öffne, fällt ein strahlend weißes Licht in mein Gesicht. Im Augenblick bin ich von intensiven Empfindungen von Liebe erfüllt.

Sparrows Freund und Psychotherapie-Kollege Kenneth Kelzer berichtet eine ähnliche emotionale Reaktion auf einen luziden Traum, dem er den Titel »Das Geschenk der Könige« gegeben hat. In dem Traum kommt Kelzer zum Christkind, zu dem er als einer der Heiligen Drei Könige gefahren war, und sagt:

> Ich greife in meinen Beutel, um dem Kind das Geschenk darzubieten. Mit Zaghaftigkeit und unter fortwährendem Schluchzen, wobei eine Flut von Tränen meine Wangen herunterrinnt, frage ich: »Wirst du reines Gold annehmen?« Das Kind mit seinem zarten, kleinen Lächeln erstrahlt stillschweigend.

Obwohl diese Träume höchst emotional waren, würde ein unabhängiger Beurteiler, der die Beschreibungen durchliest, nicht bemerken, welche Wirkung die Träume auf die Träumer hatten. Sowohl Sparrow als auch Kelzer äußern, daß diese Träume ihr Leben verändert haben. In der Tat sind nicht alle luziden Träume so aufregend. Sie unterscheiden sich in ihrem emotionalen Gehalt wie gewöhnliche Träume auch. Celia Green, die als Forscherin zu den Pionieren der Luzidität gehört, macht darauf aufmerksam, daß »die emotionale Qualität luzider Träume sich von einem fast neutralen Akzeptieren der Erfahrung bewegt zu unterschiedlichen Ausprägungen von Erregtheit, Befreiung, Überschwänglichkeit, experimentellem Eifer oder Überraschung über die verschiedenen Attraktionen des Traumes zum möglichen Erkennen seiner Schönheit.«

Wie Gärten aus einer Mannigfaltigkeit an Gefühlen lassen die luziden Träume den Träumer neues Gebiet betreten. Wir haben in luziden Träumen nicht nur einen stärkeren Willen, sondern hören auch mehr Geräusche, singen öfter Lieder und hören öfter etwas als in nicht-luziden Träumen. Interessanterweise können sich Träumer allerdings seltener an die genauen Worte erinnern, die in ihren Träumen, ob luzid oder nicht, gesprochen wurden. Sie können in allgemeinen Sätzen ausdrücken, worüber gesprochen wurde, sind aber kaum fähig, etwas Genaues aus dem Traum zu zitieren. Ähnlich ist auch das Lesen in einem luziden Traum irgendwie schwierig zu bewerkstelligen. Harald von Moers-Messmer erläuterte diese unerwartete Schwierigkeit 1938 in der *Zeitschrift für Psychologie*:

> Ich lese ohne Schwierigkeit. Sodann versuche ich, die einzelnen Worte rückwärts zu lesen. Die Reihe der Buchstaben zieht sich dabei in die Länge, es sind viel mehr, als dem zugehörigen Wort entsprechen. Wie ich so mehrere Worte teils vor-, teils rückwärts gelesen habe, geschieht etwas Merkwürdiges. Einige derselben haben sich geändert, sie bestehen nicht mehr aus der gewohnten Buchstabenreihe, sondern bilden Figuren, die eine entfernte Ähnlichkeit mit Hieroglyphen haben. Und schon sehe ich nur noch diese Zeichen, jedes hat die Bedeutung eines Wortes oder einer Silbe, die Buchstaben sind völlig verschwunden. Ich weiß bei jeder Figur genau, was sie bedeutet, fliege nur so mit den Augen darüber hinweg in der gewohnten Richtung von links

> nach rechts und lese ganze Sätze ohne jede Anstrengung. Leider hatte ich keine Zeit mehr, die Zeichen genauer anzusehen, da es um mich dunkel wurde und ich dann weiterschlief und vergaß, das ich träumte.

So kann ein luzider Träumer erfahren, ob er träumt, indem er in seinem Traum liest. Wenn Sie diesen Abschnitt gerade noch einmal lesen müßten, würden Sie dieselben Wörter sehen wie beim ersten Lesevorgang. Wenn Sie aber träumen, wäre das wahrscheinlich nicht der Fall. Im Traumzustand scheint verbale Kontinuität zu fehlen. Einige Forscher stellen dazu die Hypothese auf, daß das so sein kann, weil der Traum einen relativ stärkeren visuellen als verbalen Charakter hat.

Eine weitere Sinneserfahrung, die sich zu ändern scheint, wenn man in den luziden Zustand eintritt, ist der Gesichtssinn. Die meisten Menschen berichten von einer satten visuellen Qualität ihrer ersten luziden Träume. Diese nimmt allmählich ab, wenn sich jemand an die Luzidität gewöhnt. Sie kann jedoch wieder auftauchen, wenn jemand über längere Zeit luzide träumt, besonders wenn das Ziel der Träume transpersonaler oder spiritueller Art ist. Diesen Wechsel in der visuellen Atmosphäre zu veranschaulichen ist schwierig. Beispielsweise die richtigen Worte zu finden, um die Variationen im Licht luzider Träume zu beschreiben, erfordert einen Wortschatz, den viele nicht haben.

George Gillespie, ein Baptistenpfarrer und erfahrener luzider Träumer, der sich mit den Veränderungen im Licht seiner luziden Träume befaßt hat, berichtet, daß sich das Licht von dem gewöhnlichen Traum-Licht (welches dieselbe visuelle Qualität wie in normalen Träumen hat) bis hin zu einzigartigen Lichterfahrungen entwickelt, von Lamellen oder Lichtmustern wie »Darstellungen von Gittermustern, Linien, Punkten und Farben, die sich ständig verändern,« bis hin zur »Lichtesfülle«. Letztere, meint er, kann in ihrem Glanz für den Träumer überwältigend sein und transpersonal wirken.

»Manchmal«, sagt er, »glaube ich, daß Gott in dem Licht anwesend ist.« Dieses Fühlen des Göttlichen im Licht luzider Träume ist bei luziden Träumern, die spirituelle Erfahrungen suchen, nicht ungewöhnlich. In der Tat ist das Gefühl von »Gott im Licht« eine der intensivsten Erfahrungen, die uns in luziden Träumen wie auch in der Meditation zugänglich sind, und folglich ein Beleg für die Hypothese, daß Luzidität eine Form der Meditation darstellt.

Lieben, Fliegen, Balancieren

Wissenschaftler haben gezeigt, daß sich, wenn man in einem luziden Traum läuft, die Muskelspannung in einigen der Beinmuskeln, die im Wachsein zum Laufen gebraucht werden, verstärkt. Obwohl dies ebenso auch auf nicht-luzide Träume zutreffen kann, ist es dort viel schwerer zu erfassen, weil der Forscher nicht sicher sein kann, was der Träumer träumt, bis er erwacht ist. (In luziden Träumen, wie in Kapitel 8 (Seite 211) erläutert wird, kann der Träumer eine geplante Handlung wie das Laufen beispielsweise ausführen und mit einer vorher festgelegten Anzahl von Augenbewegungen signalisieren, daß er gerade läuft. Der Wechsel in der elektrischen Muskelaktivität zu dem Zeitpunkt kann erfaßt und mit der Aktivität davor und danach verglichen werden.) Ähnlich kann ein luzider Träumer auch physisch einen Orgasmus erleben. Hier ist so ein Traum einer Klientin von Kelzer. Er heißt »Der blaue Riesenpenis«.

> Ich sehe ein Bild von einer Weltkarte. Die Kontinente sind farbig ausgemalt auf einer glasähnlichen Oberfläche mit einem Licht hinter dem Glas. Die ganze Karte ist lichtdurchlässig und von rechteckiger Form. Ich bemerke, daß es keine heutige Weltkarte ist; einige der Landmassen scheinen anders zu sein oder irgendwie verzerrt. Ich starre ständig auf dieses Bild und komme

ihm sehr nahe, als ich es sorgfältig studiere. Nun merke ich, daß ich träume. Plötzlich habe ich äußerst starke sexuelle Gefühle. Ich weiß, daß ich mir eine sexuelle Befriedigung suchen muß, bevor ich irgend etwas anderes tun kann. Ich bin völlig luzide und schwebe auf meinem Rücken in einem amorphen Himmel. Dann erscheint ein blauer Riesenpenis! Er ist etwa drei Fuß lang und einen Fuß dick. Er kommt »aus heiterem Himmel«*, wobei kein Körper daran hängt. Ich nehme ihn in mich und komme kurz danach zu einem riesigen Orgasmus. Ich erfahre ein enormes Brausen und eine Flut von Gefühlen, die mir durch den ganzen Körper gehen. Die Macht all dieser Gefühle, die durch mich hindurchwogen, wird bis jenseits des realen Lebens und jenseits allen Glaubens intensiviert. Mir ist klar, daß ich noch niemals einen kolossalen Orgasmus gehabt habe. Die sexuellen Gefühle sind so überstark, daß ich davon erwache.

Obwohl es Berichte dieser Art gibt, zeigen Gackenbachs Unterlagen nicht mehr Sexualität in luziden Träumen an als in nicht-luziden. Dies traf nicht nur für die College-Studenten zu, die sie untersuchte, sondern auch für eine Gruppe von Erwachsenen, die alle recht gebildet, aus der Mittelklasse und stark interessiert an ihren Träumen waren. Ihre Resultate können Paul Tholey nicht überraschen, der anführt, daß das Bewußtsein während des Schlafes eigentlich das unterbindet, was dem Träumer als unpassende sexuelle Äußerung erscheinen könnte. Er zitiert dazu den luziden Traum eines Mannes, der versuchte, seine Unterhose auszuziehen, um auf eine traumhafte sexuelle Begegnung mit einem jungen Mädchen vorbereitet zu sein. Jedesmal, wenn er die Hose ablegte,

* Im Englischen »out of the blue« mit Bezug auf die Farbe des Penis. (Anm. des Übers.)

entdeckte er darunter eine weitere – immer in einer anderen Farbe. Er konnte sich einfach nicht entblättern.

Therapeuten weisen darauf hin, daß sexuelle Begegnungen bei solchen Menschen in luziden Träumen erscheinen können, die häufig schon in Erwartung einer gesunden Freude am Sexuellen luzid werden. Obwohl sexuelle luzide Träume meistens höchst angenehm sind, werden sie an Häufigkeit, wenn nicht im Genuß noch von einer anderen Aktivität übertroffen – dem Fliegen im Traum.

Freud glaubte, daß Flugträume Symbole für sexuelle Sehnsucht seien; andere Theoretiker haben darauf hingewiesen, sie seien ein Ausdruck für Freiheit. Obwohl Fliegen im Traum für manche Menschen eine beängstigende Affäre ist, scheint es doch primär ein Spaß zu sein und für die meisten manchmal sogar spannend.

Der Psychologe Havelock Ellis behauptete, daß Fliegen im Traum vorkommt, weil es keine Stimulation gibt, die von den Füßen kommt, ein Anzeichen, daß sie nicht auf dem Boden sind. So seltsam dies klingen mag, es kann physiologische Gründe für das Fliegen in Träumen geben. Es gibt die Theorie, daß solche Träume dem Gehirn helfen, Sinn in sich widersprechende sensorische Informationen zu bringen: Wenn man wach ist, werden die kinästhetischen oder physischen Empfindungen im Gehirn fortwährend und in einer sich wiederholenden Feedbackschleife verarbeitet. Ähnlich reagiert das Vestibularsystem des Körpers auf äußere Reize (das sind die inneren Funktionen im Innenohr, die uns helfen, das Gleichgewicht aufrechtzuerhalten). In der Tat wird in vielen Kulturen versucht, mystische Bewußtseinszustände hervorzurufen, indem man Schwindel produziert, der das Gleichgewichtssystem überreizt. Während des Schlafzustands ist der Input von unseren Sinnesorganen eingeschränkt. Das Gehirn weiß auf der einen Seite, daß der Körper flach liegt und unbeweglich ist. Aber es bekommt sich widersprechende Signale, wenn der Traumkörper sich an verschiedenen Handlungen beteiligt. Der Psychologe Harry Hunt stellte dazu in der Tat die Theorie auf, daß der REM-Zustand Gleichgewicht destabilisiert, mit der momentanen Wahrnehmung kollidiert und entweder zu »überraschenden Desorganisationen der visuell-kinästhetischen Vorstellung führt (seltsamen Körperverdrehungen und Alpträumen) oder zu ihrem besonderen Ausbau (luziden Träumen)«. Ob wir nun Alpträume oder luzide Träume erleben, kann teilweise mit der Gesundheit des Vestibularsystems in Zusammenhang stehen: Leute mit gesunden Organsystemen und deutlichem emotionalen Gleichgewicht können luzide Träume oder Träume archetypischer Art produzieren, während jene mit einer schwachen physischen und emotionalen Balance feststellen, daß ihre Träume voller unnatürlicher Veränderungen des Körpers und voller Schrecken sind.

Emotionales, geistiges und physisches Gleichgewicht sind allesamt notwendige Bausteine für die Luzidität. Wenn das Bewußtsein des Zustandes nicht wiederholt »ausbalanciert« wird, kann der Träumer entweder erwachen oder seelisch von Traumaktivitäten absorbiert werden und vergessen, daß er träumt. Interessanterweise werden viele Leute, wenn sie luzid geworden sind, durch die intensive emotionale Reaktion – das »tolle« Gefühl, wenn sie merken, daß sie träumen – so erregt, daß sie erwachen. Luzide Träumer betonen oft die Wichtigkeit, im Traum emotional gelöst oder ausbalanciert zu bleiben. Um ein hohes Maß an Luzidität beizubehalten, muß man ruhig bleiben.

In ähnlicher Weise ist physisches Gleichgewicht wesentlich, besonders für eine Handlung wie das Fliegen. Gackenbach verbrachte Jahre damit, das Traumfliegen in ihren luziden Träumen zu vervollkommnen, wobei sie Flugwinkel, -geschwindigkeit und -neigung erlernte. Dergestalt wurde sie oft damit konfrontiert, wie hart es manchmal sogar ist, vom Boden abzuheben:

> Ich wollte Thomas, meinem Mann, zeigen, daß ich fliegen kann. Ich hopste zuerst herum. Dann hob ich hoch in die Luft ab. Ich kam elektrischen Drähten näher und wollte in die höchsten Lüfte aufsteigen, aber ich schien von etwas zurückgehalten zu werden. Ich fürchtete, ich könnte wieder fallen! Ich dachte weiter: »Du kannst nicht fliegen, wenn du wach bist, aber das kannst du, wenn du schläfst.« Aber dann kombinierte ich weiter, daß ich doch in meinen Träumen wach sein will, aber dann nicht fliegen können dürfte. Und beim Aufwachen fiel mir auf, daß ich anscheinend Wachen und Schlafen durcheinandergebracht hatte und daß es mir ein wenig angst macht zu fliegen.

Kelzer behauptet, das Gleichgewicht in luziden Träumen zu halten sei in vieler Hinsicht wie Radfahren lernen. Aber, bemerkt er, es gebe einen weiteren Aspekt, im luziden Traum zu lernen, im Gleichgewicht zu bleiben, der ganz anders sei. »Ich hatte mehr den Eindruck von einem Zustand der Inaktivität, der sich ziemlich unterschied vom Radfahren oder irgendeiner anderen Funktion des ›Tuns‹«, erläutert er. »Dieser Aspekt schien mehr wie die ausgeprägteste Kultivierung eines Gefühlszustandes zu sein, eines Empfindens tiefer Rezeptivität, Offenheit und Toleranz, damit diese luziden Energien zum Vorschein kommen und ihren Lauf nehmen.«

Begabte luzide Träumer können auch dann noch luzide bleiben, wenn sie sich dem Erwachen nahe fühlen, indem sie sich trainieren, ihre Traumkörper zu bewegen, vielleicht einen Purzelbaum zu schlagen, sich im Traum im Kreis zu drehen oder andere Tätigkeiten, die das Gleichgewichtssystem aktivieren. Interessanterweise sind diese Aspekte der Luzidität (das Fliegen, das Gleichgewicht und die Bewegungen) – jene, die auch einen Übergang in höhere Bewußtseinszustände überstehen. Ein Beispiel dafür, wie dieser »erspürte Sinn« von Bewegung ohne die gewöhnlichen Referenzpunkte, die einen allgemein während des Traumes am Boden halten, bleibt, kommt von einem langjährigen Meditierenden:

> Manchmal erlebe ich so ein inneres Bewußtsein, wenn ich nicht träume. Es beginnt mit einer Kenntnis, daß ich nicht träume, und ich weiß, daß ich auch nicht wach bin. Ich werde mir eines Wirbels aus unermeßlicher Energie und Klang bewußt – ansteigend und abfallend –, der in sich selbst oszilliert. Ich erfahre dies als einen natürlichen Teil von mir selbst. Mit einem Gefühl von Vollkommenheit, ist mir so, als wenn ich nach einer langen, anstrengenden Reise nach Hause käme. Dann empfinde ich eine tiefe Stille sogar inmitten all dieser Bewegung, und an diesem Punkt wird mir seltsamerweise bewußt, daß das Leben hier auf der Erde nur ein Traum ist und daß dieses ungeheure Energiefeld das ausmacht, was ich wirklich bin. Währenddessen vergesse ich nicht, wer ich als Person bin, und auch nicht die Tatsache, daß ich nicht träume.

Traumfiguren

Wie Jayne Gackenbach herausgefunden hat, treten in luziden Träumen gewöhnlich weniger Personen auf als in normalen Träumen. Wenn der luzide Träumer ein Regisseur seines Traums ist, möchte er wohl die Rollen, die andere spielen, eingrenzen und sich auf sich selbst konzentrieren. Kaum einmal kreiert sich ein luzider Träumer einen Partner, um dann mit ihm loszufliegen. Vielmehr vertieft er sich in die richtige Flugtechnik oder in die herrlichen Aussichten, die ihm geboten werden. Trotz dieser Neigung hat Paul Tholey gefunden, daß luzide Träumer manchmal Interaktionen mit anderen Traumfiguren nachgehen können, sie sogar kreieren, wenn sie nicht von selbst kommen, um sich ihnen zu stellen oder psychologische Schwierigkeiten zu lösen.

Tholey, der seine Studenten das luzide Träumen lehrt, hat herausgefunden, daß Traumfiguren manchmal Fähigkeiten zeigen, zu denen der Träumer im Wachsein keinen Zugang hat. In einem Experiment bat er neun Studenten, die luzide träumen konnten, ihren Traumfiguren den Auftrag zu geben, eine Reihe von Aufgaben zu erledigen, wie die Lösung einfacher Rechenaufgaben, etwas aufzuschreiben, etwas zu reimen oder etwas in einer ihnen fremden Sprache zu sagen. Die Versuchspersonen hatten keine Kenntnis von den Traumberichten der anderen, erzielten aber ähnliche Resultate. »Einige der Traumfiguren«, erläutert Tholey, »willigten tatsächlich ein, die Aufgaben zu machen, und lösten sie erfolgreich. Ihre Leistungen waren am schwächsten im Rechnen: Keine von ihnen (den Traumfiguren) konnte Aufgaben mit zweistelligen Zahlen lösen.« Ein besonders absurdes Beispiel dafür kam in einem Traum vor, in dem ein Student einen kleinen Jungen fragt: »›Was ist drei mal vier?‹ ›Elf‹, erwidert der Junge nach einem Moment des Zögerns. Darüber lache ich und sage: ›Du kannst nicht die einfachste Rechnung. Die Antwort lautet natürlich zwölf!‹ Ein überhebliches Lächeln erscheint in seinem Gesicht. ›Also, ich habe deine Aufgabe nicht gelöst. Ich habe ausgerechnet, was sieben plus vier ist, und die Lösung dafür ist doch elf, oder nicht?‹«

Bei verbalen Aufgaben jedoch zeigten die Traumfiguren mehr Begabung, in einigen Fällen führten sie diese sogar besser aus, als der Träumer es im Wachzustand gekonnt hätte. Als Tholey beispielsweise seine Studenten beauftragte, ihre Traumfiguren zu bitten, ein typisches Wort in einer dem Träumer scheinbar unbekannten Sprache zu sagen, waren mehrere Traumfiguren dazu fähig. Hier ein Beispiel:

> Ich treffe eine Bekannte in dem Zimmer. Ich frage sie, so wie ich es mir vorgenommen hatte, ob sie mir ein fremdes Wort sagen kann, das mir nicht bekannt ist. Sogleich sagt sie: »orlog.« Das Wort »orlog« beschriebe unsere

> Beziehung. Ich verstehe sie nicht, weil dieses »orlog« mir nicht vertraut klingt. Als ich die Frau später frage, was dieses Wort bedeute, leugnet sie, es überhaupt gesagt zu haben, und behauptet, daß sie das Wort »Charme« gebraucht hätte. Bei dieser Erklärung wirft sie mir einen charmanten Blick zu.

Nach dem Erwachen schlug die Person das Wort »orlog« nach und fand heraus, daß es ein holländisches Wort ist, das ungefähr übersetzt soviel wie Streit bedeutet.

Wie Tholey meint, hätten die Traumgestalten anscheinend ein eigenes Bewußtsein. »Sie verhalten sich, als wenn sie ihre eigene Wahrnehmungsperspektive und auch kognitive Fähigkeiten (Gedächtnis und Denken) besäßen und sogar ihre eigene Motivation«, erläutert Tholey. Und wenn man mal eine Traumfigur fragt, ob sie ein eigenständiges Bewußtsein besitzt, könnte sie wahrscheinlich entgegnen: »Daß ich ein Bewußtsein habe, dessen bin ich sicher, aber ich bezweifle, daß du eines hast, wenn du mir so eine dumme Frage stellst!« Daß wir unterscheidbare Ichzustände besitzen können, die sich von jenen abheben, die wir bewußt als unser eigenes Ich wahrnehmen, ist schon von anderen Psychologen postuliert worden und wird sicher auch von Menschen mit sogenannten multiplen Persönlichkeiten gezeigt. Die meisten Menschen bleiben sich jedoch ihrer verborgenen Ich-Anteile ziemlich unbewußt, außer während des Träumens, wo diese eine klare »physische« Natur annehmen und sich als Traumfiguren zeigen.

Das Einstufen bizarrer Inhalte

Der augenscheinlichste Unterschied zwischen luziden und nicht-luziden Träumen betrifft den Bereich der Kognition. Wenn es beim luziden Träumen eine stärkere gedankenähnliche Komponente gibt, die durch das Bewußtsein, daß man träumt, bewiesen wird, muß daraus folgen, daß es auch noch weitere kognitive Variationen geben kann.

Einer der Bereiche, in dem kognitive Unterschiede auftreten, ist die Kategorie der Bizarrheit. Luzide Träume enthalten nicht notwendigerweise mehr bizarre Elemente, etwa zweiköpfige Enten, in sich zerfließende Stühle oder eben das Fliegen im Traum, aber sie zeigen ein Muster in der Entwicklung bizarrer Elemente, das gewöhnliche Träume nicht haben. Dieses Muster hat auch Parallelen bei bestimmten Erfahrungen von Meditierenden.

Nach Hunts Forschung ist die Bizarrheit am häufigsten mit dem sogenannten präluziden Zustand verbunden. Hier kann man beispielsweise träumen, daß man aufwacht, nur um dann wirklich zu erwachen und dabei zu merken, daß man geträumt hat. Aber oft ist es auch ein bizarres Element im Traum, das erst die volle Luzidität auslöst: Man erkennt das Seltsame an dem bizarren Element und schließt daraus, daß man dies träumen muß. Freilich nimmt das Ausmaß an bizarren Elementen nach und nach ab, wenn der Traum-Novize luzid geworden ist. Dies führt also zu luziden Träumen, die realistischer sind als die gewöhnlichen. An diesem Punkt der Entwicklung treten in den luziden Träumen kaum Leute mit leuchtend purpurnen Gesichtern oder fliegende Kaninchen oder irgendwelche anderen seltsamen Kreaturen wie in den präluziden Zuständen auf. Ein paar bizarre Elemente können sich einschleichen, so wie das Traumfliegen, aber im großen und ganzen sind diese frühen luziden Träume relativ lebensecht.

Wenn jemand mit den luziden Träumen weiter vorankommt – und dies trifft besonders auf die luziden Träume von fortgeschrittenen Meditierenden zu –, erscheinen die bizarren Elemente erneut. Hunt hat ein Anwachsen von »geometrischen Bildern und weißen Lichterlebnissen sowie abstrakteren expressionistischen Effekten, so wie sie beim Gebrauch psychedelischer Drogen und in meditativen Zuständen bekannt sind«, gefunden. Der folgende luzide Traum von einem langjährigen Meditierenden enthält verschiedene bizarre Elemente:

> Eine Schicht »Teig« ähnlich wie die Kruste einer Pastete formt eine Außenschale in der Form eines Heiligenscheins. Am Anfang identifiziere ich mich mit dem Teig, einer dicken und schweren Masse aus dem Ich und den Gefühlen, die über endlose Zeiträume angehäuft werden. Dann blättere ich den Teig ab, und innen befindet sich mein wirkliches Selbst in Form eines Thangka (tibetisch-buddhistisches Symbol), das aber aus den transparenten Strahlungen der Chakren besteht, geometrisch und wuchtig und aus purem Licht. Allmählich identifiziere ich mich mit dem Stirnchakra, und es geht von seiner geometrisch konzentrierten Energie in sanfte goldene Strahlen über, die vom Herzchakra zu kommen scheinen. Gleichzeitig bin ich die Quelle dieses Lichts. Ich spreche mein Mantra und bete, daß ich fähig sein kann, diesen Zustand des Geistes zum Wohle aller Wesen zu erhalten.

Hunt sammelte in einer Untersuchung mit seiner Mitarbeiterin Barbara McLeod 307 Träume von 18 langjährig Meditierenden und wertete sie auf Skalen für Luzidität und Bizarrheit aus. Die Träume der Meditierenden waren im Vergleich zu denen der Nicht-Meditierenden für die Forscher bei weitem ungewöhnlicher und viel stärker archetypisch oder von transpersonalem Charakter. Die Bizarrheit in den Träumen der Meditierenden konnte aus »Mandala-Bildern, diffusen weißen Lichterfahrungen, Fliegen und Schweben und Begegnungen mit mythologischen Wesen (bestehen) – was man sonst kaum in einem durchschnittlichen Traumtagebuch findet«. Hunt weist darauf hin, daß, wenn luzides Träumen vor allem ein geistiges Erwachen innerhalb des REM-Schlafes wäre, die verwirrenden Gedanken und die Bizarrheit insgesamt verschwinden sollten. Und das tun sie eindeutig nicht.

Den Einfluß kontrollieren

Auch wenn es einigen luziden Träumern noch nie eingefallen ist, macht es das in den luziden Träumen gefundene bewußte Element (in unterschiedlichem Ausmaß) möglich, den Inhalt des Traumes zu kontrollieren. Gackenbach hat in ihren Arbeiten durchweg gefunden, daß die Träumer wie auch die unabhängigen Einstufer erkannten, daß es signifikant leichter ist, den Inhalt von luziden Träumen zu kontrollieren als den von nicht-luziden. Die Gelegenheit, Experimente durchzuführen, Gestalten zu erschaffen, sich Gefahren zu stellen und zu fliegen, ist in der Tat das, was zunächst viele der frühen Traumforscher an der Luzidität lockte. Für Van Eeden oder Saint-Denys wurde damit ein wissenschaftlicher Traum wahr.

Anekdotisch sind Hinweise darauf, wie man luzide Träume kontrolliert, mehr als genug vorhanden. Ein 25jähriger Computer-Programmierer wollte beispielsweise im Traum versuchen, Gott zu sehen. »Ich schloß meine Augen (die Traum-Augen) und konzentrierte mich auf die Vorstellung von Gott, wobei ich das Wort Gott immer wieder wiederholte«, führt er aus. »Dann hatte ich eine Vision eines langen Holztisches mit Speisen darauf, etwas wie ein Gemälde eines Stillebens. Ich merkte, daß ich die Perspektive verändern konnte, aus der ich den Tisch sah: von nah oder von fern, von oben oder unten.«

Wenn dies auch keine traditionelle Gottesvision ist, änderte der Traum doch die Lebenseinstellung dieses Mannes und gab ihm neue Einsicht in seine eigene Idee des Göttlichen. Noch beeindruckender als so ein individuelles Experiment mit luzider Traumkontrolle sind jene, die unter kontrollierten Bedingungen in Schlaflabors stattfinden. Dort konnten Träumer alle möglichen vorbereiteten Experimente durchführen, bis hin zu vielen physiologisch orientierten Tests, die die zugrundeliegende Biologie des luziden Traumzustandes erhellen. In den spontan entstehenden luziden Träumen freilich werden die Grenzen der Kontrolle evident. Im folgenden Traum konnte der in New York lebende Schriftsteller Sandy Fritz die Luzidität dazu verwenden, in einem erschreckenden Traum zu bleiben, aus dem er sonst gleich erwacht wäre:

> Ich bin in einer steilen, grünen Schlucht, in die ein Wasserfall herabstürzt. Ich gehe zu einem Flugzeug, das dort auf mich wartet. Zuerst fliege ich das Flugzeug. Dann bemerke ich, daß ich Passagier bin, auf einem hinteren Sitz, und der Jet fliegt aus eigener Kraft. Es gibt keine Steuervorrichtung, und ich bekomme Angst. Es geht hinauf, und meine Schulterriemen sind lose. Wir machen einen langen, schwindelerregenden Looping in der Luft, und ich falle. Erster Gedanke: »Wach auf.« Zweiter Gedanke: »Du bist sicher. Das ist ein Traum.« Dann rasen wir senkrecht auf den Boden zu, winzige Quadrate der Landschaft werden riesengroß, während wir nach unten beschleunigen. Dann Querlage, Kurve, und wir schießen durch einen Wasserfall, der in der Luft hängt. Der Knall und die Turbulenzen sind ohrenbetäubend. Wieder hoch und kopfüber hinunter bemerke ich, daß ich nun keine Schultergurte habe und, auf dem Rücken liegend, mit enormer Geschwindigkeit falle. Ich habe große Angst, aber noch mehr Ehrfurcht, und noch einmal erinnere ich mich daran, daß dies eine Traumwirklichkeit ist. Der Jet und ich stürzen mit enormer Geschwindigkeit durch den Wasserfall, und diesmal zersplittert er wie ein kristallener Kronleuchter, explodiert in Tausende von Scherben, die zu Prismen werden. Nun bin ich das Flugzeug und bin vollständig luzid. Ich experimentiere mit dem Fliegen. Wenn ich zum fernen Horizont schaue, erhöht sich meine Geschwindigkeit. Um abzubremsen und niedriger zu fliegen, fokussiere

ich Einzelheiten aus der Landschaft. Nach einer Weile übe ich Landen und Starten. Um zu landen, fixiere ich irgend etwas sehr Kleines, diesmal die Furche in einer Baumrinde, und setze dann flink wie Superman auf. Ich bin auf der Erde und tüftle aus, wie ich am besten wieder abhebe, und eine Vorstellung steigt in mir auf, die Luft als Fluidum zu betrachten. Ein Aufspringen tief aus den Knien, gefolgt von zwei Zügen wie Brustschwimmen, bringt mich in eine Höhe, wo ich genau meinen Fokus und die Geschwindigkeit regulieren kann. Nach einem Weilchen fühle ich mich vollständig glücklich. Mit pochendem Herzen wache ich auf. Im Wachzustand konnte ich während des ganzen Tages nichts anderes tun, als meinen Traum zu bestaunen.

Fritz berichtet, daß er normalerweise seine Träume nicht lenkt. »Ich ersinne keinen Traum und erfülle ihn mir dann«, erläutert er. »Wenn ich brennende Fragen habe oder irgendeine Information brauche oder herausfinden will, was im Leben von jemandem, den ich liebe, geschieht, kann ich in gewissem Ausmaß meine Träume manipulieren, aber es ist schwierig und erfordert gewöhnlich wiederholte Versuche. Es ist eine Sache, in einem fremdartigen Informationsfluß wach zu sein, und eine andere Sache, die Richtung einzugrenzen, die der Informationsfluß nimmt, während man wach genug bleibt, um sich daran zu erinnern.«

Die Beobachtung von Fritz über die Grenzen der Einflußnahme auf den Traum findet sich durch die ganze Literatur zu den luziden Träumen bestätigt. Obwohl man sich im allgemeinen ziemlich einig ist, daß die Kontrolle über den Traum während des luziden Träumens verstärkt ist, stimmen die meisten auch darin überein, daß dies in keiner Weise absolut gemeint sein kann. Die Erwartungen des Wachlebens spielen in dem Ausmaß eine Rolle, in dem man fähig ist, den Verlauf des Traums zu kontrollieren. Gackenbach bemerkte, daß einige ihrer Versuchspersonen überrascht waren zu hören, daß sie fähig sein könnten, den Inhalt ihrer luziden Träume zu kontrollieren, wobei sie erst da bemerkten, daß es ihnen nie eingefallen war, ihre Träume zu ändern. Aber auch wenn luzide Träumer den Inhalt ihres Traums zu steuern versuchen, können sie Probleme bekommen. Zum Beispiel sind sie nicht immer in der Lage, eine bedrohliche Traumfigur verschwinden zu lassen, ebensowenig wie in ein psychologisch gefährliches Territorium zu gehen. Obwohl nicht alle Psychologen da zustimmen, glaubt Tholey, daß es innere Sicherungsmechanismen im luziden Traumzustand gibt, so wie auch in der Hypnose, welche den Schläfer davor bewahren, in seiner Erfahrung weiter zu gehen, als er sie psychologisch handhaben kann.

Gerade die routiniertesten luziden Träumer haben gelegentlich die Grenzen der Traumkontrolle erfahren. »Bestenfalls«, meint Kelzer, »kann der luzide Träumer im Traum seine persönliche Erfahrung in die Hand nehmen, ist aber nicht wirklich fähig, die Traumlandschaft selbst in größerem Umfange zu kontrollieren.« Hunt geht sogar noch weiter und behauptet, daß einige Kontrollversuche die Erfahrungen regelrecht ersticken können, wenn sie den Traum in ein nächtliches Versuchsfeld verwandeln, in dem Experimente durchgeführt werden. Nur wenn man der Luzidität als »etwas« mit einem eigenen Recht nachgeht, treten die expansiven Gefühle einer Gipfelerfahrung wirklich auf. Hunt zitiert einen seiner eigenen luziden Träume als Beispiel dafür, wie absichtliche Kontrollversuche zu einem Verlust der expansiven Gefühle führen können:

> Ich ging auf meinem Lieblingsweg im Wald und hatte eine Reihe wunderbar eingebundener Bücher unter dem Arm, als mir plötzlich klar wurde, daß ich solche Bücher gar nicht besitze und ich in der Tat träumen muß. Diese Erkenntnis wurde von einem besonderen

Gefühl der Präsenz und Bedeutsamkeit begleitet, das zu verblassen begann, als ich anfing, mich zu fragen, was ich als nächstes tun sollte. Ich entschied, ich wollte versuchen zu fliegen, war aber unsicher, wie das zu tun sei, und entschied, mich an einem halb umgestürzten Baum hinauszuhängen. Dieser erhob sich von einem Hügel und ragte über einen großen See hinaus (den es dort seit der letzten Eiszeit nicht gegeben hatte), und ich wollte von dort abspringen und dann losfliegen. Als ich auf dem Baum hinauskroch, wurde mir zunehmend schwindelig, und ich merkte, daß ich nahe dabei war aufzuwachen. Um dem zu entgehen, entschloß ich mich, sofort abzuspringen, sobald ich weit genug über dem Wasser war. Aber gerade als ich daran war loszulassen, sah ich scharfe Felsen unter der Wasseroberfläche. Indem ich nun total vergaß, daß dies nur »Traumfelsen« waren, hielt ich mich fest, um mein teures Leben zu retten. Beim Erwachen war ich von mir selbst vollkommen angewidert, und zuletzt gelang es mir lozulassen, nur um in meinem Schlafzimmer zu landen.

Um so etwas wie Kontrolle in einem luziden Traum zu übernehmen, muß man sich einmal daran erinnern, was man in diesem Fall tun sollte, und dann genug Macht über die Ereignisse im Traum haben, um diesen Entschluß zu befolgen. In einer Analyse von über 200 luziden Träumen von ihrer studentischen Stichprobe fand Gackenbach, daß, je mehr Erinnerungen an das Tagesleben eine Person während des Traums hatte, sie sich desto mehr in Kontrolle über das Traumgeschehen empfand. Dies ist nicht überraschend, wenn man die Berichte erfahrener luzider Träumer berücksichtigt, aber es zeigt doch, daß eine solche gefühlte Kontrolle auch normal für die Träume von Personen ist, die nur gelegentlich luzide werden. Interessanterweise werden die luziden Träume, die im Ausmaß der Kontrolle wie auch in den Erinnerungen ans

Wachleben stark sind, auch als höchst visuell und farbig und mit starken körperlichen Empfindungen erfüllt eingestuft.

Traumtypen

Man kann die verschiedenen Typen luzider Erfahrungen daraufhin untersuchen, in welcher Weise der Traum auftaucht. Celia Green beschreibt drei unterschiedliche Wege, wie luzide Träume ausgelöst werden können: erstens aufgrund von Gefühlen der Furcht oder Angst, zweitens, wenn der Träumer irgendeine Inkongruenz bemerkt, oder drittens durch die Empfindung des Träumers für die traumähnliche Beschaffenheit. Gackenbachs Analyse natürlich entstandener luzider Träume in zwei studentischen Stichproben ergab, daß nur 18 Prozent der luziden Träume durch Alpträume ausgelöst werden, und nur 11 bis 19 Prozent waren das Ergebnis des Erkennens irgendwelcher Inkonsistenzen im Raum durch den Träumer. Der Großteil ihres Traum-Samples (zwischen 48 und 67 Prozent) wurde von einem »traumähnlichen Gefühl« ausgelöst (einem weithin undefinierbaren »gefühlten Sinn«, daß das, was man erlebt, ein Traum ist). Die durch Alpträume ausgelösten luziden Träume entstanden laut Gackenbach nach stressigen Erlebnissen vor dem Schlaf und waren voller negativer Emotion, aber mit wenig Traumkontrolle. Umgekehrt kamen die durch Traumartigkeit initiierten luziden Träume nach positiven Tageserfahrungen, wurden emotional als positiver wahrgenommen und waren mit einer größeren Traumkontrolle verbunden. Die luziden Träume, die entstanden, weil der Träumer eine Inkongruenz erkannte, waren unterschiedlicher.

In Gackenbachs Untersuchung wurde auch ein erster Beweis dafür gefunden, daß Traumkontrolle für den Träumer manchmal schädlich sein kann. In den aus Alpträumen entsprungenen luziden Träumen linderte die bewußte Steuerung die negativen Emotionen des Traums nur dann, wenn die

Träume wenig mit der Tageserinnerung zu tun hatten. Wenn die Träumenden jedoch starke Erinnerungen an den Tag hatten, waren auch die negativen Emotionen stark, ganz unabhängig vom Ausmaß der Traumkontrolle. Dies legt folgendes nahe: Wenn man aus einer angstgeladenen Traumsituation heraus luzid wird und dabei eine gute Erinnerung ans Wachleben hat, sollte man lieber von Anfang an mit dem Traum mitgehen und nicht versuchen, seinen Inhalt zu lenken. Wenn man allerdings luzid wird und sich nicht stark ans Wachleben erinnert, kann ein Eingreifen ins Geschehen sinnvoller sein. Anscheinend wirkt sich bei einem höheren Niveau der Luzidität (d. h. wenn es starke Tageserinnerungen gibt) die Traumkontrolle, wie Hunt entdeckte, nachteilig aus, während in weniger geübten Formen der Luzidität die Kontrolle hilfreich sein kann.

Die Luzidität künstlich herbeizuführen, kann die Qualität des luziden Traums ebenfalls nachteilig beeinflussen. Stephen LaBerge fand beispielsweise, als er den Inhalt der luziden Träume einer weiblichen Versuchsperson untersuchte, die mit seiner »Licht-Maske« induziert waren, daß die Träume in weniger Dimensionen positiv eingestuft wurden als die spontan entstandenen luziden Träume dieser Frau. Einen sexuellen Inhalt hatten die luziden Träume auch öfter, wenn sie »lichtinduziert« waren, als wenn sie spontan entstanden. Seltsamerweise kam das Fliegen im Traum seltener vor, wenn die Frau diese Traum-Maske verwendete, als wenn sie es nicht tat. Das Traum-Fliegen ist vom alltäglichen Leben deutlich weiter entfernt als der Traum-Sex, und man kann deshalb behaupten, daß es archetypischer ist und eine höhere Form der Luzidität im Traum darstellt. Untersuchungsergebnisse der Psychologin Deirdre Barrett untermauern auch, daß das Fliegen im Traum der Luzidität nicht typischerweise vorausgeht, wie es die Bizarrheit des sogenannten präluziden Zustandes nahelegen würde, sondern eher auf das Dämmern des Bewußtseins folgt. Schließlich analysierten Gackenbach und Mitarbeiter den Inhalt der Träume einer Gruppe langjährig Meditierender und fanden dabei nur einen einzigen Hinweis auf Sex in mehr als 150 Berichten. Dieselbe Gruppe berichtete aber 20 Fälle von Fliegen im Traum. Weil die Beziehung zwischen Luzidität und Sex im Traum anscheinend nicht stark ist, sowohl bei der normalen als auch bei der meditierenden Stichprobe, scheint sein Vorkommen in den durch die Traum-Maske induzierten luziden Träumen daher zu rühren, daß ein äußerer Reiz verwendet wird, um die Luzidität zu forcieren. Dies führt zu Traumerfahrungen, die psychologisch nicht so entwickelt sind wie jene, die auf natürlichem Wege entstehen.

Kapitel 4

Trainer in der Nacht

Der kreative Weg

Eines Nachts träumte William James, er hätte das Geheimnis des Universums entdeckt. Er wurde mühsam wach, gerade lang genug, um seine Weisheit auf einen Notizblock zu kritzeln, den er neben seinem Bett bereitgelegt hatte. Nachdem er am nächsten Morgen erwacht war, schnappte er sich den Block, um seine Lösung wiederzufinden. Und das las er:

Higamus, hogamus,
Frauen sind monogamus;
Hogamus, higamus,
Männer sind polygamus!

Soweit die kreative Inspiration der Träume ... oder so ähnlich. Trotz James' enttäuschender, wenn auch amüsanter Erkenntnis sind Träume oft ein ergiebiger Boden für das Wachstum neuer Ideen und künstlerischer wie wissenschaftlicher Einsichten. Schriftsteller wie Charles Dickens, Robert Louis Stevenson und Charlotte Brontë erfanden Handlungen, Gestalten und Orte in ihren Träumen. Die Romanschriftstellerin Ann Radcliffe pflegte vor dem Schlafengehen große Mengen fetter, schwerverdaulicher Nahrung zu verzehren, um schreckliche Träume anzuregen. Diese gräßlichen Handlungen verwandte sie dann für ihre Romane.

Auch Musiker haben Stoff in ihren Träumen gefunden. Im 18. Jahrhundert träumte der Geiger und Komponist Giuseppe Tartini eines Nachts, daß er seine Violine dem Teufel übergab, um herauszufinden, welch guter Musiker dieser sei. Der Teufel, berichtet Tartini, spielte ein so wundervolles Solo, das alles übertraf, was er je zuvor gehört hatte. Als Tartini am nächsten Morgen erwachte, sprang er aus dem Bett, griff sich seine Violine und versuchte, die Teufelsmusik wieder einzufangen. Obwohl die »Teufelstrillersonate«, wie Tartini »seine« Komposition nannte, nicht so schön war wie das, was im Traum gespielt worden war, gilt sie doch heute als Tartinis bestes Werk.

Einer der bekanntesten Berichte über wissenschaftliche Inspiration aus einem Traum stammt vom Begründer der modernen organischen Chemie, dem deutschen Chemiker Friedrich August Kekulé von Stradonitz. Er berichtet, wie er in den sechziger Jahren des 19. Jahrhunderts die Formel des Benzolrings während eines Traums entdeckte. »Ich drehte den Stuhl zur Feuerstelle«, berichtet er, »und sank in einen Halbschlaf. Die Atome flitzten vor meinen Augen herum, (...) schlängelten und wendeten sich wie Schlangen. Und sieh, was war das? Eine der Schlangen packte ihren eigenen Schwanz, und das Bild wirbelte höhnisch vor meinen Augen herum. Wie von einem Lichtblitz getroffen, erwachte ich. Ich verbrachte den Rest der Nacht an der Arbeit über die Konsequenzen einer solchen Hypothese.«

Das Bild der ringförmigen Schlange führte Kekulé zur sechseckigen Form des Benzolmoleküls.*

Stuart Holroyd, Autor des Buches *Dream Worlds* (Traumwelten) berichtet von einer anderen wissenschaftlichen Entdeckung, die sich in einem Traum offenbarte.

---

* Laut einem Artikel in der *New York Times* vom August 1988 berichtet Dr. John H. Wortiz, Professor für Chemie der Southern Illinois University, daß Kekulé wenigstens drei verschiedene Träume erzählte, in denen er angeblich die Struktur des Benzolrings entdeckte. Wortiz vermutet, daß Kekulé die Träume tatsächlich erfunden haben mag, um zu vermeiden, die Anerkennung für die Entdeckung des Benzolrings mit unbekannten Forschern teilen zu müssen. Wortiz plant ein Symposion, um Kekulés Behauptung weiter nachzugehen.

1893 gruben Archäologen der University of Pennsylvania die antiken babylonischen Ruinen des Tempels des Bal in Nippur aus, das heute im Irak liegt. Dr. H. V. Hilprecht, Professor für Assyrologie an der Universität, erhielt später eine detaillierte Zeichnung zweier Achatfragmente, die Inschriften trugen, um deren Übersetzung Mitglieder der Expedition gebeten hatten. Nach wochenlangen Bemühungen war es Dr. Hilprecht nicht gelungen, die Inschriften zu entziffern. Zögernd vermutete er, daß diese Fragmente zu alten babylonischen Fingerringen gehört hatten. Dann hatte er einen bemerkenswerten Traum, in welchem ihm, wie er sagte, »ein großer, dünner Priester des alten Nippur, etwa 40 Jahre alt und in eine einfache *abba* gehüllt«, erschien und ihn in eine Schatzkammer des Tempels führte. Dies war ein kleiner, niedriger Raum ohne Fenster. Er enthielt eine große Holzkiste und einige Reste von Achat und Lapislazuli, die auf dem Boden verstreut lagen. Der Priester erzählte ihm, daß dies keine Fragmente von Fingerringen seien, und gab ihm einen detaillierten Bericht ihrer Geschichte. Der König Kurigalzu, sagte der Priester, hatte dem Tempel einmal ein graviertes Votivsiegel aus Achat geschenkt. Einige Zeit später hatten die Priester Befehl bekommen, ein paar achatene Ohrringe für die Statue des Gottes Ninib anzufertigen. Weil sie aber kein anderes Rohmaterial für die Ohrringe hatten, zerschnitten sie das Siegel in drei Teile, von denen sie zwei für den Schmuck nahmen. Der Priester beschloß seine Schilderung so: »Wenn du die zwei zusammenfügst, wirst du die Bestätigung meiner Worte finden. Den dritten Ring jedoch habt ihr während eurer Ausgrabung nicht gefunden und werdet ihn auch niemals finden.« Dann verschwand er.

Am Tage erzählte der Professor den seltsamen Traum seiner Frau. Als er die Zeichnungen untersuchte, war er erstaunt, »alle Einzelheiten des Traums präzis bestätigt (...)« zu sehen. Später im Jahr hatte er Gelegenheit, das Museum in Konstantinopel (heute Istanbul) zu besuchen, wo die Original-Fragmente lagen. Weil niemand vermutet hatte, daß die zwei Achatteile zusammengehörten, wurden sie in verschiedenen Teilen des Museums gelagert. Als Prof. Hilprecht sie zusammenfügte, paßten sie haargenau, und die verbundene Schrift machte einen Sinn. Sein Traum hatte ihm die richtige Information geliefert.

Wir wollen nicht, daß dies wie eine der »unglaublichen Geschichten« klingt. Allerdings gehen die meisten Menschen durch das Leben, ohne sich der kreativen Inspiration ihrer Träume bewußt zu sein, aber vielleicht liegt das daran, daß sie kaum auf sie hören. Menschen, die ihren Träumen Aufmerksamkeit schenken, wissen von dem kreativen Schwung, der dort scheinbar aus dem Nichts entsteht. In ihrem Beitrag zu dem Sammelband *Conscious Mind, Sleeping Brain* (Bewußter Geist, Schlafendes Gehirn; Hgg. Jayne Gackenbach und Stephen LaBerge) beschreibt Patricia Garfield ihre Arbeit mit einer Gruppe von Mitarbeitern einer Werbeagentur, denen sie half, einen neuen Namen für ein Produkt zu »erträumen«. Die Angestellten hatten schon ein »brainstorming« nach Namen durchgeführt, jedoch ohne Erfolg. »Sie wollten etwas anderes. (...) Da ich wußte, wie sehr Träume auf emotionalen Erfahrungen beruhen, war ich zuerst bemüht, die gefühlsgeladenen Erinnerungen der Teilnehmer wachzurütteln, die mit dem Produkt assoziiert werden konnten«, schreibt Garfield. »Dann bat ich sie, ihre Augen zu schließen und einer gelenkten Phantasiereise zu folgen, die dazu gedacht war, ihre Kindheitserfahrungen mit einer Seite des Produkts zu verbinden. Danach zeigten mir gelassene, lächelnde Gesichter und heimliche Tränen, daß emotionale Quellen angezapft worden waren. Garfield instruierte dann jeden Manager, von dem Produkt zu träumen und es zu visualisieren. Als sich die

Gruppe zum nächsten Mal traf, berichteten sogar diejenigen, die sich normalerweise nicht an ihre Träume erinnerten, Träume, die mit dem Produkt assoziiert waren. In jedem der Träume wurden potentielle Produktnamen gefunden.

Keines dieser Beispiele für Kreativität im Traum sollte uns überraschen. Die meisten heutigen Theorien über die Funktion des REM-Schlafs sagen, daß dieser dazu dient, neue Informationen in alte zu integrieren. Der Traum ist ein ungebremster Urheber, der permanent neue Handlungen ersinnt, ohne sich darum zu scheren, ob sie realistisch und die Figuren glaubhaft sind. Unsere Träume sind neue Welten, die von einer Muse erdacht werden, die in jedem von uns lebt. Im Wachsein mögen wir noch so eifrig unseren Lebensunterhalt verdienen, den Kamin schüren, unsere Kinder großziehen und den Teil von uns vergessen, der schöpferisch ist. Der Sagendichter, der Märchenerzähler erscheint in unseren Träumen. »Unsere Träume sind mehr originelle Schöpfungen als zusammengefügte Tagesreste vom Wachleben«, schreibt der Psychiater Gordon Globus in seinem Buch *Dream Life, Wake Life* (Traumleben, Wachleben). »Wir haben die Fähigkeit zu unbegrenzter Kreativität; zumindest im Traum haben wir teil an der Macht des uns innewohnenden Geistes, einer grenzenlosen Gottheit, die den Kosmos schafft.«

Globus macht eine Unterscheidung zwischen der Kreativität, die die schiere Vielfalt »einzigartiger Lebenswelten« erschafft, und der »formativen Kreativität«, einem niedrigeren Niveau kreativer Gedanken. »Gewöhnlich«, schreibt er, »stellen wir uns das Denken leer, unausgefüllt und abstrakt vor, so daß es seltsam ist, das Denken als das Ersinnen einer Welt anzusehen. Die formative Kreativität ist die Macht des Zeus.«

Globus glaubt, daß in luziden Träumen das kreative Element am klarsten demonstriert werden kann. »Der luzide Träumer denkt gerade an die Traumwelt, in der er oder sie leben will, und siehe, diese Welt erscheint tatsächlich«, schreibt er. In luziden Träumen wird die Welt von bewußten Gedanken erschaffen. Aber was, so könnte man sich fragen, fügt die Bewußtheit zu dieser kreativen Kapazität der Träume dann hinzu?

Die Frage des Bewußtseins

Die Künstlerin Fariba Bogzaran, eine Perserin, die heute in San Francisco lebt, nutzt das luzide Träumen als primäre Quelle für ihre künstlerische Ausgestaltung. Nicht nur, daß sie ihre zukünftigen Kunstwerke »sieht«, während sie im Schlaf luzid ist, ihr künstlerischer Stil hat sich als Resultat ihrer luziden Träume auch stark verändert. Die umfassendste Wende in ihrer Kunst ergab sich aus dem folgenden luziden Traum:

> Ich stand neben der Tür in einer Galerie und starrte auf ein Gemälde an der Wand. Es ist mein Gemälde. (...) Als ich nach vorn in den Raum trete, um mir die Einzelheiten meiner Arbeit anzusehen, wird mir bewußt, daß ich träume. (...) Das Gemälde, ungefähr 2 x 2,5 Meter groß, zeigt das Bild einer Mauer, die in der Mitte durchbrochen ist, wobei aber die vier Ecken heil sind. Darin befindet sich der Abdruck eines Dreiecks und eines Kreises. Im Kreis stehen die Gestalten eines nackten Mannes und einer Frau.

Als Bogzaran wach war, fühlte sie sich gezwungen, das Gemälde auszuführen, obwohl es in einem Stil gemalt war, den sie nie verwendet hatte. Ihre Zweifel brachten sie dazu, ein Studio in der Innenstadt zu mieten, weg von der Akademie, damit ihre Kollegen nicht erfuhren, was sie machte. »Ich konnte mich einfach nicht damit identifizieren«, erläutert sie. »Ich hatte sogar Angst, es den Leuten zu zeigen, aber schließlich tat ich es doch.« Die Reaktion war positiv, und das Gemälde wurde schließlich sogar für eine renommierte Kunstausstellung angenommen. Aber wichtiger für Bogzaran war die »profunde Verwandlung in meinem Malstil«. Es war, als sei »meine unerforschte, versteckte, kreative Seite nun fähig, sich mit den anderen wichtigen Teilen meines Lebens zu vereinen.«

Bogzaran hat gelernt, luzide Träume zur kreativen Inspiration zu verwenden. Ein typischer Traum wird für sie so aussehen, daß sie im Traum in eine Galerie, ein Museum oder Studio geht, luzid wird, ein fertiges Gemälde oder eine Skulptur untersucht, und dann später im Wachzustand versucht, sie zu erschaffen. Sie ist mit ihren Ergebnissen mehr als zufrieden gewesen.

Es ist wichtig zu bemerken, daß Bogzaran die fertigen Gemälde im Traum sieht, bevor oder nachdem sie luzid geworden ist, und daß das Gemälde gewöhnlich kein Produkt der Luzidität ist. Eine andere Künstlerin, Shana-Elaine Brewer aus Oak Ridge, Tennessee, erfährt ebenfalls kreative Inspiration, die »außerhalb« der Luzidität liegt. Brewer hatte, einige Tage nachdem sie beauftragt worden war, ein Buntglasfenster zu entwerfen, den folgenden Traum:

> Gerade als ich mich ins Bett gelegt hatte, blitzte der fertige Entwurf in meinem Kopf auf, und ich stand wieder auf, um ihn schnell zu skizzieren. Das einzige Problem, das ich hatte, war ein Baum im Vordergrund, und so schlug ich mir selbst vor, daß ich von dem Baum träumen und fähig sein würde, mich daran zu erinnern, wie er aussah, so daß ich ihn nach dem Aufwachen skizzieren konnte. Im Traum sah ich mich vor einer Staffelei stehen und auf einem großen weißen Blatt Papier etwas entwerfen. Ich zeichnete den Baum mit schwungvollen, horizontalen Linien; es gab fünf oder sechs Hauptteile, die in schweren, schwarzen Linien

> entworfen waren (...). Das Seltsame war, sobald ich etwas skizzierte, wurden die verschiedenen Teile des Baumes irgendwie in verschiedenen Grünschattierungen koloriert, obwohl ich sie selbst nicht farbig zeichnete. Ich erwachte, (...) setzte mich auf und skizzierte den Baum, von dem ich geträumt hatte, aufs neue; (...) als der Entwurf beendet war, war der Auftraggeber fast sprachlos und sagte nur: »Gewöhnlich mag ich beim ersten Hinsehen nichts, aber das hier ist perfekt.«

Während Brewer bewußt mit der Schaffung des Traum-Baumes befaßt war, kolorierte eine aktive Kraft außerhalb ihres Traumbewußtseins den Baum. Das gleiche gilt, wenn Bogzaran das Gemälde vollständig sieht, bevor sie luzid wird: Ihr träumender Geist – bevor sie sich bewußt wird, daß sie träumt – hat schon das Gemälde erschaffen. Wenn der kreative Prozeß in Träumen erfolgreich außerhalb des luziden Teils wirken kann, worin besteht dann noch der Vorteil, luzid zu sein?

Mehr äußerlich kann die Luzidität als jener Teil der Traumwelt erklärt werden, der die Lösung zu einem Problem des Wachlebens sucht, das der nicht-luzide Traumgeist beantworten kann: Ein Teilzeit-Künstler zum Beispiel plaziert eine leere Leinwand neben seinem Bett, bevor er schlafen geht, und wenn er dann luzid wird, erinnert er sich, daß er eine Inspiration braucht, um die Leinwand zu füllen. Er schaut auf die geträumte Leinwand, und schon »füllt sie sich magisch mit einem Bild«. Sobald der Wunsch erfüllt ist, hilft uns die Luzidität dabei, sicher zu gehen, uns zu erinnern. Denn luzide Träume sind – wie das kleinste Detail in ihnen – viel leichter zu erinnern als andere Träume.

Diese bewußte Präsentation eines Sachverhaltes im Schlaf und die verstärkte Erinnerung an luzide Träume sind auch nützlich für jedes Problem, dessen Lösung eine Einsicht erfordert, nicht nur für ein künstlerisches. Zum Beispiel hatte der elektronische Wartungstechniker und Ausstellungsdesigner Bob Rosengren aus Seattle, Washington, den folgenden luziden Traum, als er Probleme mit einem Schaltplan für ein Ausstellungsstück in einem Museum hatte:

> Bevor die Ausstellung am 26. Dezember eröffnet wurde, arbeitete ich mit einem sehr knappen Zeitplan und hatte ein Problem mit einem Schaltkreis. Ich konnte es nicht lösen und hatte bald keine Zeit mehr. Etwa eine Woche vor der Eröffnung hatte ich einen luziden Traum, in dem ich in meiner Kleinstadt in einem Hafenrestaurant mit meinen Traumfreunden war. Ich erzählte ihnen von meiner Zwickmühle, weil sie sahen, daß ich aufgeregt war. Sie sagten mir einfach »slow things down« (mach langsamer), und gaben mir einige Hinweise auf bestimmte Dinge, die nicht fertig seien, während andere schon fertig seien. Nichts davon machte Sinn für mich, aber die Worte tauchten in meinem Gedächtnis wieder auf, als ich am Morgen an der Arbeit war. Einer Ahnung folgend, entschloß ich mich, in den Meßbüchern nach einer Anzahl integrierter Schaltkreise zu suchen, an denen ich arbeitete, und dabei wurde mir plötzlich klar, daß ich bei meinem Entwurf vergessen hatte, eine *setup time* von 22 Nanosekunden zu berücksichtigen. Nachdem ich diese kleine Verzögerung eingebaut hatte, arbeitete mein Schaltkreis perfekt.

Ein weiteres Beispiel für eine derartige Kreativität in luziden Träumen kommt von Robert Pelland jr. aus Holland, Ohio. Er hatte »Ärger mit dem Anhaften von Tinte auf Kunststoff« und erläutert, wie ein luzider Traum ihm bei diesem Problem half. »Ich wollte das Problem so unbedingt lösen, daß ich nach dem Schlafengehen von einer Person träumte, die mir den Rat gab, Elektrizität einzusetzen, um den Kunststoff zu behandeln, aber ich dachte, es sei einfach ein verrückter Traum, schenkte ihm keine Beachtung mehr und verwendete weiterhin diese scharfen, toxischen Chemikalien, um den Kunststoff zu behandeln, aber es ging überhaupt nicht weiter. Ein Jahr später fand ich dann heraus, daß es tatsächlich eine Möglichkeit gibt, den Kunststoff mit Elektrizität zu behandeln.«

Viele kreative Lösungen in luziden Träumen scheinen diese irgendwie passive Form anzunehmen, in der die Lösung oder Inspiration tatsächlich von außerhalb der Luzidität kommt. Aber es gibt noch etwas anderes, was uns das Bewußtsein im Schlaf geben und was ein wichtiges Licht auf das Wesen des Bewußtseins werfen kann.

Ohne Grenzen

»Bitte, was sind Grenzen?«
»Imaginäre Linien auf der Erde, glaube ich.
Wie kann man Grenzen haben, wenn man fliegt?«

T. H. White: *The Once and Future King*

Wir alle erleben Grenzen – das Gefühl, daß wir begrenzt sind durch besondere Verantwortung oder Verhaltensmuster. Wir werden bestimmt durch die Mütter, die Kindheit, unsere Rollen als Geliebte, als Freund oder Feind. Wir schaffen auch oft Grenzen zwischen den Schichten unseres persönlichen Bewußtseins und übertragen viel von unserer Bewußtheit auf das Unbewußte. Als Kinder lernen wir, Grenzen zwischen Realität und Phantasie zu ziehen. Weniger deutlich sind die Grenzen, die wir zwischen unserem Geist und dem Körper schaffen. Wir stellen uns »Ich« nicht als etwas vor, das in unserem Ellbogen lokalisiert ist; eher ist »Ich« irgendwo tief in uns selbst vorzufinden. Und vielleicht können wir sogar noch weiter gehen; vielleicht setzen wir die Grenzen zwischen unserem »Selbst« und »anderen« sowie zwischen dem »Selbst« und den Objekten der »realen« Welt ebenso.

Sind diese Grenzen nun reale und unabänderliche Trennlinien? Ken Wilber, ein Theoretiker des Transpersonalen, zeigt, daß alle Grenzen illusorisch und künstlich sind. Wir sind nämlich sowohl Mutter als auch Kind, sowohl Freund als auch Feind. Alle Grenzen, stellt er fest, sind imaginär, einschließlich der Trennlinien, von denen wir meinen, sie existierten zwischen uns und anderen Formen der Materie. Wilber behauptet, daß es keine Grenzen zwischen uns und der Welt gibt.

Wenn ein Astronaut das obige Zitat aus T. H. Whites Buch wiederholt, erläutert er damit die Sinnlosigkeit unserer Grenzen: »Wenn man von der Sonne in die Finsternis überwechselt und nach jeweils eineinhalb Stunden wieder zurück, so bekommt man zum ersten Mal ein Bewußtsein dafür, wie künstlich die Tausenden von Grenzen sind, die wir geschaffen haben, um Dinge zu trennen und voneinander abzugrenzen. Und zum ersten Mal in unserem Leben fühlen wir in unserem Inneren die wertvolle Einheit der Erde und all des Lebendigen, das sie trägt.«

Die Theorie der Grenzen und ihrer Beziehung zum Bewußtsein hat eine zentrale Bedeutung für das kreative Potential der luziden Träume. Wenn wir wissen, daß wir träumen, ist es nicht ungewöhnlich, daß wir uns entschließen, die traditionellen Grenzen zu durchbrechen. Luzide Träumer können ihre Hände durch Wände drücken, fliegen und sich auch in andere Wesen verwandeln.

Der erfahrene luzide Träumer Alan Worsley berichtet, daß er in 41 von 45 Versuchen, »Materie« in luziden Träumen zu penetrieren, erfolgreich war. Die Grenzen existierten für Worsley nur, wenn er sie brauchte, wenn er beispielsweise auf einem Klavier spielen, Treppen hochgehen, eine Tür öffnen, Werkzeug verwenden oder mit seinen Fingern schnippen wollte; wenn er dagegen durch eine Ziegelwand gehen oder über den Wipfeln schweben wollte, so konnte er das ebenfalls problemlos tun.*

Die Künstlerin Bogzaran vermutet, daß es wenigstens in einigen ihrer luziden Träume das Fehlen scharfer Grenzen ist, das einer unerwarteten Kreativität erlaubt, ihre Arbeiten auszuführen. »Während des Wachseins«, erläutert sie, »fühle ich mich irgendwie eingeschränkt in den Grenzen meines Körpers, wenn ich aber luzid und kreativ bin, existiert diese Eingeschränktheit nicht länger.«

Sie illustriert diesen Kernsatz mit folgendem Traum:

> Ich bin in einem Studio und arbeite an einer Skulptur. Ungefähr sieben unterschiedliche lebensgroße Skulpturen, die noch nicht fertiggestellt sind, stehen auch noch da. Die Skulptur, an der ich arbeite, ist eine lebensgroße, männliche Skulptur im griechischen Stil. Während ich an ihrer Hand arbeite, sage ich zu mir: »Wie komme ich dazu, diese Skulptur zu machen, ich bin doch kein Bildhauer.« Sobald ich dies gesagt habe, bin ich luzide. Ein Aufbrausen von Erregung fährt in meinem Rückgrat hoch. Während ich die Skulptur noch festhalte, beginnt sie sich in meiner Hand zu regen. Der obere Teil der Skulptur, die ich gestaltet habe, beginnt mit einer anmutigen Bewegung, und ich gehe darin mit ihr mit, und wir tanzen harmonisch miteinander. Dann wachte ich auf. Ich schrieb in mein Tagebuch, daß ich mich mit meiner Kreation eins fühlte. Es war gleichermaßen eine äußere und eine innere Einheit.

* Ein psychophysiologisches Modell für diesen Aspekt der Unbegrenztheit in der Luzidität wird von Gordon Globus aufgestellt. Er schreibt: »Der REM-Schlaf scheint mit verminderter neuronaler Inhibition einherzugehen. Weil es diese Inhibition ist, die das Ausmaß der Grenzen in einem assoziationistischen Netzwerk bestimmt, wird eine verminderte Inhibition die Grenzen verschwinden lassen.« Sie werden in Kapitel 8 sehen, daß man das luzide Träumen als einen gesteigerten REM-Zustand ansehen kann.

Bogzaran spricht vom Erfahrungsfluß zwischen dem Subjekt (dem Träumer) und dem Objekt (der Traumskulptur). Weitere Variationen der unbegrenzten Eigenschaft kreativer Inspiration werden im Traum eines texanischen Künstlers illustriert:

> Ich fertigte für einen Freund ein Gemälde an. Dieses spezielle Bild war aus einer Diskussion über verschiedene Theorien zur Entstehung der drei großen ägyptischen Pyramiden entstanden. Mein Stil als Künstler ist der Fotorealismus. (...) Ich hatte in meinem Studio immer nach Fotos gearbeitet. Nun hatten wir uns entschlossen, daß dieses Gemälde die Pyramiden zu einer Zeit zeigen sollte, als sie noch ziemlich neu waren. Natürlich existiert keine Fotografie von ihnen in diesem Zustand, und ich war auch nie in Ägypten gewesen. So konstruierte ich nun das Gemälde, indem ich mir archäologische Luftbilder und geologische Karten betrachtete und mit Ägyptologen sprach. Ich hatte ziemliche Schwierigkeiten, den Vordergrund im Verhältnis zu den Pyramiden zu malen – ich bekam weder die richtige Perspektive für die Felsen, noch die Sphinx und den Tempel der Sphinx hin. Ich hatte den ganzen Tag damit verbracht, abzukratzen, nochmal zu malen, wieder und wieder, und war deshalb am Schluß schon den Tränen nahe. Nun, (...) in dieser Nacht träumte ich, daß ich in der Luft schwebte, gerade in der Position vor den Pyramiden, die ich brauchte. Es war, als hätte ich mein Gemälde betreten, das sich nun am wirklichen Ort befand. Es gab niemanden sonst dort. Ich beobachtete nur die Szenerie. Nach dem Erwachen am nächsten Morgen ging ich direkt zum Gemälde und konnte das Gelände im Bilde erfolgreich vervollständigen, mit dem ich vorher so viele Schwierigkeiten gehabt hatte. Die Szene stand klar vor meinen Augen, als wenn ich dort gewesen wäre. Und das war wunderbar.

Constance Ransdell aus Louisburg, North Carolina, benutzte im wesentlichen dieselbe Technik, als sie mit einem schwierigen elektrischen Schaltungsproblem steckengeblieben war: Sie konnte nicht herausfinden, wie man einen speziellen Schaltkreis zum Funktionieren bringen konnte. Sie hatte einen luziden Traum, in dem sie ihr Problem löste. »In dem Traum nahm der Schaltkreis die Form von Straßen in einer Stadt an, und ich blickte auf sie aus großer Höhe herab. Ich flog sogar über die Verbindungen, die benötigt wurden, um den Schaltkreis arbeiten zu lassen. Als ich erwachte, machte ich die notwendigen Veränderungen, und der Schaltkreis arbeitete wie gewünscht.«

In diesen drei Beispielen lösten sich die gewöhnlichen Grenzen zwischen dem »Selbst«, dem Körper und der Welt, mit der jedes Individuum sich im Tagesleben auseinandersetzte, im Schlafe auf. Die Fähigkeit der Personen, sich während des Wachseins Lösungen vorzustellen, reichten für die Aufgaben nicht aus. Nur im Schlaf und im luziden Zustand konnten sie sich von den Problemen und den daraus folgenden Lösungen voll einnehmen lassen. Meistens schaffen wir sogar in luziden Träumen noch Grenzen zwischen dem bewußten Traum-Ich und der kreativen Quelle. Dies wird mit Humor an dem Traum einer Schriftstellerin veranschaulicht, die sich selbst verordnete, während der Phase der Luzidität an ihrem Buch zu arbeiten:

> Ich gab mir keine speziellen Instruktionen. (...) (Dennoch) entwickelte ich mich in zwei Personen hinein: das »schreibende Ich« und das »reale Ich«. Dies schien nicht ungewöhnlich zu sein, da wir doch viele Persönlichkeiten in uns tragen, und ich glaube, daß das schreibende Ich sich vom realen Ich unterscheidet. Wir zwei sprachen miteinander, und das schreibende Ich saß dabei am Schreibtisch. Ich erinnere mich klar daran; es war ein altmodisches Franklin-Pult, klein, das Holz zerkratzt in

Jahren des Gebrauchs. Das schreibende Ich brachte irgend etwas zu Papier (...) Als das schreibende Ich schrieb, sah ihm das reale Ich über die Schulter und begann zu lesen. Ich war neugierig auf die Handlung, die das schreibende Ich aufschrieb, und erinnere mich, es zu kommentieren, es aber auch zu kennen. Das schreibende Ich sagte: »Caroline, am besten bringst du dies selbst zu Papier, weil es auch für dich eine gute Handlung abgeben würde.« Ich behauptete: »Das habe ich auch schon geschrieben.« Schreibendes Ich: »Aber du hast es auf ein kleines Stück Papier geschrieben wie auch sonst und hast es weggeworfen, ohne es zu verwenden.« Reales Ich: »Nein, ich bin mir sicher, daß ich es verwendet habe. Es ist in meinem Buch drin.« Schreibendes Ich: »Und ich sage dir, daß du es nicht hast! Bitte wach auf und schreib es noch einmal nieder.« Reales Ich: »Ich weiß doch, daß ich es benutzt habe!« Schreibendes Ich: »Caroline, würdest du nun bitte aufwachen und dies niederschreiben und aufhören zu streiten?«

Dies nun war das Ende des Traums. Ich schreckte geradezu aus dem Schlaf hoch und wußte, daß ich es aufschreiben mußte. Daraus entstand jedoch für mich ein Problem. Ich konnte mich nicht mehr an die Handlung erinnern. Ich ging meine verstreuten, abgelegten Notizen durch, nichts. Ich wußte, wenn ich darauf stoßen würde, würde ich es sogleich merken. Ich fand es aber überhaupt nicht mehr, und ich bin mir sicher, daß ich tatsächlich genau das weggeworfen hatte, was ich aufzuschreiben beauftragt worden war.

Es ist wichtig festzuhalten, daß diese Eigenschaft der Unbegrenztheit in der Luzidität trotz der notwendigen Relativierung in gewisser Weise umfassender ist als das, was man in nicht-luziden Träumen findet. In einem gewöhnlichen Traum denkt man, daß man wach ist und daß das Geschehen real ist, und deshalb bleiben die normalen Grenzen bestehen. Vielleicht sind sie nicht so starr wie im Wachleben – in vielen nicht-luziden Träumen passieren immerhin auch seltsame Dinge –, aber die Mehrzahl der Grenzen bleibt an ihrem Ort. Wenn die Illusion der Grenzen in nicht-luziden Träumen verblaßt, werden manchmal luzide Träume ausgelöst. Dies kann geschehen, wenn man merkt, daß man fliegt, und erkennt: »Ich kann nicht fliegen, wenn ich wach bin, deshalb muß ich also träumen.« Ein anderes Beispiel ist dieser luzide Traum, den Jayne Gackenbach hatte, als sie an diesem Buch schrieb:

> Meine Kinder waren in einem großen Meer weit draußen, aber es war ziemlich flach. Ich ging hinaus, um mich zu ihnen zu gesellen, aber als ich mich zum Ufer zurückwandte, war es weiter weg, als ich mir vorgestellt hatte. Ich bekam etwas Angst, und dann begannen sich die Ränder der Realität zu überblenden wie Wasser, das über ein Aquarell läuft. Alles sah wie ausgelaufen aus. Ich war voller Angst und rief nach meiner Tochter, sie solle mir helfen, und dann begann ich, die Situation zu durchdenken. Ich dachte: »Das kann nicht sein; ich muß träumen.« Als ich wußte, daß ich in einem Traum war, verschwand die Angst sogleich, wie auch die ganze Traum-Umgebung, und ich überlegte, was ich tun könnte. Eine Stimme in meinem Kopf sagte: Flieg. Weil sie hartnäckig blieb, entschloß ich mich, genau das zu tun.

Nur in der Luzidität beginnt uns wirklich der ganze Einfluß der Illusion von Grenzen aufzufallen. Wir betonen »beginnt«, weil wir selbst in luziden Träumen oft fortfahren, etwas unter der Annahme von Grenzen zu machen, die wir aus dem Wachleben übernehmen. Bei Worsley wird dies von seiner Fähigkeit illustriert, wenige Zentimeter über dem Boden zu schweben, wenn er luzid ist, und seiner Schwierigkeit, mehr als 300 Meter über dem Boden zu fliegen. Aber es ist möglich, alle Grenzen aufzulösen, wenn man luzid ist; in der Tat ist dies ein wesentlicher Aspekt, um in höhere Bewußtseinszustände zu gelangen.

Gefühle einer Grenzenlosigkeit können Schwierigkeiten hervorrufen. Ernest Hartmann, Psychiater und Fachmann für Alpträume, fand heraus, daß Menschen, die wiederholt an Alpträumen leiden, eher »dünne« psychologische Grenzen haben. »Menschen mit Alpträumen fielen uns als verletzbar auf«, schreibt Hartmann. »Sie waren deutlich sensitiver in mehrfacher Bedeutung des Wortes: Sie waren leicht verletzt; sie waren sehr mitfühlend, in einigen Fällen auch ungewöhnlich störbar durch helles Licht oder laute Geräusche. (...)«

Hartmann erläutert, warum die Grenzen ihres Ichs in vielerlei Hinsicht als dünn angesehen werden können.

> Ihre interpersonalen Grenzen gelten insofern als dünn, daß sie dazu neigten, sehr rasch und sehr vertrauensvoll in eine neue Beziehung hineinzugehen. Oft hatten diese Beziehungen Züge des Verschmelzens oder der Enge; es war für sie nicht leicht, sich davon freizumachen. Sie hatten auch dünne Grenzen im Sinne ihrer sexuellen Identität: Keiner sah sich altmodisch, als völlig maskuliner Mann oder gänzlich feminine Frau; sie waren mehr als die meisten Leute willens, in sich selbst Aspekte beiderlei Geschlechts zu sehen. Und in ihren sexuellen Präferenzen waren nicht wenige tatsächlich oder wenigstens in der Phantasie bisexuell ausgerichtet. Hinsichtlich ihrer Träume und der Grenzen um ihre Träume herum fand sich auch folgendes Ungewöhnliche: Einige schilderten, sie wachten oft von einem Traum in einen anderen Traum hinein auf. Selbst ihre grundlegenden Schlaf-Wach-Grenzen waren weniger solide als die der meisten Menschen. Sie beschrieben, daß sie sich mor-

gens relativ lange nicht sicher waren, wach zu sein, besonders wenn sie einen lebhaften Traum gehabt hatten.

Und was hat das mit Ringkampf zu tun?

Die Auflösung von Ich-Grenzen ist auch zentral für den deutschen Psychologen Paul Tholey, der über luzide Träume mit Sportlern und auch mit sich selbst arbeitet. Vor einigen Jahren gewann Tholey in Deutschland mehrere wichtige Meisterschaften im Skateboardfahren und erreichte dies in erster Linie nicht durch Training im Wachzustand, sondern durch Training in seinen luziden Träumen. »Er war fähig, bei der Durchführung der Aufgabe sein Ich-Bewußtsein wegzulassen, weil er das Training in den luziden Träumen gehabt hatte«, erläutert Tholeys Schüler Kaleb Utecht. Mit anderen Worten, während er träumt, löst Tholey die errichteten Grenzen zwischen Geist und Körper auf wie auch die zwischen sich und der Umwelt, um seinen Sport voll zu erfahren. Was noch wichtiger ist, Tholey überträgt die erlebte Methode seines Sports vom Traum auf die tatsächliche Ausführung im Wachsein.

Bevor wir Tholeys bemerkenswertes Trainingsprogramm weiter verfolgen, wollen wir einen Blick auf eine verwandte und gebräuchlichere Trainingstechnik für sportliche Leistungen werfen: das mentale Training. Heutzutage verbringen die meisten ernstzunehmenden Sportler viel Zeit damit, ihren Sport zu imaginieren. Wenn sie Basketball spielen, können sie sich vorstellen, ein elegant ausgeführtes Match durchzuspielen und perfekt angeschnittene Bälle ins Netz zu werfen. Schwimmer können sich vorstellen, wie sie meisterlich ihren Weg zur Weltrekordzeit finden. Jean-Claude Killy, einer der größten alpinen Skifahrer aller Zeiten, gewann ein Rennen, ohne auf dem Kurs geübt zu haben (eine Verletzung hielt ihn davon ab), indem er diesen vorher nur im Geiste durchfuhr.

Richard M. Suinn, Psychologe an der Colorado State University, erläutert, wie der Golfspieler Jack Nicklaus das mentale Training verwendet: »Er visualisiert zuerst, daß der Ball auf dem Rasen landet und sieht den eigentlichen Aufprall, dann visualisiert er die Bahn, die der Ball im Flug beschreibt, und dann seinen Schwung und wie der Ball den Boden verläßt. Sein letzter Schritt ist, diese Dinge in einwandfreier Reihenfolge miteinander zu verknüpfen: den Schlag, die Flugbahn des Balles, seinen Aufprall und die Landung auf dem Grün zu visualisieren.« Suinn erzählt, daß »die Tennisspielerin Chris Evert, die für ihr konsistent gutes Spiel berühmt ist, mental ähnlich gewissenhaft für das bevorstehende Match übt. Sie konzentriert sich, gedanklich die Strategie und den Stil ihrer Gegnerin vorwegzunehmen und visualisiert, wie sie selbst dies mit ihren eigenen Attacken abwehrt. Und Bill Glass, in den sechziger Jahren ein Verteidigungsspieler des professionellen Footballteams Cleveland Browns, lernte, den schnellen Schritt über die Linie zu üben, den offensiven Halbstürmer abzuschütteln und die zurückgezogene Angriffsspitze anzugehen, als wenn er in einem ›Film‹ wäre.«

Diese mentalen Imaginationstechniken sind bei Sportlern beliebt, weil sie die Leistung verbessern helfen. Das National Research Council in den USA, eine beratende Institution der National Academy of Sciences (Nationale Akademie der Wissenschaften), betonte kürzlich die Nützlichkeit des mentalen Trainings für Aufgaben, die bedeutsame geistige Komponenten beinhalten, besonders wenn die Imagination mit der körperlichen Übung kombiniert wird. Suinn vergleicht das »Körper-Denken« der mentalen Trainingsübungen mit den »massiven Illusionen in bestimmten Träumen«. Vielleicht, meint er, liege die Hauptdifferenz zwischen Träumen und dem mentalen Training darin, daß letzteres Gegenstand bewußter Kontrolle sein könne.

Von Anfang an führte Tholey einige der positiven Wirkungen des luziden Träumens für die sportliche Leistung auf die Verbesserung des sensorischen Feldes im Gehirn zurück. Entscheidend ist, sich zu versichern, daß der Tennisschlag im

Traum, sagen wir einmal, auf einem Tennisplatz ausgeführt wird, in der heißen Sonne und mit einer Zuschauermenge. Er fand auch eine Beziehung zwischen der Verbesserung sportlicher Leistung und der Fähigkeit des Sportlers, sein Ich-Bewußtsein in eine bestimmte Situation zu verlagern. »Dies ist besonders für jene Sportarten von Belang«, sagt Tholey, »in denen schnelle und riskante Reaktionen auf wechselnde situationale Bedingungen erforderlich sind.« Im Wettkampf mit dem Skateboard zum Beispiel kann man sich nicht die Zeit nehmen, darüber nachzudenken, wie der eigene Körper sich in einem bestimmten Moment verhalten muß. Dafür ist einfach keine Zeit. Mit Übung lernt man, sich zur richtigen Zeit zu neigen. Tholey zeigt nun, daß die tatsächliche Übungszeit durch mentales Einstudieren, welches das gesamte sportliche Umfeld während des luziden Träumens wiederbelebt, drastisch reduziert werden kann.

Nehmen wir die Erfahrung eines deutschen Kampfsportlers. Jahrelang hatte dieser Mann Karate, Taekwondo und Jiu-Jitsu geübt. Er meinte, er würde gern auch noch Aikido lernen, eine Disziplin, die den anderen ziemlich unähnlich ist. Nachdem er sich zwei Jahre abgemüht hatte, konnte er Aikido immer noch nicht, im wesentlichen deshalb, weil seine vorher eingeübten Bewegungen es nicht zuließen, den »weicheren« Bewegungen des Aikido nachzugeben. Dann hatte er den folgenden Traum, den er als entscheidend für einen letztendlichen Durchbruch betrachtete:

> An diesem speziellen Abend, nachdem ich immer noch keinen Erfolg gehabt hatte, den Angreifer zu überwinden und ihn auf die Matte zu werfen, ging ich ziemlich entmutigt zu Bett. Beim Einschlafen ging mir diese Situation immer wieder im Kopf herum. Wenn ich mich verteidigte, standen die richtigen ausgleichenden Schritte im Widerspruch zu meinem inneren Impuls, einen harten Abwehrblock zu machen, so daß ich mehr-

> mals meine Deckung aufgab und wie ein Fragezeichen dastand (...), eine lächerliche und unwürdige Situation für einen Träger des schwarzen Gürtels. Während eines Traums in jener Nacht fiel ich einmal hart zu Boden, anstatt mich abzurollen. An dem Tag hatte ich mich entschlossen, mir in dieser Situation die kritische Frage zu stellen: »Wach ich oder träum ich?« Darauf wurde ich sofort luzide. Ohne groß darüber nachzudenken, ging ich geradewegs zu meinem Dojo, wo ich eine unbeaufsichtigte Trainingssitzung über Abwehrtechniken mit meinem Traumpartner begann. Immer und immer wieder ging ich die Übung in einer lockeren und mühelosen Weise durch. Es wurde jedesmal besser.

Der Mann übte eine Woche lang in seinen luziden Träumen. Als er wieder mit dem Training begann, meint er, »überraschte ich meinen Trainer mit einer fast perfekten Abwehrarbeit. Und obwohl wir das Tempo heraufsetzten, machte ich keine schweren Fehler mehr. Von da an lernte ich schnell und erhielt ein Jahr danach meine eigene Trainerlizenz.«

Ein Skifahrer schrieb Tholey einen Brief, in dem er schilderte, wie es ihm mit Hilfe des luziden Träumens gelang, eine besonders schwierige Technik, die man »Jetting« nennt, zu beherrschen.

> Das »Jetting« (schrieb der Mann) mit seiner starken Verlagerung des Schwerpunktes nach hinten hatte mir immer so viel Angst gemacht, daß ich dauernd hinfiel und voller blauer Flecken nach Hause zurückkam. Als ich das luzide Träumen lernte, träumte ich zunächst vom Skifahren vor den großen Tieren. In meinen Träumen benutzte ich oft den kleinen Hügel, um das Fliegen auszulösen, aber irgendwann begann ich auch, mich kurz vor dem Hügel zurückzulehnen, wodurch Gewicht von den Skiern genommen wurde und ich die

Richtung mit den Fersen steuern konnte. Das machte viel Spaß, und nach wenigen Wochen wurde mir während eines luziden Traumes klar, daß ja meine Bewegungen dem »Jetting« entsprechen. Als ich im nächsten Winter wieder in Skiferien ging und einen Kurs buchte, beherrschte ich das Jetting nach einer Woche. Ich bin absolut davon überzeugt, daß da ein Zusammenhang mit meinen luziden Traumübungen besteht.«

Tholey glaubt, daß der Träumer, um eine Verbesserung seiner sportlichen Leistungen im luziden Traum einzuüben, die normalen Grenzen seines Ichs überwinden muß. Ein besonders erfolgreiches Beispiel dafür ist ein olympischer Kunstreiter aus Südamerika, den Tholey mit luziden Träumen trainierte, »eins mit dem Pferd« zu werden. Der Reiter erreichte einen Zustand vollständiger gegenseitiger Empathie mit seinem Pferd bis dahin, daß er die Welt durch die Augen, Ohren und Nüstern des Pferdes wahrnahm. Der Reiter war in der Lage, seine Traumerfahrung auf das tatsächliche Reiten zu übertragen.

In einem luziden Traum kann ich meine Reit-Figuren äußerst genau ausführen – sei es nun im Sand beim Dressur-Wettbewerb oder beim Military-Wettkampf auf dem Parcours querfeldein durchs Gelände. Ich bringe das durch ein Zeitlupentempo fertig, wobei ich dem Pferd genau im richtigen Moment vor einer speziellen Bewegungsphase die »Hilfen« gebe. Während des luziden Träumens »reite ich« den Kurs mehrere Male (drei- bis neunmal) ganz genau und vollständig durch. Aufgrund dieser Erfahrung ist mein »Körper-Wissen« so gut, daß ich den Parcours automatisch ohne irgendeine willentliche oder wissentliche Bemühung absolviere.

Ein Segelbootlotse, der lernen wollte, ein Segelflugzeug zu fliegen, schildert ähnlich, wie er in luziden Träumen so eine vollkommene Einheit mit seinem Gerät erlangte, daß »seine Flügel die Winde, die so wichtig sind, um das Flugzeug richtig zu steuern, fühlen konnten«. Dies half ihm dann, als er wach war, das Flugzeug zu fliegen.

Bei seinem luziden Traumtraining legt Tholey Wert auf eine Methodik, die viele ähnliche Elemente einsetzt wie beim Imaginationstraining im Wachzustand. Sie können es selbst ausprobieren.

- Erstens: Wenn Sie wach sind, sollten Sie natürlich Ihren Sport treiben. Man kann getrost sagen, daß kein noch so luzides Träumen allein Sie für Ihren Sport fiter machen wird, wenn Sie niemals etwas tun.
- Zweitens: Beobachten Sie erfahrene Sportler dabei, wie sie ihren Sport ausüben. Wenn Sie Tennis spielen, schauen Sie sich Spieler wie Martina Navratilova, Boris Becker oder Steffi Graf genau an, beobachten Sie, wie sie spezielle Schläge ausführen. Davon sind viele Video-Aufzeichnungen verfügbar, die Sie in die Lage versetzen, einen bestimmten Schritt oder Stil im Spiel, dem Sie nacheifern wollen, zu studieren. Wichtig ist, daß Sie ein mentales Modell für eine exakte Durchführung entwickeln.
- Drittens: Spielen Sie dieses mentale Modell wieder durch, wenn Sie in einem Traum luzid werden. Genau wie bei der Übung im Wachsein versichern Sie sich, die Leistung zu verinnerlichen. Sie sind ein hervorragender Tennisspieler oder Abfahrtsläufer. Seien Sie auch sicher, daß Ihr Traum alle Elemente enthält, die der eigentliche Sport enthalten würde. Wenn Sie zum Beispiel alpin Ski fahren, malen Sie die Traumszene mit den Bäumen, dem Schnee, dem Wind und den Bergen.
- Viertens (und das ist nach Tholey der kritische Schritt): Lassen Sie Ihre Ich- und Körper-Grenzen sich auflösen. Sie

sind nun der Skiläufer, die Skier, der Schnee, die Bäume, die Berge, der Wind. In einem luziden Traum über das Schlittschuhlaufen beschreibt die Traumpsychologin Gayle Delaney diese Technik so: »Weil ich weiß, daß ich träume, kann ich laufen wie mit Flügeln an den Kufen. (...) Ich kann alles machen. Wenn ich einen Sprung mache, bin ich schwerelos, und ich fliege, wenn ich mich in der Luft drehe. Wenn ich eine Pirouette mache, ist mein Gleichgewicht perfekt. Ich habe ein Glücksgefühl, so tief, wie ich es fast noch nie erlebt habe, und ich bin eins mit der Welt. Ich fühle in meinem Laufen all die Kräfte der Harmonie des Universums, und die Intensität meiner Freude kennt keine Grenzen.« Wenn dieses kreative Können zu jedem Aspekt der Traumhandlung gehört, dann sind Sie auch fähig, Ihre Erfahrung auf die Aktivität im Wachsein zu übertragen.

Dieser unbegrenzte Zustand ist im luziden Traum leichter zu erreichen, weil die erlebte Welt, wie Globus es darstellt, im luziden Traum durch die Absicht des Träumers neu geschaffen wird. Dies bedeutet nicht, daß alle motorischen Verhaltensweisen und Körper-Grenzen im luziden Traum beliebig sind. Worsley zum Beispiel hat die Beschränkungen, die im luziden Zustand einem Durchbruch physischer Grenzen entgegenstehen, erforscht. Als er im luziden Zustand versuchte, die Länge seines Arms auszudehnen und dies sowohl zu sehen als auch zu fühlen, hatte er in acht Versuchen damit keinen Erfolg. Wenn er jedoch die Aufgabe so zu lösen versuchte, daß er seine Traum-Hand auf einer Oberfläche vorankriechen ließ, war er in vier von sieben Versuchen erfolgreich. »Ich entdeckte, daß ich scheinbar zwei Arten von Traum-Armen hatte«, meint Worsley, »einen visuellen Arm und einen haptischen (einen, den ich fühlen konnte). Ich konnte den visuellen Arm bis zu einer beträchtlichen Länge wachsen lassen, indem ich meinen Arm zwang sich auszustrecken, aber der haptische Arm verlängerte sich dabei nicht mit, es sei denn, ich traf spezielle Vorkehrungen, um ihn mit dem visuellen Arm kongruent bleiben zu lassen. Um dies zu erreichen, ließ ich meine Hand über die Oberfläche kriechen, solange der Arm sich ausdehnen sollte, so daß ich, genauso wie ich es sah, auch fühlen konnte, daß sich am Ende des Armes etwas tat.

Zusätzlich stellte Worsley fest, daß der Versuch, spezielle Bewegungen im luziden Zustand auszuführen, die physischen Grenzen des Schlafes durchbrechen könnte. Als zum Beispiel

> ich (einmal) eine große Bewegung mit meinem Bein machte, während ich im Schlaflabor war und träumte und die Ableitungen gemacht wurden, lag ich mit dem Gesicht nach unten. Meine Beine waren mit einer leichten, lose aufliegenden Steppdecke bedeckt. Dadurch konnten sich meine Unterschenkel frei bewegen und vom Knie aus hochschwingen. Im Traum, der luzid war (wie durch Signal verifiziert wurde), stieß ich absichtlich mit meinem rechten Fuß nach hinten gegen eine harte Oberfläche. Plötzlich erwachte ich und stellte fest, daß mein rechter Unterschenkel in die Luft stand. (Diese große Bewegung war auch auf dem Polygraphen aufgezeichnet. In weniger als einer Sekunde folgte das charakteristische Signal, daß Worsley gerade aufwachte.) Es schien offensichtlich zu sein, daß der Tritt im Traum eine große reale Bewegung meines physischen Beins ausgelöst hatte.

Sowohl die Absicht des Träumers als auch die Umgebung im Schlaf können im Ergebnis so eine Bewegung beeinflußt haben. Hier ist ein luzider Traum von der Versuchsperson Bob Tucker, der beim ersten Hinsehen Worsleys Traum ziemlich ähnlich zu sein scheint, aber zu einem anderen Resultat führte.

Ich fuhr mit meinem Fahrrad zur Highschool. (...) Dann sah ich einen Koffer. Neugierig öffnete ich ihn und fand einige große Plakate, die in Papier gewickelt waren. Ich überlegte, ob es richtig oder falsch sei, sie zu stehlen. Ich schaute mich um, sah niemanden und begann also, die großen Plakate und einige weitere Gegenstände aus der Tasche zu nehmen. Dann sah ich einen großen Indianer. Er wollte auch an das Geld heran. Er kam auf mich zu. (...) Ich duckte mich und führte einen perfekten, schnellen Seitentritt aus. Dann sah ich Mr. Kim, einen meiner alten Karatelehrer. Er stand einfach da und beobachtete. Der große Mann zog sein Hemd aus und entblößte seinen muskulösen Oberkörper. Ärgerlich lief er auf mich zu. Ich hatte wiederum ein perfektes Timing und führte perfekt einen Tritt nach oben und vorn aus. Er lag am Boden und war wütend. Ich schaute auf meine Uhr und merkte, daß es schon zu spät für die Schule war. Er kam wieder auf mich zu, mit einem großen rechten Haken, den ich mit dem rechten Arm abfing, und ich setzte einen Schlag auf seinen Solarplexus. (...) Darauf sagte er laut einige Slangwörter und ging schließlich weg. Ich konnte nicht glauben, daß ich so gut gekämpft hatte. In anderen Träumen ist meine Technik gut, aber langsam. In diesem Traum waren alle Bewegungen vorbedacht und perfekt ausgeführt. Ich hatte eher das Gefühl, mit diesem zornigen Menschen zu spielen.«

Warum wachte Worsley auf, als er den Tritt ausführte, Tucker aber nicht? Es ist klar, daß individuelle Unterschiede in gewisser Weise die Wirkung solcher Bewegungen beim Träumer bestimmen. Worsley war auch im Schlaflabor, wo es mehr Mühe und Vertiefung erfordern könnte, den Schlaf zu bewahren. Obwohl Tucker und auch Worsley wußten, daß sie träumen, war Tucker total von der Traumwelt absorbiert, während Worsley ihre Grenzen austestete und so in gewisser Weise nicht völlig in ihr war. Und wie bei anderen Forschungen entdeckt wurde: Je mehr jemand vom Traum absorbiert ist und je lebhafter seine Imagination ist, desto größer ist die Wahrscheinlichkeit, daß er fähig ist, die geträumte Handlung im Wachzustand umzusetzen.

Eins zu sein mit der Umwelt, sei es nun im Traum oder in der, wie wir glauben, »realen« Welt, ist entscheidend für Hochleistungen im Sport. Das ist es auch, was der Bogenschütze im Buch *Zen und die Kunst des Bogenschießens* erlebt: Der Zen-Schütze ist so eins mit seiner Aufgabe und der erlebten Welt, daß er mit verbundenen Augen ins Schwarze treffen kann. Bei vielen Künstlern und Sportlern kann man Beispiele eines derart grenzenlosen Geisteszustandes finden. David Whitsitt, Psychologe des Ringerteams der University of Northern Iowa, berichtet über die Fähigkeiten des College-Studenten Mark Schwab, eines Mitglieds des Ringerteams der »UNI«, das in der Nationalliga kämpft. Schon als Erstsemestler, also in dem Jahr, wenn die meisten Sportler noch gar nicht um Wettkampflorbeeren ringen, sammelte Schwab mehr Siege als andere Ringer in der ganzen Geschichte der »UNI«. Einige Leute meinen, zitiert Whitsitt, daß Schwab »dazu geboren« sei, aber daran glaubt er nicht. Er führt die Frustration bei Schwabs Trainern an, die ihren Schützlingen normalerweise während des Kampfes die Anweisungen zurufen. Zu Mark Schwab aber können sie nicht vordringen; er hört nicht zu. Anscheinend ist er so vollständig in seinem Erleben absorbiert, daß er sie einfach nicht hört. Und wie ein Tai Chi Chuan-Meister ringt Schwab in einem Bewegungsfluß, er ringt, als gäbe es keine Grenzen zwischen ihm und seinem Gegner.

Ähnlich berichtet Tholey von einem europäischen Junioren-Ringmeister, der während des Kampfes »in« seine Gegner hineingehen konnte, wenn er dies in seinen luziden Träumen trainiert hatte. Tholey behauptet, daß der Boxer in jeder

Sekunde voraussagen konnte, was sein Gegner machen würde, größtenteils deshalb, weil er erreicht hatte, die Grenzen zwischen sich und seinem Gegner im luziden Zustand aufzulösen.

»Das Sportgerät erhält Funktionen wie sensorische und motorische Teile des Organismus«, erläutert Tholey. Ein erfahrener Skifahrer fühlt so zum Beispiel den Schnee und das Gelände durch die Skier, und anstatt bewußt seinen Körper zu bewegen, bewegt er die Skier.

Diese absichtliche Absorption ist ähnlich wie etwas, das bei Meditierenden gefunden wird. Mehrere Forscher haben in der Tat eine positive Beziehung zwischen dem Ausüben von Meditation und der sportlichen Leistung bei wenigstens drei Gruppen von Sportlern gefunden: olympische Ruderer, College-Läufer und Weitspringer. Diese Leistungsverbesserung kann teilweise auf den positiven Wirkungen der Meditation beruhen, von der gezeigt wurde, daß sie solche Dinge wie Muskelspannung, Reaktionszeit, Blutdruck und Pulsfrequenz beeinflußt. Der Meditationsforscher A. J. Deikman berichtet zusätzlich, daß in der Meditation die Ich-Grenzen »fließender« werden, ein Zustand, der von Sportlern oft gesucht und ziemlich häufig in luziden Träumen gefunden wird. In der Literatur zur Meditation heißt es dazu, daß diese Auflösung von Ich-Grenzen oft in Momenten intensiver Erkenntnis auftaucht. Dies wird in dem Buch *The Physical and Psychological Effects of Meditation* (Physische und psychologische Wirkungen der Meditation) von Michael Murphy und Steven Donovan klar veranschaulicht. Sie berichten über eine Erfahrung von Narendra, einem Schüler des indischen Heiligen Ramakrischna: »Bei der Berührung seines Meisters fühlte sich Narendra überwältigt und sah, daß sich die Räume des Zimmers und alles um ihn herum drehte und auflöste. ›Was machst du mit mir?‹, rief er voller Schrecken. (...) Er sah, daß sein eigenes Ich und das ganze Universum beinahe von einer namenlosen Leere verschluckt wurden.«

Wie wir in Kapitel 9 (Seite 233) darstellen werden, hat man bei luziden Träumern (dort speziell bei den weiblichen) und TM-Meditierenden einen hohen Grad an Kreativität feststellen können. Die Träume Meditierender sind mit größerer Wahrscheinlichkeit archetypisch, lebhaft, bizarr und erinnerbar, eine Kombination, welche die Kreativität wie auch die Selbstbewußtheit erhöhen könnte. Wie der große indische Weise Sri Aurobindo feststellte:

»Wenn das innere Bewußtsein wächst, (...) steigt bei den Traumerfahrungen die Anzahl, ihre Klarheit, die Kohärenz, die Genauigkeit, und mit gewachsener Erfahrung (...) können wir ihre Bedeutsamkeit für unser Innenleben verstehen. Wir können durch Training so bewußt werden, daß wir die Reise (unseres Bewußtseins) verfolgen können, die ihm selbst wie auch dem Gedächtnis gewöhnlich verborgen ist, durch die vielen Bezirke (des Schlafens und Träumens) hindurch, und auch den Prozeß der Rückkehr in den Wachzustand. Zu einem bestimmten Grad dieser inneren Wachheit wird so ein Schlaf, ein Schlaf der Erfahrung, den gewöhnlichen, unterbewußten Schlummer ersetzen können.«

Wenn Kreativität wenigstens teilweise ein Produkt der Einsicht und Erkenntnis unerwarteter Verbindungen ist, so könnte ein »Schlaf der Erfahrung« dazu dienen, unsere Vorstellungskraft zu verstärken, und uns helfen, wie Murphy und Donovan angemerkt haben, »die volle und wahrnehmbare Bewußtheit (zurückzugewinnen), die für alle Inhalte unserer Erfahrung der elementare Grund und Boden ist.«

Kapitel 5

Phantome der Nacht

Wie man die Dämonen in luziden Träumen konfrontiert

Spät in einer Sonntagnacht hatte Jill Day einen Alptraum. Vor dem Zubettgehen hatte sie im Fernsehen einen aufrührenden Film über einen Massenmörder gesehen und, weil sie wußte, daß sie zu Träumen neigt, die von solchen Geschichten beeinflußt werden, war ihr beim Einschlafen klar, daß sie von diesem gefühllosen Killer wahrscheinlich nicht zum letztenmal etwas gesehen hatte. Vielleicht wurde sie aus diesem Bewußtsein heraus luzid, als der Mann aus dem Film plötzlich in ihrem Traum auftauchte und drohte, sie umzubringen. »Ich weiß, das ist ein Traum«, schrie sie den Mann an. »Hau doch ab! Geh weg von hier.« Das Bild des Mannes löste sich auf, wie auch alle anderen Bilder, und sie blieb in einer grauen Wolke von Bewußtsein zurück, um dann langsam in die Dunkelheit des traumlosen Schlafes abzusinken.

Aus einem Traum das Übel zu verbannen, durch eine Fensterscheibe zu springen und aus einer erregten Debatte wegzufliegen ..., auf bedrohliche Traumgestalten zuzugehen und sie zu fragen, was sie wollen – solche Dinge sind in luziden Träumen möglich. Wenn wir in einem Traum zu einer bewußten Wahrnehmung fähig sind, könnten wir auch, zumindest theoretisch, wenn auch nicht immer in der Praxis, mit dem Traummaterial selbst therapeutisch umgehen. Der luzide Traum ist ein relativ »sicherer« Ort, um psychologische Probleme durchzuarbeiten. Tatsächlich kann die schlichte Erkenntnis, daß das, was Sie in einem quälenden Traum erleben, ein Produkt Ihrer Imagination ist, einige Erleichterung bringen. Aber im Prozeß des Erlebens mit Ihren Träumen zu arbeiten, ist nicht so einfach, wie es klingt. In diesem Kapitel soll die luzide Traumtherapie dargestellt werden mit ihren Vorteilen und auch den Gefahren, die auftauchen, wenn man die luziden Träume als Couch des Analytikers verwendet.

Psychodrama im Traum: Therapie »on line«

Luzide Träume versetzen uns in die Lage, mit Traummaterial zu arbeiten, während wir es erleben (»on line«). Man könnte sich zum Beispiel während eines luziden Traumes entscheiden, mit seinem Großvater, der real schon länger tot ist, über ein Problem zu sprechen, das man mit ihm gehabt hat; oder man könnte stattdessen, wenn man Angst vor dem eigenen Bruder hat, mit diesem Bruder im Traumzustand darüber diskutieren. Man könnte es ihm aber auch einmal heimzahlen wollen, indem man ihm einen Blumentopf an den Kopf wirft oder ihn in einen Baum verhext. Daß man aktiv in die Traumerfahrung einbezogen ist und dabei weiß, daß man sich in einer selbstgeschaffenen Welt engagiert, bringt das Thema der Kontrolle über den Traum auf. Man kann sich ja »zwingen«, sich schwierigen emotionalen Problemen zu stellen, um so zu versuchen, zu einem Verständnis dessen zu kommen, was oder warum man etwas fühlt. Und man kann es in einem sicheren Setting tun, wo man die Kontrolle behält.

Der Psychologe Joseph Dane nennt die Arbeit an emotionalen Problemen im luziden Traum »intrapersonale Psychotherapie« und wirft die Frage auf: »Wer ist der bessere Therapeut, das wache oder das träumende Bewußtsein?« Für ihn kann die Antwort darauf in beidem liegen, »es kommt darauf an, was zur Zeit der gesündere Teil ist«. Er meint, das sei eine Frage, die ein Individuum in die unangenehme, aber doch notwendige Situation versetzt, die Verantwortung dafür zu übernehmen und zu entscheiden, wo man zu jedem möglichen Zeitpunkt »gesünder« ist. Mit anderen Worten, man wird sein eigener Therapeut. Man erkennt im luziden Traum ein Problem und versucht, es zu lösen, oder zumindest, es zu verstehen. Aber wie die meisten Leute wissen, die schon in einer Therapie gewesen sind, ist es nicht so einfach, ein Problem zu identifizieren, wie es scheint. Man kann sich in aller Unschuld täuschen. Wenn man sich im Traum beispielsweise seinem Bruder konfrontiert und zum erstenmal die eigenen Gefühle ehrlich ausdrückt, kann man einige Erleichterung dabei empfinden. Aber dabei kann man auch das tiefere Problem verfehlen. Vielleicht ist es ja gar nicht der Bruder, auf den man wütend ist, sondern irgendein Teil in einem selbst, den der Bruder repräsentiert. Oft können die wirklichen Gefühle uns noch ziemlich verschlossen sein, und ein Therapeut kann, auch wenn er oder sie nicht unbedingt zu direkter Hilfe aufgerufen ist, doch oft als eine Art Führer dienen, um den Klienten in die Richtung seiner inneren Wahrheit zu lenken.

Psychologen haben sich natürlich traditionell den Träumen wegen ihres Informationsgehaltes zugewandt. Sie haben ihnen oft Einsichten in das Wesen der Seele eines Menschen ermöglicht. In einem Traum und dabei gleichzeitig bewußt zu sein, würde wie ein ideales Setting für eine Therapie aussehen, und zumindest für zwei deutsche Psychologen war es das auch.

In den letzten zehn Jahren haben die Psychologen Paul Tholey und Norbert Sattler Studenten und Patienten angeleitet, luzid zu träumen. Sie haben erfahren, daß die meisten Menschen lernen können, luzid zu träumen, und sobald sie dies einmal erreicht haben, können sie auch lernen, mit ihren unbewußten Konflikten effektiv umzugehen. Schon kurz nach Beginn der Erforschung des luziden Träumens durch Tholey 1959 untersuchte er zuerst das therapeutische Potential des »Klartraums«, wie er den luziden Traum nennt, nachdem er bemerkt hatte, daß sowohl hilfreiche als auch bedrohliche Gestalten in seinen eigenen luziden Träumen auftauchten. Nach dem Tod seines Vaters zum Beispiel träumte Tholey oft von ihm als einer gefährlichen Traumfigur, die ihn beleidigte und bedrohte.

Wenn ich luzid wurde, wollte ich ihn immer voller Wut schlagen. Dann wurde er manchmal in eine primitivere Kreatur verwandelt, etwa in ein Tier oder eine Mumie. Sobald ich gewonnen hatte, wurde ich von einem Gefühl des Triumphs überschwemmt. Nichtsdestoweniger tauchte mein Vater in folgenden Träumen weiterhin als bedrohliche Traumfigur auf. Dann hatte ich den entscheidenden Traum. Als ich von einem Tiger verfolgt wurde und fliehen wollte, wurde ich luzide. Darauf riß ich mich zusammen und versuchte, mich zu behaupten, indem ich ihn fragte: »Wer bist du?« Der Tiger war ganz verblüfft, er verwandelte sich in meinen Vater und antwortete: »Ich bin dein Vater und werde dir jetzt sagen, was du zu tun hast!« Im Gegensatz zu meinen früheren Träumen versuchte ich nicht, ihn zu schlagen, sondern wollte zu einem Dialog mit ihm kommen. Ich sagte ihm, daß er mich nicht herumkommandieren könne. Ich wies seine Drohungen und Beleidigungen zurück. Andererseits mußte ich auch zugeben, daß einige Kritik meines Vaters berechtigt war, und ich entschied mich, mein Verhalten entsprechend zu ändern. Im selben Augenblick wurde mein Vater freundlich, und wir reichten uns die Hände. Ich fragte ihn, ob er mir helfen könnte, und er ermutigte mich, meinen Weg allein zu gehen. Dann schien mein Vater in meinen Körper hineinzuschlüpfen, und ich war im Traum allein.

Dieser Traum, berichtet Tholey, hatte einen befreienden und ermutigenden Effekt auf seine Träume und sein Leben. »Mein Vater erschien nie wieder als bedrohliche Traumfigur«, erzählt er. »Im Wachzustand verschwanden meine irrationale Angst und die Hemmungen, mit Autoritätspersonen umzugehen.«

Tholey hat herausgefunden, daß der luzide Traum mehrere

therapeutische Vorteile gegenüber den nicht-luziden Träumen hat. Erstens scheint die Luzidität eine Umgebung zu schaffen, in welcher das Traum-Ich weniger ängstlich gegenüber bedrohlichen Traumgstalten oder -situationen ist und mehr willens, sich ihnen zu konfrontieren. Zweitens kann das Traum-Ich durch die Fähigkeit, den Trauminhalt zu lenken, »in Kontakt mit Orten, Zeiten, Situationen oder Personen kommen«, die für den Träumer wichtig sind und die er zu erforschen begehrt. Zusätzlich ist das Traum-Ich, wenn es sich mit anderen Traumfiguren unterhält, oft fähig, die komplexe Dynamik zu erkennen, die sich zwischen ihm und den Traumfiguren entwickeln kann. Und was vielleicht am wichtigsten ist, Tholey glaubt, daß man, wenn man lernen kann, mit dem Traum-Ich angemessen umzugehen, man auch in der Lage sein wird, positive Veränderungen in der eigenen Persönlichkeit herbeizuführen.

Dabei ist es nicht das luzide Träumen per se, das eine Selbstheilung oder das Wachstum erlaubt, sondern die Handlungen des Traum-Ichs führen uns dazu. Einige von Tholeys Studenten hatten Schwierigkeiten, bedrohliche Traumfiguren hervorzuzaubern, mit denen sie sich auseinandersetzen wollten. Andere reagierten unangemessen, als diese erschienen: Einige Träumer wurden sehr aggressiv und töteten sie; andere wurden vollkommen unterwürfig und ließen sich umbringen. Tholey gibt luziden Träumern, die sich mit einer angstbesetzten Traumfigur konfrontiert sehen, folgende Ratschläge:

1. Niemals versuchen, vor einer bedrohlichen Traumgestalt zu fliehen. Stellen Sie sich ihr stattdessen mutig. Blicken Sie sie offen an, und fragen Sie sie freundlich: »Wer bist du«, oder auch: »Wer bin ich?«
2. Wenn es möglich ist, die Traumgestalt anzusprechen, versuchen Sie, mit ihr in einem konstruktiven Dialog zu einer Aussöhnung zu kommen. Wenn eine Einigung möglich erscheint, versuchen Sie, den Konflikt als offene Kontroverse

zu gestalten. Weisen Sie Beleidigungen oder Drohungen zurück, aber erkennen Sie gerechtfertigte Einwände an.
3. Kapitulieren Sie nicht vor einem Angriff der Traumfigur. Zeigen Sie Ihre Bereitschaft, sich zu verteidigen, indem Sie eine defensive Haltung einnehmen, und schauen Sie der Traumfigur in die Augen. Wenn ein Kampf unvermeidlich ist, versuchen Sie, den Traum-Feind zu besiegen, aber töten Sie ihn nicht. Bieten Sie dem besiegten Gegner eine Versöhnung an.
4. Versuchen Sie, sich mit der feindlichen Traumgestalt in Gedanken, Worten und/oder durch Gesten auszusöhnen.
5. Wenn eine Versöhnung nicht möglich erscheint, trennen Sie sich von der Traumgestalt in Gedanken, Worten und/oder durch physischen Rückzug.
6. Nach der Versöhnung fragen Sie die Traumfigur, ob sie Ihnen helfen kann. Dann können Sie besondere Probleme in Ihrem Wach- oder Traumleben anführen, für die Sie Hilfe benötigen.

Einige dieser grundlegenden Prinzipien wurden ursprünglich von dem Anthropologen Kilton Stewart aus seinen Arbeiten mit den Senoi aus Malaysia empfohlen, einem relativ »primitiven« Stamm, für den Stewart sich eingesetzt hatte. Die Senoi arbeiteten extensiv mit ihren Träumen. Auch wenn das Vertrauen der Senoi in ihre Träume als leitende Kraft für ihr Leben klar belegt ist, legen uns doch neuere anthropologische Forschungen nahe, daß Stewarts ethnographische Forschungen mehr einen Mythos als eine Realität beschreiben.

In einem Alptraum mit luzider Komponente ist es eine geläufige Reaktion, daß man sich einer angsterregenden Traumgestalt konfrontiert oder die Situation zu beherrschen sucht. Elaine Smith aus Matewan, West Virginia, beispielsweise benutzte in ihrem Alptraum, als sie luzid wurde, physische Kraft, um mit der folgenden Situation umzugehen:

> Ich war in einem Gebäude mit einer Gruppe von Leuten. Das Gebäude wurde von Zombies (Untoten) umringt. Ich hatte ein Gewehr dabei, das jedesmal versagte, wenn ich versuchte, eine dieser Kreaturen zu erschießen. Es gelang Ihnen einzubrechen, und wir waren schnell umringt. Ich wußte, daß unsere Flucht davon abhing, daß mein Gewehr wieder richtig schoß. Plötzlich bemerkte ich, daß ich träume, und konnte deshalb das Gewehr dazu bringen, wieder zu funktionieren, indem ich es zwang. Das Gewehr begann daraufhin zu feuern, und wir konnten entkommen.

Eine aggressive Reaktion auf Zombies oder andere nächtliche Schreckgestalten vermindert zwar den momentanen psychischen Druck des Alptraums, aber Gewehre sind für eine erfolgreiche Flucht nicht erforderlich. Sharon Clauss aus Redondo Beach, Kalifornien, benutzte in dem folgenden luziden Traum verbale Angriffe dazu, um sich der Dämonen des Traums zu entledigen:

> Ich bin in einem dunklen Haus. Es scheint Abenddämmerung zu sein, und obwohl es nicht wie das Haus aussieht, in dem ich aufgewachsen bin, weiß ich anscheinend, daß es das ist. Es gibt Gegenstände, die von den Wänden und aus den Regalen fliegen, und ich packe meine Mutter, um sie zu schützen. Wir wissen, daß es ein Gespenst ist. Wir können es nicht sehen, und wir können auch nichts gegen seine Handlungen tun. Ich bin so aufgebracht, daß ich mich schließlich weigere zu glauben, daß dies geschehen kann. Ich habe solche Angst vor dem unsichtbaren Feind, daß ich zu schreien beginne: »Du kannst uns nicht verletzen, du hast keine Macht, keine Macht!« Die Gegenstände hören auf herumzufliegen, es gibt noch ein paar krachende Geräusche, und dann ist es still. Ich habe aufgehört, meine

Mutter zu halten, weil ich keine Angst mehr habe. Ich bin jetzt ärgerlich. Das Haus ist dunkel, und ich sage mir:« Ich muß nicht im Dunkel bleiben, ich will Licht haben«, worauf die Räume erleuchtet sind. Es ist, als ob ich die ganze Zeit weiß, daß ich die Dinge kontrollieren kann. Es ist meistens aus einem Ärger heraus, wenn ich merke, daß ich träume. Ich weigere mich einfach, diese wiederkehrenden Alpträume über Gespenster zu haben, so habe ich es also in meinen Träumen eingerichtet, daß ich mich selbst zwinge zu wissen, daß dies nicht außer Kontrolle ist.

Christine Baker aus Brooklyn, New York, benutzte das Fliegen, um einen angsterregenden luziden Traum in einen komischen zu verwandeln.

Ich gehe spät in der Nacht eine unbekannte Allee entlang. Es gibt auf der Rückseite der Gebäude, die ich in der Allee passiere, viele Feuertreppen. Jemand verfolgt mich, aber dieses Wissen stört mich nicht sehr. Ich empfinde mehr Neugier als Furcht. Schließlich schaue ich über meine Schulter und erblicke einen Mann – aber ich kann sein Gesicht nicht sehen –, der einen Filzhut und Trenchcoat trägt und ein Messer in der Hand hat. Als er bemerkt, daß ich ihn gesehen habe, rennt er hinter mir her. Ich fühle dennoch immer noch keine reale Furcht, weil ich mir sehr wohl bewußt bin, daß dies ein Traum ist und ich nicht wirklich in Gefahr bin. Ich warte, bis er vielleicht zwanzig Meter von mir entfernt ist, und lege dann einen fliegenden Start vor, um zur nächsten Feuerleiter hochzufliegen. Mein Verfolger beginnt, die Feuerleiter hinter mir hochzuklettern, aber ich segele gerade zur nächsten hinüber, dann wieder zur nächsten und lache über seine plumpen Versuche, mich zu überholen.

Christine Baker meint, daß sie durchgängig seit Beginn ihrer Kindheit fähig gewesen ist, schlimme Bilder durch Luzidität wegzuzaubern und dadurch den Verlauf eines Alptraums zu ändern. »Ich habe keinen Alptraum mehr gehabt, in dem ich nicht fähig zur Kontrolle gewesen bin«, erzählt sie.

Laut Tholey braucht man sich nicht immer einer aggressiven Traumgestalt zu konfrontieren, um sie »unschädlich« zu machen. Patricia Garfield, Autorin mehrer populärer Bücher über das Träumen, erläutert, daß das beabsichtigte Opfer einen Angreifer auch »durch Sich-unterwerfen, durch Verzicht auf festen Widerstand hilflos machen kann. Er kann an keine Person herankommen, die so geschmeidig ist, so sanft, so flink, auch so ›wie Wasser‹, daß es einfach nichts gibt, das einer brutalen Handlung standhielte. Ermüdet geht der Angreifer dann fort. Vielleicht sind wir im Wachzustand nicht tapfer oder, je nach dem Standpunkt, verwegen genug, um ein solches ›Mitgehen‹ mit einer feindlichen Traumgestalt auszuprobieren, aber im Schlaf können wir uns dazu frei fühlen.«

Sogar wenn es uns nicht gelingt, den Traum zu beeinflussen, bleibt uns doch ein Gefühl der Macht, wenn wir lernen, uns wenigstens wachzumachen. Eine Frau von der amerikanischen Westküste berichtet von einer solchen luziden Erfahrung:

> Ich befand mich in totaler Dunkelheit. Ich wußte, daß ich in meinem Wohnzimmer war, aber es gab keinerlei Licht. Der einzige Laut, den ich hören konnte, war das Pochen des Blutes in meinen Ohren. Dieses Geräusch erfüllte den Raum, und ich bekam große Angst davor. Plötzlich stand ein Mann direkt vor mir, der wie Rutger Hauer aussah (ein Schauspieler, der solche Schurken, die mich in Angst und Schrecken versetzen, spielt). Um ihn herum war Licht, ein verschwommenes Licht, aber ich konnte ihn deutlich sehen. Ich sagte : »Es wird Zeit, aus dem Traum auszusteigen.« Er lachte über mich und

> meinte: »Nur weil du weißt, daß du es träumst, heißt das nicht, daß du die Macht hast, es zu kontrollieren.« Ich versuchte, mich irgendwohin zu »teleportieren«, was mir mißlang. Wieder lachte er, und ich war voller Entsetzen! Ich sagte: »Vielleicht bin ich nicht fähig, diesen Traum zu ändern, aber ich bin stark genug, mich selbst zu wecken.« Ich warf meinen Kopf in den Nacken und schrie: »Wach jetzt auf!« Ich erwachte leicht desorientiert, aber im großen und ganzen ziemlich erregt.

Tholeys Mitarbeiter Sattler lehrt seine Klienten, daß sie »einen Traum grundsätzlich durch die Fixierungsmethode beenden können«. Wenn man beispielsweise in einem Raum mit einem Mann eingeschlossen ist, der droht, einem das Gesicht mit seinem Messer aufzuschlitzen, kann man aus dem Traum erwachen, wenn man einen Punkt anstarrt, entweder direkt das Messer oder den Ring am Finger des Mannes oder ein Licht, das vielleicht in dem Raum angeschaltet ist. Das Wesentliche ist, ein Objekt für einige Zeit zu fixieren.

Mit luziden Träumen therapeutisch zu arbeiten, ist etwas ziemlich anderes, als sie lediglich zu steuern. Kontrolle nur um des Nervenkitzels willen kann manchmal störende Folgen nach sich ziehen. Ein Mann aus Kalifornien träumte, von einer Gruppe Menschen gejagt zu werden, von denen er glaubte, sie wollten ihn töten. Es fiel ihm schwer fortzulaufen, und er war sehr erschrocken. »Ich entsinne mich, daß ich mich gefragt habe, ob dies wirklich mit mir geschah«, erzählt er, »und genau in dem Moment war mir klar, daß ich träume.« Einmal luzid, war er nicht länger voller Angst und wandte sich um, um seinen Angreifern entgegenzutreten. »Ich hob meine Hand und richtete sie auf diese, als wenn ich ihnen einen Fluch entgegenschleudern würde«, erzählt er. »Ich dachte an schöne Frauen und an Liebe. Einer nach dem anderen begannen sie, sich in Schönheiten zu verwandeln (...), aber nicht schnell genug, denn diesmal waren einige der Soldaten fast schon an mir dran. Ich wich den paar übrig gebliebenen aus, indem ich hoch über ihre Köpfe sprang und oben schwebte. Einige Soldaten liefen darauf fort, und die verbleibenden verwandelten sich auch noch in Frauen. Zuerst ging ich auf eine drauf und begann, sie zu vergewaltigen. Gerade am Anfang von meinem Orgasmus erwachte ich.«

Der Psychotherapeut Scott Sparrow betont, daß man, auch wenn man einer Traumfigur leicht entkommen oder sie zerstören kann, diese Fähigkeit nicht als Selbstzweck ansehen sollte. »Solche Handlungen«, meint er, »passen oft als Zwischenschritte in ein Kontinuum einer Entwicklung. Als Therapeut ermutige ich aber den Träumer, nicht in solchen Zwischenzuständen steckenzubleiben und die Arbeit fortzusetzen, hin zum Dialog, zur Aussöhnung und zur Integration.«

Wenn einige luzide Träumer wenig erleuchtet in ihrer Trickkiste steckenbleiben, können sie zusätzlich noch den Fehler, unangenehme Träume in süße zu verwandeln, zu ihrer Gewohnheit machen. Das Bewußtsein in ihren Träumen kann ebenso wie im Wachzustand am Anfang so funktionieren, daß es noch vollständig in den unbewußten Abwehrhaltungen, wie Verleugnung oder Vermeidung, gefangen ist. Wie die Psychologin Gayle Delaney zeigt, kann gerade das Auftauchen des Traumbewußtseins den Traum mit den gleichen Haltungen und Bewältigungsversuchen kontaminieren, wie sie jemand im Wachzustand verwendet. »Der weitaus destrukstivste Rat, den man jemand für seine Träume geben kann, ist der, sie so zu manipulieren, daß sie ein Happy-End haben«, sagt Delaney. »Ich ermutige die Leute, die Luzidität zu verwenden, den Traum zu erforschen, anstatt ihn zu kontrollieren.« Sie meint, daß es für Leute oft besser ist, aus einem schrecklichen Alptraum zu erwachen, als aus einem luziden Traum, den sie mit Zuckerguß überzogen haben. Der Alptraum zwingt den Träumer zu erkennen, wie oberflächlich auch immer, daß er in einem Konflikt oder in Nöten ist.

Tatsächlich kann die Luzidität sich in einen Abwehrmechanismus verwandeln. »Jemand könnte an sich arbeiten, luzider zu werden, auf Kosten der Möglichkeit, sich wirklich bewußt zu werden«, erläutert Erik Craig, ein daseinsanalytischer Psychotherapeut aus Massachusetts, USA. Man könnte sich auf die Luzidität konzentrieren, »nur um den Bedeutungsgehalt seiner Träume zu umschiffen.« Es ist sehr wohl möglich, meint Craig, daß die luziden Träume zu Fetischen werden, »psychischen Objekten mit dem Zweck, sich gehen zu lassen oder sich auf die Schulter zu klopfen.« Luzidität, meint er, kann, »eine narzißtische Flucht aus den vollständigeren, wenn auch vielleicht weniger reizvollen Entwicklungsmöglichkeiten werden.«

In den Psychotherapien bei Tageslicht kann der Schmerz, der von einem Alptraum herrührt, Assoziationen und Erinnerungen hervorrufen, die dazu dienen, eine Abwehrhaltung des Patienten zu durchbrechen, und ihn zu wertvollen Einsichten zu führen. Craigs Sorge ist, daß luzide Träumer die Möglichkeit zu dieser Einsicht vereiteln könnten, wenn sie ihre Träume ändern. Er berichtet von einem Traum, in welchem eine Studentin der High-School träumte, ihr Vater sei Kapitän eines Schiffes. Er saß am Bug seines Schiffes, achtete scheinbar nicht auf den über ihn hinrasenden Sturm, und das Schiff drohte zu sinken. An diesem Punkt wurde die Frau luzid: Sie merkte, daß sie den Sturm anhalten konnte, und tat dies. Dies hatte zur Folge, daß sowohl sie als auch ihr Vater sich im Traum »großartig« fühlten. Craig glaubt, daß die Frau, indem sie den Traum änderte, den tieferen Gefühlen darin auswich, schmerzvollen Gefühlen, die den Alptraum hervorbrachten, nämlich ihre Sorge über den Alkoholismus des Vaters im Wachleben. Die Luzidität erlaubte ihr, urteilt Craig, »die psychische Abwehr gegen die Erkenntnis dieses sehr schmerzlichen und bedrohlichen Ereignisses zu verstärken«.

Zu lernen, unsere Probleme zu bewältigen und nicht vor ihnen zu fliehen, ist ungefähr eine so große Herausforderung in luziden Träumen, wie sie es auch im Wachleben ist. Es überrascht nicht, daß luzide Träumer während eines Traumes oft dieselben Abwehrhandlungen durchführen wie im Wachsein. Das ist ein Grund dafür, warum die meisten Therapeuten meinen, daß es wichtig ist, Traumfiguren in Gespräche zu verwickeln. Indem man den Gestalten Fragen stellt oder auf andere Aspekte des Traums eingeht, kann man die Fähigkeit entwickeln, eine Verbindung zu heiklen emotionalen Themen aufzubauen, und versuchen, sie durchzuarbeiten. Wenn der Dialog produktiv ist, kann man erleben, daß die Traumfigur ihre Gestalt wandelt, weniger angsterregend, kleiner wird, verschwindet oder mit dem »Ich« des Träumers im Traum verschmilzt. Wenn Sie nicht richtig auf solche Dialoge vorbereitet sind, werden die Reaktionen der Traumgestalten für Sie keinen Sinn ergeben. Man sollte sich vorher sorgsam überlegen, welche Fragen man stellt, und sich vielleicht auf einen Aspekt der Traumszenerie beschränken.

Ein Klient von Delaney war beispielsweise ein Mann, der sich immer wieder mit attraktiven Frauen traf, denen es jedoch an Tiefe und Reife fehlte. In einem luziden Traum trat er auf ein leeres Haus zu und fragte das Haus, warum es leer sei. Eine Stimme erwiderte: »Dieses Haus ist leer, weil dein Leben leer ist.« So einfach wie dieser Satz ist, hatte er doch einen mächtigen Effekt und ermöglichte dem Mann, sich bestimmten Problemen in der Therapie zu stellen, die er davor gemieden hatte. Er begann, ehrlich darüber nachzudenken, warum er Intimität fürchtete, und war schließlich fähig, seine typischen Verabredungen zu ändern und eine ernstgemeinte Beziehung mit einer zwar weniger attraktiven, aber reiferen Frau einzugehen.

Diese Art von Veränderung ist das Ziel der Psychotherapie mit luziden Träumen. Ein anderes Beispiel für eine Einsicht, die durch luzide Traumtherapie erreicht wurde, bietet einer von Tholeys Patienten. Mit 38 Jahren durchlebte er eine Phase schwerer Depressionen. Als er eines Nachts schlafen ging, dachte er ernsthaft über die Möglichkeit nach, Selbstmord zu begehen. Er berichtet, daß er in einem Traum, in dem er luzid wurde, einen Mann traf, der diabolisch lachte und fragte: ›Nun, kennst du jetzt den Weg zum Sensenmann (Tod)?‹« Der Traum verstörte den Mann so sehr, daß er in der folgenden Nacht mit dem Wunsch schlafen ging, Hilfe aus einem weiteren luziden Traum zu erlangen.

In diesem Traum fuhr er Ski. Er sprang in dem Traum so hoch, daß er davon luzid wurde. Nach dem Ende der Skifahrt traf er auf einen mit einer Kapuze verhüllten Mann, der vor einer Höhle stand. Als er näher heranging, erzählt er, sah ihn ein Totenschädel an. »Aus dem Schock«, sagt der Mann, »stach ich mit meinem Skistock auf den Tod ein, aber ich bohrte nur zwischen Knochen hindurch.« Dann wurde ihm klar, daß aggressives Verhalten in luziden Träumen sinnlos ist, und er wandte sich an den Mann. »Wer bist du?« fragte er. Letzterer antwortete: »Der Beute-Wolf!« Der Träumer fragte ihn: »Kannst du mir helfen?« Darauf lud der Tod ihn ein, mit ihm in die Höhle zu gehen. Am hinteren Ende der Höhle kamen sie in eine Gruft, in welcher ein Grabstein war. Der Tod wies auf ein auf den Stein gemaltes Gerippe hin und sagte: »Sieh, das steht hinter jedem Menschen. Du bist aber nicht tot, du lebst.« Er machte dem Träumer in eindrücklicher Weise klar, wie unbedeutend seine Probleme angesichts des Todes waren.

So vorteilhaft ein Dialog mit einer Traumgestalt sein kann, glaubt Tholey doch, daß die effektivste Technik darin besteht, mit dem »Ich« des Träumers in den Körper einer anderen Traumfigur einzudringen. Tholey veranschaulicht dies an einem luziden Traum von einer jungen Frau, die Streit mit ihrem Freund hatte. Sie schildert:

> Ich fragte mich (...), warum er meine Gefühle nicht erwiderte, und wollte auf diese Frage im Traum eine Antwort erhalten. Darin wurde ich mir meines Geistes bewußt, das heißt jenes Teiles von mir, den ich als mein

»Selbst« bezeichne, der sich von meinem Körper löste und hinüber zu seinem Körper schwebte und in ihn eindrang. (...) Das war wirklich ein merkwürdiges Gefühl; alles war so anders, viel enger als in meinem Körper und so ungewohnt. Es war so ein Gefühl, das man haben kann, wenn man jahrelang einen Mercedes gefahren hat, den Wagen in- und auswendig kennt, und ihn dann plötzlich gegen einen Austin Mini eintauscht. (...) Im Laufe der Zeit gewöhnte ich mich jedoch daran, in seinem Körper zu sein. (...) Ich merkte, wie er mich wahrnahm, welchen Einfluß ich auf ihn und welche Gefühle er für mich hatte. Ich sah den Konflikt, in dem er sich befand. Nach allem, vermute ich, war er sich meiner Gefühle für ihn bewußt geworden, und er mochte mich sehr, aber er wollte so nicht mit mir gehen. (...) Ich verstand nun, warum er so zurückhaltend mir gegenüber gewesen war, und mir wurde klar, daß er meine Gefühle nie erwidern würde.

Wenn Tholey behauptet, daß die Traumgestalten ein eigenes Bewußtsein hätten, daß jede Figur Persönlichkeitszüge und ein Verhaltensrepertoire in und für sich besäße, dann will er damit freilich nicht impliziert wissen, daß diese irgendwie unabhängige Wesen seien, die außerhalb der Seele des Träumers existierten. Vielmehr sind sie konkurrierende Vorstellungen und Gefühle, die aus dem Träumer kommen.

Aus diesem Grunde hat Tholey seinen Ansatz, wie man mit feindlichen Traumgestalten umzugehen hat, allmählich abgeändert. Früher ließ er seine Klienten die Traumfigur gelegentlich, wenn nötig, bekämpfen. Er glaubt nun jedoch, daß man beim Versuch, einen Streit zu entscheiden, niemals von einer Aggression Gebrauch machen soll, – statt dessen sollte man alles tun, um die Materie offen zu diskutieren. »Das Auftauchen einer feindlichen, bedrohlichen Traumfigur kann in symbolischer Form einen inneren Konflikt des Träumers veranschaulichen«, erläutert er. »Die bedrohliche Traumfigur ist oft eine Personifikation eines ›abgespaltenen‹, eines ›verdrängten‹ oder ›isolierten‹ Teilsystems der Persönlichkeit.« Wenn man diesen isolierten Teil von sich in ein Gespräch verwickelt, kann man eine Kommunikation mit ihm etablieren und einen Prozeß der Integration in Gang setzen. Wenn der luzide Träumer eine feindliche Traumfigur jedoch bekämpft, kann er die Gestalt in eine nur noch tiefere Isolation innerhalb seines Selbstes treiben.

Behaviorismus im Traum

Im behavioristischen Zweig der Psychologie wird behauptet, daß es möglich sei, das Verhalten eines Individuums zu verändern, wenn man gewünschte Handlungen »verstärkt« oder belohnt oder unerwünschte Handlungen bestraft oder »negativ verstärkt«. Ein Verständnis der Gründe für die Tat einer Person, meinen die Behavioristen, ist für die Änderung nicht nötig. Obwohl inzwischen die meisten Psychologen einer rein behavioristischen Psychologie mit einiger Skepsis begegnen, kann sie doch für die Therapie mit luziden Träumen eine gewisse Rolle spielen. Wie Tholey herausgefunden hat, kann ein Klient den Nutzen einer erträumten Handlung auch dann ernten, wenn er keine Einsicht in die Gründe bekommt. Beispielsweise kam eine 21jährige Studentin und Klientin zu Tholey und klagte über ihre Alpträume. Sie zeigte Zeichen von Ängstlichkeit und Depression, vielleicht als Folgen einer gescheiterten Ehe und der Verbundenheit mit ihrem Vater, der gerade im Sterben lag. Tholey diskutierte mit ihr Möglichkeiten des Umgangs mit den angstauslösenden Gestalten, die ihre Alpträume heimsuchten. In einem Traum nach einer der Sitzungen wurde die Frau luzid, und dies half ihr eigentlich, ihren seelischen Schmerz zu lindern. Der Traum lief so ab: Die Frau befand sich in dem Haus, in dem sie als Kind gelebt hatte, und erwartete das Eintreffen einer Gruppe von Leuten, die ihr etwas antun wollten. Sie erinnerte sich, daß diese Szene in ihren Träumen schon oft vorgekommen war, und dieser Gedanke führte zur Luzidität. »Trotz der Tatsache, daß sie voller Angst fliehen wollte«, erläutert Tholey, »überwand sie ihre Angst und behauptete sich mutig.« Dann näherten sich Leute in langen Talaren. Als sie die erste Gestalt ansah – einen riesengroßen Mann mit einem kalten, blauen Gesicht und glühenden Augen –, befolgte sie Tholeys Rat und fragte ihn: »Was machst du hier? Was willst du von mir?«

Der Mann sah sie traurig und hilflos an und sagte: »Wieso, du hast uns doch gerufen. Du brauchst uns doch für deine Angst!« Bei diesen Worten schrumpfte der Mann zu normaler Größe. Sein Gesicht verwandelte sich, wurde fleischfarben, und seine Augen hörten zu glühen auf. Seit diesem ersten luziden Traum hat die Frau keinerlei Alpträume mehr gehabt und fühlte sich auch in ihrem Wachleben weniger ängstlich. Trotz dieser Wirkung war die Frau jedoch unfähig, den Traum zu deuten oder einen Sinn darin zu finden.

Tholey hat verschiedene Theorien darüber, wie Träume uns helfen können, uns selbst zu heilen, selbst wenn wir sie nicht verstehen. Vielleicht, meint er, repräsentieren Träume wie der oben zitierte die Lösung eines unbewußten Konfliktes, der nicht notwendigerweise bewußt werden muß, um entschieden zu werden. Der Mut, den man braucht, um sich einer feindlichen Traumgestalt zu konfrontieren, kann das Traum-Ich in einer Weise bestärken, die auch das Wachleben des Träumers beeinflußt. Oder es könnte auch sein, daß die Konfrontation unserer Ängste dazu dient, uns dafür zu desensibilisieren: Wenn man in einer Therapie (wach) über Alpträume sprechen kann, könnte dies manchmal helfen, die verursachenden unbewußten Ängste zu verarbeiten.

Die Desensibilisierung kann besonders nützlich bei der Behandlung von Phobien sein. Zum Beispiel verwendete Donna Crespo aus White Plains, New York, das luzide Träumen, um ihre Ängste vor Insekten zu überwinden.

Beim Anblick von Insekten war ich stets wie gelähmt. Das galt für Wanzen, Spinnen und alle lästigen, unheimlichen Wesen. Das wurde zu einem richtigen Schmerz im Nacken. Wenn man Camping mag, wer nimmt einen noch ernst, wenn man eine andere Person braucht, um jeden Abend das Zelt nach einer Wanze abzusuchen? Eine erwachsene Frau, die sich davor fürchtet, eine Spinne zu zerdrücken? Das ist doch lächerlich und peinlich. Eines Abends beschloß ich, im Traum ein Gespräch mit den Wanzen zu führen. Ich träumte, kleiner zu werden, so klein, daß die Küchenschaben für mich drei Meter groß wurden. Man sollte meinen, daß mich gerade die Vorstellung einer zehn Fuß großen Küchenschabe zur Hysterie treiben würde, aber ich hatte soweit die Kontrolle über den Traum, daß ich keine Angst bekam und mit der Küchenschabe Konversation machen konnte. Erst schaute ich sie mir genau an. Sie sah überhaupt nicht widerwärtig aus wie sonst die Schaben, wenn sie auf großen Fotos in Illustrierten zu sehen sind. Wir hatten ein anregendes Gespräch, und ich träumte mich in die Schabe hinein, so daß ich erleben konnte, was für ein Gefühl das ist. Das heißt jetzt nicht, daß ich über den Fußboden huschte, aber ich schaute diese Schabe an und sah sie so, wie die anderen Schaben sie sehen müßten. Es war wirklich nicht mehr beängstigend, sondern nur noch anders. Ich konnte sie ansehen und sagen: »Klar, das ist eine Küchenschabe«, mit ebensowenig Emotion, wie ich auch sagen würde: »Klar, das ist ein Pudel.« Als ich dann aufwachte, hatte ich überhaupt keine Angst vor Küchenschaben mehr. Ich laufe nun nicht herum und spreche mit ihnen, aber ich könnte eine in die Hand nehmen, wenn es sein müßte. Ich kann sie jetzt anfassen, während ich sie früher nicht einmal ansehen konnte.

Ein anderer luzider Träumer lernte, seine Höhenphobie zu überwinden. Als er zum erstenmal in seinen luziden Träumen zu fliegen begann, so erläutert der Mann, stieg er zu schnell auf, was ihn so sehr ängstigte, daß er erwachte. Er begann, in seinen Träumen mit verschiedenen Höhen zu experimentieren, und lernte dabei allmählich, wie man beim Fliegen die Höhe steuert. »Nun«, sagt er, »wenn ich wach bin und in eine gefährliche Höhe hinaufgehe oder dort bleibe, fühle ich mich nicht mehr annähernd so ängstlich wie zuvor.«

Der Psychologe Peter Fellows, der das luzide Träumen bei einigen seiner Patienten benutzt, meint, daß er niemals eine »Traumdeutung« als Teil der »luziden Traumtherapie« lehren würde. Er erläutert dies damit:

»Die Zeit in einem luziden Traum ist eine kostbare Sache, die ich nicht vergeuden mag. Wenn ich während des Träumens an der Stelle der Szenerie luzide werde, wenn mir gerade jemand auf meinem Kopf sitzt, werde ich nicht damit anfangen, ihn oder sie über die symbolische Bedeutung dieser Erfahrung zu befragen. Ich werde handeln, und zwar schnell. Wenn symbolische Träume für uns »funktionieren«, wird in ihnen ein Konflikt des Wachlebens in symbolischer Weise ausagiert und gelöst. Irgendwie wird diese Lösung dann ins reale Leben mit realen Wirkungen zurückübersetzt. Die Luzidität versetzt uns also einerseits in die Lage, sicherzugehen, daß der Traum-Konflikt entschieden wird, und läßt uns andererseits von dem Selbstvertrauen profitieren, das aus dem Bewußtsein für die Handlungsmöglichkeit kommt. Den Traum zu deuten, also genau zu wissen, auf welchen Lebensbereich der Traum-Konflikt bezogen ist, mag gut sein, wenn aber die Arbeit tatsächlich im Traum geleistet wird, wird man das Ergebnis schon erleben, ob die Deutung nun stimmt oder nicht.«

Diese Sicht ist bei Therapeuten, die sich mit luziden Träumen befassen, auch nicht ungewöhnlich. Milton H. Erickson, anerkannte Kapazität auf dem Gebiet der Hypnose, verwendet hypnotische Techniken, um das bewußte Erleben abzulenken, was es ihm ermöglicht, direkt zum Unbewußten seiner Klienten zu sprechen. Er betont, daß es für die Wirksamkeit hypnotischer Suggestionen nicht nötig ist, daß sich das bewußte Ich an die Suggestionen erinnert – die Veränderungen werden schließlich »spontan« in einem natürlichen, autonomen Vorgang entstehen.

Ebenso meint Sattler, daß eine geistige Einsicht für die erwünschte therapeutische Wirkung nicht maßgeblich sei. »Man muß nur in Kontakt mit all dem alten Zeug kommen«, meint er. »Es ist wirklich der einzige Weg hinaus (...), das noch einmal zu durchleben.« Das ist wenigstens teilweise wahr, weil man im luziden Stadium tief im Unbewußten arbeitet und dann den Prozeß in einer anderen Realität (dem Traum) auch ausagiert. Wenn man aus dem Traum erwacht, ist man doch fähig, das geänderte Verhalten zu erleben, und das auch ohne ein tiefschürfendes Verständnis für die Traumerfahrung.

Grenzen in der Luzidität

Offenkundig ist das luzide Träumen kein Allheilmittel bei Lebensproblemen. Und die traditionellen Psychotherapien sollen auch in keiner Weise dadurch abgelöst oder überflüssig gemacht werden. Tatsächlich kann dann die Arbeit mit der Luzidität am nützlichsten sein, wenn sie in Verbindung mit anderen Therapien und vielleicht auch mit einiger Zurückhaltung angewendet wird. Das ganze Problem, ob man Traumkontrolle ausüben soll oder nicht, ist den Traumforschern dabei ein wichtiges Anliegen. Die vollständige Kontrolle des Trauminhaltes ist wahrscheinlich nicht einmal möglich. Wie es der jungianische Analytiker James Albert Hall untersucht hat: »Das Wach-Ich ist wie ein Pförtner, der einem den Zutritt über die Grenzlinien, die er bewacht, erlauben oder verweigern kann, der jedoch machtlos ist, über das Auftreten oder

Verschwinden einer speziellen Gestalt (übersetzt: eines speziellen Trauminhaltes) zu entscheiden, so sehr er sich das auch wünschen könnte.«

Joseph Dane bemerkt, daß Halls Analyse auch für das luzide Träumen zutrifft, und berichtet als Beispiel dafür den folgenden Traum von einer Klientin:

> Nun bemerke ich, daß ich Kontrolle über die Traumszene habe. Ich beschließe, daß der Regen aufhören soll. Das tut er nicht, und ich frage mich, warum es so wichtig ist, daß es weiter regnet und was der Regen bedeuten könnte. Ich komme zu einem Bahnsteig, wo einige Leute herumstehen. Ich gehe von einem zum anderen und frage: »Wann fährt der nächste Zug* ab?« Aber alle ignorieren mich. Es ist, als ob ich gar nicht vorhanden wäre. Ich beginne, mich ärgerlich und frustriert zu fühlen, und ich stoppe mich selbst mit dem Gedanken: »Beim nächsten, mit dem ich spreche, wird es anders sein.«

Die nächste Traumgestalt, der die Frau begegnet, liefert ihr nicht nur eine Antwort darauf, sondern fordert sie implizit auf, den Grund für ihre Frustration und den Ärger über die anderen Traumfiguren zu analysieren. Die Figur sagt: »Nun, das hängt davon ab, wohin Sie reisen wollen.« Mit dieser Bemerkung endet der Traum. Obwohl die Träumerin nur beschlossen haben mag, daß die nächste Traumfigur sie nicht ignorieren würde, scheint die erhaltene Antwort auch den Grund für das Schweigen der anderen Leute enthüllt zu haben: Ein Teil der Frau erklärte ihr, daß sie zuviel Wert darauf legte, »wohin zu kommen«, ohne sich zuerst klar zu sein, wo sie sei oder wohin sie tatsächlich wollte.

---

* Der Traum benutzt auch ein Wortspiel: Aus dem Regen (engl. rain) wird der Zug (engl. train). (Anm. d. Übers.)

Dane behauptet, daß man, wenn man die eigenen Träume kontrollieren will, so etwas Paradoxes tun will wie jemand, der »beschließt«, ob die unbewußten Impulse im Tagesleben zu kontrollieren sind. Letzteres scheint unmöglich zu sein, obwohl wir es täglich versuchen, wenn wir an schlechten Gewohnheiten arbeiten, indem wir sagen: »Ich darf mir das nicht erlauben«, als könnte irgendein Teil des Ichs ein spezielles unbewußtes Verhalten kontrollieren, ihm vorbeugen oder es ermöglichen. Ähnlich können Träume ihre eigene Tagesordnung haben, und diese kann wie alles andere, das aus dem Unbewußten kommt, theoretisch positiv oder negativ sein, gesund oder ungesund. Die Schwierigkeit liegt darin, vorher zu wissen, was kommen wird.

Angesichts einer solchen Unsicherheit, meint Dane, wird Kontrolle zu einem unangemessenen Ziel. Das Problem ist nicht, ob man den Inhalt eines Traumes kontrollieren kann oder nicht, sondern eher, die Zusammenarbeit zwischen dem Tages- und Traumbewußtsein zu verstärken, um die gegenseitige Akzeptanz zwischen diesen beiden Bewußtseinszuständen zu fördern. Solch eine Kooperation erfordert eine Art Geben und Nehmen zwischen wachem und träumendem Bewußtsein, so wie es ein Geben und Nehmen zwischen dem Therapeuten und dem Klienten gibt. Das Ziel einer »Traumkontrolle« sollte darin liegen zu lernen, die eigene Reaktion auf Traumereignisse zu steuern; es sollte keine Kontrolle im Sinne der Erschaffung jener Ereignisse sein.

Der Psychotherapeut Kenneth Kelzer warnt in diesem Zusammenhang vor einem *burnout* (Ausbrennen), das vorkommen kann, wenn ein Träumer seine Luzidität zu oft als Mittel für die Selbsterfahrung benutzt. »Was ich meine«, erläutert Kelzer, »ist ein geistiger Erschöpfungszustand, der durch Übertreiben einer an sich guten Sache kommt, also davon, daß man sich für eine zu lange Zeit einer großen geistig-emotionalen Intensität aussetzt.« Um dies zu vermeiden, greift Kelzer auf seine eigene Erfahrung zurück und führt fünf Dinge an, die ihm Hilfen geworden sind, um seine luziden Traumerfahrungen mit denen des Tageslebens auszutarieren:

- Er diskutiert seine Gedanken über das luzide Träumen mit anderen Menschen, insbesondere mit solchen, die auch luzide träumen.
- Er vergleicht die intensivsten luziden Träume mit jenen von geringerer Luzidität.
- Er grämt sich nicht, wenn er eine Zeitlang keinen luziden Traum gehabt hat. Er akzeptiert diese Phasen des Brachliegens als Zeiten, die für die psychische Integration benötigt werden.
- Er forciert die Luzidität nicht, sondern erlaubt ihr, natürlich zu entstehen.
- Er befaßt sich mit physischen Aktivitäten, um seinem Geist eine Ruhezeit von der Erkundung der Innenwelt zu gönnen.

Zusätzlich zu einem Befolgen dieser fünf Punkte empfiehlt Kelzer für die Arbeit mit luziden Träumen »eine genaue Anleitung durch einen erfahrenen Berater«. Wie man beim Erlernen der Meditation auch am besten die eigene Erfahrung mit jemandem, dem diese geistige Landschaft vertraut ist, durchdiskutiert, kann etwas Entsprechendes beim luziden Träumen Probleme umgehen und helfen, die Dinge ins rechte Licht zu rücken.

Ein Berater wird auch in der Lage sein, Übertreibungen zu entdecken. Wie Mark Barroso aus Tampa, Florida, herausfand, kann Luzidität auch süchtig machen. »In meiner Traumwelt zu leben, wurde für mich wichtiger als die Realität«, schrieb Barroso im *Lucidity Letter*. »Ich lag schließlich nur noch im Bett, versäumte die Arbeit und versteckte mich in einem katatonischen Zustand, in welchem ich mir Träume, Träume, und nochmals Träume ersann. Ich pflegte auch auf öffentlichen Plätzen zu schlafen, um dort Reize für meine luziden Träume zu finden. (...) Im Grunde war das einzige, was ich noch tat, luzid zu träumen, und sonst nichts. Mit einem Leben wie diesem konnte es schwierig werden, die Miete zu zahlen. (...) Zuletzt nahm ich eine richtige Überdosis luzides Träumen, blieb vier bis fünf Tage lang im Bett und stand nur auf, um etwas zu trinken oder das Bad zu benutzen.«

Das luzide Träumen kann auch quasi-psychotische Spaltungen von der Realität verursachen. Man kann recht verwirrt darüber werden, was noch real ist und was geträumt. Dies wird von Bruce Marcot aus Portland, Oregon, illustriert, der 1976 ein paar sehr anspruchsvolle luzide Traumexperimente durchführte. »Ich war in der Lage, mir meines im Bett schlafenden Körpers ganz genau bewußt zu werden«, führt er aus. »Ich schlief und träumte, war mir aber des Traumes und meines wirklichen Körpers im Bett bewußt, den ich absichtlich bewegen konnte. (...) Ich begann, darüber verwirrt zu sein, wann ich normal schlief, wann ich schlief und luzide träumte oder wann ich wach war. In einem Augenblick war ich fähig, im Bett zu liegen und im luziden Traum zu schlafen, mit offenen (Traum-)Augen dazuliegen und mit vollem Bewußtsein meine (Traum-)Arme, Beine und das Gesicht zu bewegen. Von da wäre es nur noch ein Schritt zum Schlafwandeln in einem bewußten, luziden Traumzustand. Was würde dann noch diese verschiedenen Bewußtseinszustände voneinander unterscheiden, wenn ich bewußt war und dabei fähig, mich zu bewegen? Die verschiedenen Realitäten begannen, einander zu überschatten. (...)« Bevor er noch verwirrter wurde, entschied er sich, diese Experimente abzubrechen und darauf zu verzichten.

Ein Träumer oder eine Träumerin könnte auch zu der Ansicht gelangen, daß die Ausweitung des Bewußtseins, die manchmal einen luziden Traum begleitet, mehr ist, als er bzw. sie verarbeiten kann. Hier ist ein Beispiel dafür von Vincent MacTiernan aus New York. Er ist ein begabter luzider Träumer, der so süchtig wurde, daß er mathematische Probleme im Schlaf zu lösen versuchte. In einem luziden Traum, in dem er fast völlig absorbiert von der Lösung eines mathematischen Problems war, schildert er:

> begann ich, einen starken Druck in den Augen zu empfinden. Ich bekam das gleiche Gefühl, wie wenn man sich viele Male um sich dreht und davon einen leichten Kopfschmerz bekommt oder man in einem sich bewegenden Fahrzeug fährt. Ich war dennoch nicht sehr beunruhigt. Das Ungewöhnlichste (...) war, daß ich mit jeder richtigen Antwort fühlte, wie sich mein Geist ausdehnte. Der Traum wurde luzider, und die Sehkraft in der Peripherie wurde stark erhöht. Ich fühlte auch, daß mein Traum-Körper fester wurde; ich sah meine Hände und Füße mit viel größerer Klarheit.
>
> Was als nächstes geschah, ängstigte mich mehr als alles, was ich je in meinem Leben erlebt habe. Ich bemerkte, daß mein Bewußtsein so expandierte, daß ich für einen Moment nicht sagen konnte, ob dies noch ein Traum war oder schon eine (andere) Realität. Das Gefühl war überwältigend. Ich bekam große Angst. Alles um mich herum war zu klar geworden, um noch ein Traum zu sein, und es fühlte sich an, als ob sich mein physischer Körper und mein Geist in meinem Traum-Körper aufeinanderzubewegen würden. Das erzeugte große Angst. Irgendwas in meinem Hinterkopf sagte mir, daß, wenn ich nicht mit den mathematischen Problemen aufhören würde und bald erwachte, ich überhaupt nie mehr erwachen könnte und sterben würde. Dieses letzte Wort hing schwer über mir. Ich wurde immer nervöser und begann, Panik zu entwikkeln.
>
> Ich ließ sofort Papier und Bleistift fallen und ging vom Schreibtisch fort. Aber das Gehen war diesmal

anders als alles, was ich je in einem Traum erlebt habe. Diesmal spürte ich jedesmal scheinbar das Gewicht des Fußes, wenn er den Boden berührte. Sein wirkliches Gewicht. Mir war, als wenn ich mich in meinem physischen Körper befände. Ich begann zu zittern. Was geschah, war zuviel, als daß ich es noch verstehen könnte. Ich wollte nur noch aufwachen. Aber als ich es versuchte, merkte ich, daß ich es nicht mehr konnte. Das erschütterte mich zutiefst. (...) Trotz meiner Bemühungen zu erwachen fand ich, daß ich es nicht konnte.

Voller Verzweiflung versuchte ich, meinen Geist auf meinen physischen Körper zu konzentrieren. Das ging. Für einen Augenblick erlebte ich, wie sich mein Gesicht im Bett mit meinem Traumbild überlappte, wie bei einem doppelt belichteten Foto. Dann spürte ich, daß mein Traum-Körper –oder genauer mein Geist – in ein Vakuum oder einen Tunnel hineingesaugt wurde. Das war das außergewöhnlichste Gefühl; so etwas hatte ich überhaupt noch nie erlebt. Der Begriff »Tunnel-Gefühl« ist der beste Ausdruck, der mir einfällt, um die Erfahrung zu beschreiben. Ich spürte schließlich, daß ich in meinen physischen Körper zurückgerissen wurde. Als ich erwachte, hatte ich diesen Druck in meinen Augen immer noch, und er dauerte fast den ganzen Tag über an. Im Verlauf des Tages (...) fühlte ich, daß eine neue Perspektive für mein Leben entstehen würde. Ich fühlte mich lebendiger als jemals zuvor.

Die Erfahrung vielfältiger Schichten des Bewußtseins und alternierender Realitäten ist nicht immer furchterregend. Kelzer spricht davon, daß er sich einmal gleichzeitig des Versuchs seiner Frau bewußt war, ihn frühmorgens zu lieben, während er zur selben Zeit einen »transformativen« luziden Traum erlebte. »Sie sendet mir eine sexuelle Einladung, und ich bin mir vollständig darüber klar, daß sie gerade meinen physischen Körper berührt und hofft, mich aus dem Schlaf zu wecken«, schreibt er. »Immer noch luzide, fixiere ich in völliger geistiger Absorption das Christkind und bewundere so sehr das schöne, leuchtende Licht, das beständig von ihm ausstrahlt. Weil ich mich so fest und sicher in dem luziden Zustand fühle und von der Vision so gefangen bin, weiß ich, daß Charlenes Berührung meines physischen Körpers mich nicht aus der Luzidität oder aus dem Traum herausbringen kann.«

Die Feststellung, daß wir bei unserer Erkundung des Bewußtseins im Schlaf nun sozusagen im Erdgeschoß angelangt sind, ist durchaus zutreffend. Danach ist es auch nicht überraschend, daß die durchs luzide Träumen aufgeworfenen spirituellen oder transpersonalen Fragen von den meisten Menschen als zu schwierig oder gar als sinnlos eingestuft werden. Selbst Reisende mit Erfahrung auf dem spirituellen Weg haben zur Vorsicht bei der Verwendung des luziden Zustands geraten. Tibetische Buddhisten, die als erste eine grundlegende Abhandlung über luzide Träume im »Yoga des Traumzustandes« verfaßt haben, haben das luzide Träumen als einen potentiell gefährlichen Zustand angesehen, wenn er außerhalb einer seriösen meditativen Praxis verfolgt wird. Mit anderen Worten, damit das luzide Träumen wirklich effektiv wird, muß es aus der richtigen Perspektive gesehen werden.

Das ist nicht immer leicht zu machen. Die Probleme, denen man dabei begegnet, können ähnlich wie jene sein, mit denen einige westliche Menschen konfrontiert werden, wenn sie östliche Religionen und/oder Meditation zu studieren beginnen. Der Psychologe Jack Engler, Mitautor des Buches *Transformations of Consciousness* (Transformationen des Bewußtseins), glaubt, daß viele dieser Schwierigkeiten auftreten, wenn ein recht belastetes »Ich« versucht, die Transzendenz zu erleben. Bevor jemand realistisch hoffen kann, zur Transzendenz zu gelangen, meint Engler, muß er oder sie jeglichen

Ballast durch ungelöste psychologische Probleme wegräumen und die Teile seiner Persönlichkeit integrieren. Das gleiche trifft für die luziden Träume zu: Man sollte zuerst versuchen, mit den gewöhnlichen Tagesproblemen in luziden Träumen umzugehen, bevor man sie als spirituelles Medium verwenden kann. Einen weiteren Beleg für die Richtigkeit dieser Warnung liefert eine neuere Studie von Mary Darling, Psychologie-Diplomandin der Carleton-University. Im Gegensatz zu Resultaten anderer Forscher, die gezeigt haben, daß die Luzidität natürlich entstehen kann, wenn jemand die Selbstreflexionen im Wachleben erhöht (zum Beispiel durch Psychotherapie), entdeckte Darling, daß, wenn Leute trainiert werden, luzid zu träumen, sie auf Skalen der Selbstreflektivität nicht höher eingestuft wurden als in diesem Sinne untrainierte Leute. Es wird sich mit anderen Worten nicht notwendigerweise die Selbst-bewußtheit bei jemandem erhöhen, wenn man sie sozusagen auf das psychische System aufpfropft. In der Tat kann dies sogar, wie wir schon dargestellt haben, die psychische Stabilität beeinträchtigen.

Unter Umständen können die Probleme, die man sich ohne eine vorherige psychologische Arbeit auflädt, auch schwer von Schwierigkeiten zu trennen sein, denen man oft bei transpersonalen Erlebnissen begegnet. Wie Ken Wilber und Mark Epstein, die Theoretiker des Transpersonalen, darstellen, können die spirituellen Pathologien psychotisch aussehen, und der Unterschied kann oft nur herausgefunden werden, wenn man sich die Vorgeschichte der betreffenden Menschen anschaut: Der paranoide Schizophrene wie auch der Guru können jeweils Visionen von Dämonen oder von Engeln haben. Letzterer aber nur wird fähig sein, einen Sinn aus einer solch beunruhigenden Ansicht zu machen, weil ihm dies beigebracht wurde.

Die Suche nach spiritueller Erkenntnis beim luziden Träumen kann einige Probleme aufwerfen. Ein Beispiel dafür liefert die Entwicklungsgeschichte der luziden Träume von

Scott Sparrow. »Auf der Höhe meiner luziden Träume merkte ich, daß ich in eine Mauer oder so etwas hineinrannte«, schildert er. »Das luzide Träumen war zum Zeichen meiner Entwicklung geworden wie eine Verdienstplakette oder so. Natürlich dachte ich, daß ich es richtig machte; aber ich hatte keine Vorstellung davon, was ich unterdrückte. Wer hätte das auch? Nun, alle möglichen sehr bösen Menschen tauchten in meinen Träumen auf und wurden umso dämonischer, wenn ich sie rauswerfen wollte. Ein schwarzer Panther spazierte zur Vordertür herein und pflegte nicht zu gehen, wie nahe ich es ihm auch legte, daß er nur im Traum existierte.«

Vielleicht, meint Sparrow, sind solche unangenehmen Erlebnisse auf jedem »Weg« der Entwicklung anzutreffen. »Vielleicht müssen wir fliegen, um abzustürzen, uns hochzurappeln, um den Weg dann mit größerer Ernsthaftigkeit weiterzuverfolgen«, sagt er. Wir sollten nicht glauben versagt zu haben, einfach weil wir Problemen begegnet sind. »Wie sehr wünschte ich mir«, sagt Sparrow, »daß es jemanden bei mir gegeben hätte (als ich in Schwierigkeiten war), der zu mir hätte sagen können: ›Auch dies ist ein Teil deines Weges. Raff dich auf, du wirst es schon gut überstehen.‹ Es hätte mir viel mehr Sinn auf den Weg gegeben oder mich leichter begreifen lassen.«

Gerade die Konfusion und Angst, die manchmal das luzide Träumen begleitet, kann ein wertvolles Mittel für Menschen sein, die sich selbst besser verstehen wollen. Für den Psychotherapeuten Erik Craig liegt die fundamentale Frage, die man sich stellen sollte, darin: »Wie können wir am besten eine Erkenntnis über diese psychische Landschaft gewinnen und nutzen, bei der ihre Grundstruktur und ihr Wesen geschont und bewahrt wird? (...) Es gibt ganz, ganz wenig Gelegenheiten, die uns das Leben völlig zuspielen, es rundherum aufbrechen lassen und uns mitten hinein schleudern (...).« Das luzide Träumen ist so eine Erfahrung. Auch wenn wir lernen, es gut zu nutzen, können wir doch nicht wissen, wie weit es uns auf dem Weg der Selbsterkenntnis tragen wird.

Kapitel 6

Der innere Heiler

Können Träume uns gesund machen?

Die meisten Menschen würden darauf wohl erst einmal keinen Gedanken verschwenden. Die Vorstellung, sich durch einen Traum selbst zu heilen, scheint ebenso weit hergeholt zu sein wie ein Spaziergang am Nachmittag auf den Mount Everest. Es gibt aber Leute wie David Pack aus Knoxville, Tennessee, die viel daran denken. Vor ein paar Jahren verletzte er sich den Arm während eines erregten Kampfes im Armdrücken, und trotz medizinischer Behandlung schmerzte der Arm noch nach sechs Monaten so sehr, daß er nicht zu seiner Arbeit im Baugeschäft gehen konnte. In einem Akt der Verzweiflung nahm er sich vor dem Schlafengehen vor, daß sein Arm geheilt würde. »Ich erinnere mich, daß in meinem Traum ein Mann meinen Ellenbogen verdrehte und ihn wieder streckte und daß er schmerzte«, schildert Pack. »Ich fragte ihn, was er da täte, worauf er meinte: ›Eben hast du zwei Heilungen erhalten.‹« An diesem Punkt bemerkte Pack, daß er träumte.

Beim Erwachen stellte Pack fest, daß sein rechter Arm kribbelte, als sei er eingeschlafen. Als aber das Kribbeln aufhörte, war auch der Schmerz weg. Sein Arm war, wie er sagt, »so gut wie neu«. Er war allerdings neugierig zu erfahren, warum ihm der Sprecher zwei Heilungen kundgetan hatte. Noch in derselben Woche fand er heraus, daß eine Zyste am Rücken, die ihn zehn Jahre lang immer wieder geplagt hatte, schließlich aufging und der chronische Schmerz sich auf diese Weise linderte.

Die Vorstellung, daß unsere Träume irgendwie mit unserem körperlichen Wohlergehen in Verbindung stehen, ist natürlich nicht neu. Im antiken Griechenland pflegten erkrankte Menschen manchmal viele Meilen weit zu reisen, um in einem Heiltempel des Aeskulap über Nacht zu verweilen. Dort machten sie dann rituelle Reinigungen mit und legten sich auf den Fellen von Opfertieren nieder, um auf einen Traum zu warten, der sie als nächtliches Geschenk des gnädigen Gottes heilen würde. Auch die Römer schliefen im Tempel, um Botschaften der Heilung von den Göttern zu erhalten. Die Weisungen waren nicht immer leicht zu befolgen: Einem römischen Bürger wurde im Winter geraten, barfuß zu laufen, Brechmittel zu benutzen und einen Finger zu opfern, um sich von seiner Krankheit zu befreien. Nach der Überlieferung teilte Aristoteles diesen Glauben nicht. Da er keinen philosophischen Beweis dafür fand, daß unsere Träume von den Göttern kommen, folgerte er, daß sie aus dem Zentrum des Gemüts kämen – dem Herzen. Wenn dem so wäre, überlegte er sich, wäre es doch gut möglich, aus dem Inhalt von Träumen eine Krankheit zu diagnostizieren oder eine Kur zu verschreiben, weil Träume die organischen Funktionen des Körpers widerspiegelten.

Heute brauchen Wissenschaftler mehr Beweise für ihre Überzeugungen als Aristoteles. In der Tat ist der Nachweis von Verbindungen zwischen Träumen und Körperfunktionen noch im unsicheren Gelände der klinisch-beschreibenden beziehungsweise der Einzelfallstudien versteckt (obwohl man die in der Wissenschaft nie abwerten sollte) oder steckt noch im Stadium der Hypothesenbildung. Die wesentliche Forschungsarbeit wird schon geleistet, besonders im Bereich der mentalen Bilder. Und hier sind es die Traumforscher, die erste Einblicke erhalten haben, weil Träume als Formen mentaler Bilder Veränderungen unserer physiologischen Funktion reflektieren können.

Bereits in den dreißiger Jahren fand der Forscher Edmund Jacobsen, daß bei Leuten, die »imaginieren«, die sich also vorstellen, eine spezielle Handlung durchzuführen, sagen wir ein Objekt hochzuheben, die Muskeln in dem Arm, an den sie denken, eine erhöhte elektrische Aktivität zeigen. Spätere Studien erhärteten Jacobsens Arbeiten. Bei Versuchspersonen fand man, daß sie mehr Speichel absonderten, wenn sie gebeten wurden, Bilder ihrer Lieblingsspeisen zu visualisieren, als wenn sie an Nahrung dachten, die sie nicht mochten. Wenn man ein sich über den Himmel bewegendes Objekt imaginierte, produzierte das mehr okulomotorische (Augen-) Bewegungen, als wenn man sich ein ruhendes Objekt vorstellte. Das Vorstellen von Bildern zu abstrakten Wörtern hatte mehr Dilatationen der Pupillen zur Folge als bei Bildern zu konkreten Wörtern, die wohl leichter zu visualisieren sind. Durch viele Untersuchungen haben Forscher eine Verbindung zwischen der biologischen Aktivität bei tatsächlich durchgeführten Handlungen und der bei nur in der Phantasie erlebten oder bildhaft vorstellten gefunden. In einer besonders faszinierenden Studie heftete Robert Kuzendorf, Kognitionspsychologe an der University of Lowell in Massachusetts (USA), Elektroden neben die Augen von 25 Versuchspersonen, von denen fünf fähig waren, sehr lebhafte mentale Bilder zu produzieren. Alle mußten sich rote und grüne Lichter anschauen, die vor ihren Augen aufleuchteten. Kuzendorf fand heraus, daß bei jeder Farbe die Retina physiologisch etwas anders erregt wurde: Rot produzierte ein elektrisches Muster, Grün ein anderes. Er bat dann die fünf Personen, die sehr gut lebhafte innere Bilder hervorrufen konnten, sich nacheinander die Farben vorzustellen. In jedem Fall hatte die imaginäre Farbe dieselbe Wirkung auf das Auge wie das tatsächlich aufleuchtende Licht. Noch erstaunlicher, als Kuzendorf ein farbiges Licht auf diese Personen richtete und sie dann bat, sich vorzustellen, es sei eine andere Farbe, berichteten sie regelrecht, die andere Farbe zu sehen, und in 25 Prozent der Zeit reagierten ihre Augen so, als würden sie die imaginierte, nicht die aktuell aufleuchtende Farbe wahrnehmen.

In anderen Forschungen wurde herausgefunden, daß Form

und Funktion eines Bildes nur teilweise abhängig von dem bewußten Verständnis des Individuums ist. Zum Beispiel hat man vielleicht nur eine ungefähre Vorstellung davon, wie ein Ball aufspringt. Wenn man aber gebeten wird, sich einen hüpfenden Ball vorzustellen, wird man das leicht fertigbringen, weil man schon irgendwann einmal all die notwendige Information bekommen hat, um ein solches Aufspringen zu visualisieren. Diese Information muß einem nicht bewußt sein, aber sie ist da und kann große physiologische Auswirkungen haben.

Nur weil Bilder physiologische Reaktionen hervorrufen können, heißt dies freilich nicht, daß dies auch heilsam sein muß. Die wirkliche Frage ist: Beeinflussen Bilder das körpereigene Immunsystem, und wenn ja, wie? Und genau hier kommt der Psychologe Bruno Klopfer an die Reihe. 1957 war einer von Klopfers Patienten, den er später nur »Mr. Wright« nannte, schwer an Krebs erkrankt und bat um eine Injektion eines experimentellen Wirkstoffes mit Namen Krebiozen. Einige Forscher hofften, daß Krebiozen sich als hilfreich zur Behandlung von Krebs erweisen würde, und Wright hatte diesen Silberstreif am medizinischen Horizont zur letzten inbrünstigen Hoffnung eines sterbenden Mannes gemacht. In der Tat war dies seine letzte Chance. Er war für ein Programm, das den Wirkstoff testete, schon abgelehnt worden, weil man der Ansicht war, er würde noch nicht einmal die drei Monate überleben, die die Forscher für die Evaluierung der Wirkung des Medikaments brauchten. Obwohl er glaubte, daß sein Klient in wenigen Tagen wegsterben würde, gab Klopfer ihm eine Injektion mit Krebiozen. Das Ergebnis kann nur als ein Wunder bezeichnet werden.

»Als ich ihn verließ, war er fiebrig und schnappte nach Luft, total bettlägerig«, rechtfertigte sich Klopfer. Zwei Tage später jedoch »hatte sich die Tumormasse aufgelöst wie ein Schneeball auf einem heißen Herd, und in den wenigen Tagen war sie nur noch halb so groß wie ursprünglich! (...) Nach nur zehn

Tagen konnte er sein ›Sterbebett‹ verlassen, und praktisch sämtliche Zeichen seiner Krankheit waren verschwunden. (...) So unglaublich es klingt, dieser ›terminale‹ Patient, der nach einem letzten Atemzug aus der Sauerstoffmaske geschnappt hatte, konnte nun nicht nur normal atmen, sondern war auch voll aktiv. Er startete im eigenen Flugzeug und flog ohne Unwohlsein in einer Höhe von zwölftausend Fuß.«

Für Wright war es bedauerlich, daß nur wenige Monate später ein paar Berichte veröffentlicht wurden, die die schwachen Resultate darstellten, die Krebiozen bei den experimentellen Gruppen gehabt hatte. Klopfer bemerkte, wie verstört sein Patient über diese Neuigkeiten war. »Nach zwei Monaten praktisch vollständiger Gesundheit fiel er in seinen ursprünglichen Zustand zurück und wurde sehr pessimistisch und elend.«

In der Hoffnung, daß er Mr. Wrights Glauben an die Macht des Krebiozens wiedererwecken könnte, erzählte Klopfer ihm, man hätte einen stark verbesserten Typ von Krebiozen entwickelt, und er würde den verbesserten Wirkstoff am nächsten Tag erhalten. Diese Neuigkeit hob sofort seine Stimmung an. »Ohne viel Glauben daran und im Grunde ziemlich Theater spielend«, gibt Klopfer zu, »setzte ich die erste Injektion der frischen, doppelt potenten Zubereitung – die freilich nur aus reinem Wasser und sonst nichts bestand.«

Mr. Wrights Erholung war aufs neue wieder überraschend. Seine Tumore verschwanden, und die Lungen klärten sich auf. Er stand von seinem Krankenhausbett auf, »ein Bild der Gesundheit«, dem erstaunten Klopfer zufolge. Aber dann veröffentlichte die American Medical Association ihre offizielle Verlautbarung zu Krebiozen: »Die Tests in den ganzen USA zeigen, daß Krebiozen ein für die Krebsbehandlung untauglicher Wirkstoff ist.«

Das war ein Bericht mit tödlichen Folgen. Wright ging zurück ins Krankenhaus und starb in weniger als zwei Tagen.

Klopfer ist keinesfalls der einzige Mediziner, der aus erster

Hand die profunden Wirkungen erlebt hat, die das Denken eines Patienten auf den Verlauf seiner Krankheit haben kann. Seit Klopfer seine Geschichte zum erstenmal publizierte, hat sich eine neue Disziplin mit dem Namen Psychoneuroimmunologie (PNI) etabliert, welche die Rolle untersucht, die unsere Seele für den Verlauf von Krankheiten spielt. Forscher auf dem PNI-Gebiet haben die wesentlichen Einflußmechanismen der Seele auf das körpereigene Immunsystem ermittelt und arbeiten daran, das Wann, Wo und Wie dieser mysteriösen Verbindungen zu erklären. Wie der Arzt Leonard Wisneski in der Zeitschrift *Noetic Sciences Review* schreibt: »Wir wissen heute, daß es eine direkte Kommunikation zwischen unserem Gehirn und den Immunzellen gibt.« Diese Kommunikation ist neurochemisch wie auch anatomisch klar demonstriert worden. »Es gibt Nervenfasern zwischen unserem Gehirn und dem Thymus, der Milz, dem Knochenmark und den Lymphknoten (...)«, erläutert Wisneski, »und es könnte auch eine direkte Kommunikation zwischen dem Zentralnervensystem und den Immunzellen über diesen Mechanismus geben.«

Verbindungen zwischen der Imagination und dem Immunsystem herzustellen, ist eine noch schwierigere Aufgabe. Jeanne Achterberg, Psychologin am Health Science Center der University of Texas, weist auf die zentrale Rolle hin, die Emotionen für ein erstes Verständnis des Einflusses der Imagination auf die Immunität haben. Weil sowohl Imaginationen als auch Emotionen in derselben Hirnregion lokalisiert sind, könnten sie auch eine gemeinsame biochemische Grundlage haben. »Viele autonome Körperfunktionen, die mit Gesundheit und Krankheit zu tun haben«, meint Achterberg, »werden emotional ausgelöst.« Dasselbe elementare Übertragungssystem, das unseren emotionalen Zustand mit unseren autonomen Systemen verbindet, kann auch für die Imagination existieren. »Verbale Botschaften müssen eine Übersetzung durch das Imaginationssystem erfahren, bevor sie vom unwillkürlichen oder autonomen Nervensystem verstanden werden können«, erläutert Achterberg. Wenn es auch im Zustand der Gesundheit keine Notwendigkeit geben mag, diese Botschaften zu erforschen, könnte es doch im Falle von Krankheit wichtiger sein als wir glauben, Zugang oder Kontrolle zu unseren imaginativen Prozessen zu bekommen. »Bewußten Zugriff auf diese Bilder zu haben und sie entsprechend zu formen«, sagt Achterberg, »kann sich als ein Weg herausstellen, in die psychophysiologischen Systeme hineinzugehen und die Funktionen und Strukturen, die in Schieflage geraten sind, wieder in Harmonie zu bringen.«

Einer der ersten Ärzte, der mit Imagination als einer zusätzlichen Therapie experimentierte, war O.Carl Simonton, ein Radioonkologe in Dallas, Texas (USA). Schon zu Beginn seiner Laufbahn hatte sich Simonton für die Persönlichkeit von Krebsopfern interessiert. Er hatte Patienten kennengelernt, die, obwohl sie behaupteten, sich von ihrem Krebs erholen zu wollen, fortfuhren zu rauchen oder zu trinken oder permanent Behandlungssitzungen schmissen. Andere Patienten hatten viel darüber geredet, wie lange sie noch leben wollten, schienen aber desinteressiert an der Welt und litten oft an Depressionen. Die Patienten, die Simonton allerdings am meisten faszinierten, waren jene, die das Krankenhaus nach der Behandlung mit nur geringer Hoffnung auf Überleben verlassen hatten und dann nach ihrem ersten Besuch Jahr um Jahr wieder zur Behandlung auftauchten. Zuerst aus Neugier befragte Simonton sie nach ihrem Wohlergehen und fand heraus, daß ihre Einstellung sich von der anderer Krebspatienten in zwei Punkten entscheidend unterschied: Erstens glaubten sie, daß sie einige Macht hatten, den Verlauf ihrer Krankheit zu kontrollieren; und zweitens schienen sie einen stärkeren Lebenswillen zu haben.

Schließlich wollten er und seine Frau Stephanie, eine Psychotherapeutin, herausfinden, ob sie Patienten ohne diese positive Einstellung dazu verhelfen konnten, so etwas zu entwickeln. Nachdem sie eine Anzahl psychologischer Methoden ausprobiert hatten – Gruppentherapie, Meditation, Biofeedback und anderes –, entwickelten die Simontons einen eigenen Ansatz. Bei ihrem Vorgehen stehen visuelle Imagination und Entspannung im Zentrum. In ihrem Buch *Getting Well Again* (Wieder gesund werden, siehe Literaturverzeichnis), das sie zusammen mit James L. Creighton geschrieben haben, erläutern sie den Prozeß: »Im wesentlichen umfasst der visuelle Imaginationsprozess eine Entspannungsphase, während der der Patient sich mental das erwünschte Ziel oder Ergebnis ausmalt. Für den Krebspatienten bedeutet dies, daß er versucht, den Krebs zu visualisieren, wie die Behandlung ihn zerstört und, als wichtigstes, daß die natürlichen Abwehrkräfte seines Körpers ihm helfen, sich zu erholen.«

Ihr Erfolg mit dieser Imaginationstherapie war beeindrukkend. Nach einer Phase intensiver Arbeit mit Imaginationen ging der Krebs in vielen Fällen in Remission. Natürlich kann man unmöglich genau abschätzen, wie weit die Behandlung der Simontons dafür verantwortlich war, denn man weiß, daß Krebs auch spontan in Remission gehen kann. Tatsächlich sind sich viele Mediziner noch unschlüssig, ob sie diese Art der Behandlung anwenden sollen, weil es nach wie vor einen Mangel an gut kontrollierten wissenschaftlichen Studien gibt. Es gibt nur wenige zuverlässige Untersuchungen. Zum Beispiel diskutiert Howard Hall in einem Kapitel des Sammelbandes *Imagination and Healing* (Imagination und Heilung) mehrere anerkannte Studien, in welchen er fand, daß Hypnose oder Imagination bei einigen Menschen die Immunkompetenz ankurbelten. Ärzte sehen aber auch einige Nachteile dieser Verhaltenstherapie: Sie befürchten, daß einige Patienten die herkömmliche Krebstherapie verlassen und nur noch zu dieser psychologischen Behandlung gehen könnten. Wenn man sich nach all dem mit Imaginationen heilen könnte, warum sollte man dann noch zur Chemotherapie gehen?

Außerdem machen sich einige Mediziner Sorgen, daß die Verhaltenstherapie manche Patienten dazu veranlassen könnte, sich schuldig zu fühlen, wenn sie sich nicht erholen: Wenn »ihr« Krebs nämlich, nachdem sie diese Methode angewendet haben, nicht in Remission geht, könnten sie meinen, das sei ihre Schuld. Die Imaginationstherapeuten sind aber nur dann hilfreich, wenn sie mit Patienten arbeiten, die gut in der Produktion innerer Bilder sind. Weil diese Fähigkeit jedoch von Mensch zu Mensch stark variiert, werden einige zweifellos Nutzen daraus ziehen und andere nicht.

Ein besonders beeindruckendes Beispiel für die Fähigkeit des Geistes, den Körper zu beeinflussen, findet man in dem relativ kleinen Teil der Bevölkerung, die in einen tiefen hypnotischen Zustand eintreten kann. Unter Hypnose werden Menschen sorgfältig in einen entspannten Zustand geleitet und angewiesen, Vorstellungen oder Ereignisse so zu fühlen, zu imaginieren und zu erleben, daß sich ihr Verhalten im Wachzustand später ändert. So wurden Warzen zum Schrumpfen gebracht, das Rauchen aufgegeben, Allergien gemildert und erhöhter Blutdruck gesenkt, alles durch hypnotische Suggestion. Der aktuell bei einer erfolgreichen Hypnose wirksame Mechanismus ist dem anderer Imaginationszustände ähnlich, hat aber noch eine weitere Komponente. »Wenn sie sich geistig stark davon absorbieren lassen, eine physiologische Änderung zu imaginieren«, erläutert der Psychologe Theodore X. Barber, »können sehr gut hypnotisierbare Personen jene Gefühle wieder hervorrufen, die auch wirksam sind, wenn aktuelle physiologische Änderungen auftreten. Und diese auflebenden Gefühle können unsere Zellen dazu stimulieren, die physiologische Änderung herbeizuführen.« Mit anderen Worten gesagt, tragen tiefe hypnotische Zustände ein Heilungspotential in sich.

Sowohl bei der Hypnose als auch bei den nicht-hypnotischen therapeutischen Imaginationstechniken werden Imagination und Entspannung miteinander kombiniert. In den frühen siebziger Jahren hat sich der Kardiologe Herbert Benson an der Havard Medical School auf die Arbeit des TM-Psychologen Keith Wallace gestützt, als er zunächst die Fähigkeit von Meditierenden in der TM (Transzendentalen Meditation) untersuchte, ihren Blutdruck und Pulsschlag abzusenken. Er wollte herausfinden, ob auch Menschen, die an Bluthochdruck leiden, diese Fertigkeit erlernen können. Dabei fand er eine interessante physiologische Änderung, die durch die Meditation herbeigeführt wurde, eine »Entspannungsreaktion«, wie er sie nannte, bei welcher der Geist von Ablenkungen gereinigt und der Streß vermindert wird. Indem die Patienten einen so simplen Laut wie »Om«, die Eingangssilbe vieler Mantras, immer und immer wieder repetierten, konnten sie auch den von einer Krankheit herrührenden seelischen Streß reduzieren. Die Forschung hat gezeigt, daß regelmäßig meditierende Leute jünger aussehen und gewöhnlich gesünder sind als Kontrollpersonen (ohne Meditation). Patienten mit Bluthochdruck sind fähig gewesen, ihren Blutdruck und Serum-Cholesterinspiegel durch längere Meditation herabzusetzen. Verbesserungen sind auch bei Patienten mit chronischer Bronchitis und anderen respiratorischen Symptomen verzeichnet worden. Wie wir in Kapitel 8 erläutern werden, erhöht regelmäßige Meditation sowohl die Kohärenz der Hirnwellen als auch den Blutfluß im Gehirn. Und diese Liste positiver physiologischer Resultate ließe sich weiterführen.

Unglücklicherweise jedoch haben nicht alle Menschen die Disziplin, auf regelmäßiger Basis zu meditieren, und können deshalb die Verbesserungen für die Gesundheit nicht nutzen, die die tiefen meditativen Zustände oft mit sich bringen. Weiterhin kann nur ein kleiner Prozentsatz der Bevölkerung einen tiefen hypnotischen Zustand erreichen oder so lebhaft und mit ausreichender Klarheit in einen Tagtraum hineingehen, um die Tagesrealität in der Innenwelt zu spiegeln. Aber jeder Mensch schläft und erlebt die brillante Bilderwelt der Träume, ob er es will oder nicht. Was würde geschehen, wenn man sich diese autonome Szenerie der Traumwelt für die Heilung nutzbar machen könnte?

Die Traum-Connection

Hervey de Saint-Denys, ein französischer Gelehrter, der 1876 das überhaupt erste Buch über luzide Träume veröffentlichte, war fasziniert, wie Träume von der physischen Kondition einer Person beeinflusst werden. Als engagierter Chronist seiner Träume fand er Beispiele für solche »Inkorporationen« in einer Reihe seiner eigenen Träume. In einem davon »versuchte ich erfolglos immer wieder, eine Kerze zu entzünden«, schreibt er. »Einige meiner Streichhölzer wollten nicht brennen, bei anderen wollte die Kerze nicht brennen oder ging wieder aus. Ich war darüber so verärgert, daß ich das Ding aus dem Fenster werfen wollte, aber ich hatte nicht einmal die Kraft, den Arm zu heben. Dann wachte ich auf und merkte, daß ich unbequem auf meiner linken Seite gelegen hatte.« Obwohl Hervey de Saint-Denys sich der Beziehung zwischen der Kerze und der seltsamen Schlafposition nicht sicher gewesen war, bewunderte er doch »die Weisheit der Natur, welche mich durch einen Traum davor warnte, daß ich in einer unbequemen Position war, so daß ich, als ich einen quälenden Traum zu verjagen suchte, auch meine Position änderte.«

Noch vor der Veröffentlichung des Buches von Hervey de Saint-Denys hatte ein anderer früher Traumforscher, der französische Wissenschaftler Alfred Maury, sich im Schlaf kneifen, kitzeln, Lichtreizen und Düften aussetzen lassen, um herauszufinden, ob diese Empfindungen seinen Traum beeinflussen würden. Das taten sie – aber in begrenztem Umfang. Heutzutage haben Forscher auch schon begonnen, die Wirkung der Körpersphäre auf den Inhalt von Träumen zu dokumentieren, wobei sie herausfanden, daß Träume im allgemeinen am empfänglichsten für taktile Empfindungen sind. Wasser über das Gesicht einer schlafenden Person zu spritzen, wird zum Beispiel oft dazu führen, daß man einen symbolischen Ausdruck von Feuchtigkeit im Traum dieser Person findet. Innere Stimuli – beispielsweise ein Kopfschmerz, ein Muskelschmerz oder Sypmtome einer Krankheit – werden auch oft ihren Weg in die Träume finden, besonders bei Kindern.

Robert Van de Castle, einer der Pioniere der heutigen Traumforschung, hat einige faszinierende Traum-Inkorporationen in den Träumen von Frauen entdeckt. Wenn eine Frau ihren Eisprung hat, fand Van de Castle heraus, träumt sie freundlicher von Männern als von Frauen. Aber wenn die Menstruation beginnt, werden ihre Träume größeres Wohlwollen Frauen als Männern gegenüber zeigen. Ähnlich können die Träume einer schwangeren Frau ihre späteren Wehen ankündigen. Obwohl einige Bezüge zum Baby bei der Frau oft schon im zweiten Drittel der Schwangerschaft gefunden werden können, sind sie erst im letzten Drittel zahlreich. Dann sind Träume von Wehen alltäglich. Forscher der Medical School an der University of Cincinnati (USA) haben herausgefunden, daß normalerweise eine Frau, die peinigende und bedrohliche Traumbilder vom Baby und von ihrer bevorstehenden Niederkunft hat, eine leichtere und kürzere Geburt hat als eine Frau, deren Träume freudigere und weniger angstbesetzte Bilder zeigen. Durch die bedrohlichen Träume kann das bevorstehende schmerzvolle Ereignis anscheinend akzeptiert werden, während die angenehmeren Träume jene Realität leugnen, vielleicht gerade weil die Frau, die es träumt, den Schmerz leugnet, der die Geburt sicher begleitet.

Wie auch bei der Imagination im Wachzustand, »was immer geträumt wird, ist real im Sinne einer physiologischen Reaktion«, schreibt der Psychologe Robert. E. Haskell in einem hervorragenden Sammelreferat über die Forschung zum Thema Traum und Krankheit, das im *Journal of Medical Humanities and Bioethics* (Zeitschrift für medizinische Psychologie und biologische Ethik) veröffentlicht wurde. Wenn man träumt, daß man läuft, wird sich wahrscheinlich die Atemfrequenz erhöhen. Wenn man träumt, daß etwas stressig ist, wird man wahrscheinlich mehr Magensäure resorbieren. Fast jeder ist schon einmal aus einem Alptraum erwacht und hat schnell geatmet, und sein Herz hat fieberhaft gehämmert. Tatsächlich zeigt der REM-Schlaf größere Schwankungen bei biologischen Änderungen als der Wachzustand. Unglücklicherweise glauben viele Traumforscher, auch wenn sie die biologischen Variationen des REM-Schlafes kennen, daß Träume nichts anderes seien als eine Art neuronaler Ballast – eine Denkweise, die Haskell bedauerlich findet. »Genau das ist das Problem der Trennung von Körper und Geist, das ganz allgemein zu unseren vielen Problemen im Bereich der Gesundheit geführt hat«, schreibt er. »Träume sind oft komplexe, konstruktive, kognitive Ereignisse, nicht bloß neuronales Rauschen.«

Trotz der Uneinigkeit, die über diesen Punkt in der Traum-Gemeinde herrscht, haben viele Forscher zahlreiche Fälle dokumentiert, in denen eine schwere körperliche Krankheit in Träumen reflektiert wurde. In einer Untersuchung fand man, daß in fast der Hälfte der Träume von Patienten vor Operationen Erlebnisse des Schneidens oder Tötens vorkommen, Bilder von Schmerzen und Wunden, oder von einem Verlust an Macht und Mobilität. Nach Operationen tauchten solche Inhalte nur noch in 10 bis 15 Prozent der Träume von Patienten auf. Über ähnliche Inkorporationen von emotional wichtigen Inhalten gibt es auch anekdotische Berichte. Es gab Beispiele, in welchen Menschen mit gelähmten Beinen erwachten, nachdem sie geträumt hatten, daß sie sich vor Furcht gelähmt fühlten. H. A. Savitz, eine Ärztin, die auch den Träumen ihrer Patienten Aufmerksamkeit schenkt, berichtet über einen Mann, der über ein nervöses Gefühl im Magen klagte und von einem Traum sprach, in welchem er »von einem Hafenkai zwischen die Pfähle ins Wasser fiel. Eine Jacht lag dort vertäut. Die Jacht quetschte ihn zwischen die

Pfahlkonstruktion.« Weil Dr. Savitz dieses Bild des Zerquetschtwerdens als mögliches Symbol für eine Art inneren Stresses oder Unwohlseins deutete, ließ sie ein Elektrokardiogramm (EKG) machen und fand heraus, daß der Mann an einer Blockade eines Herzmuskels litt.

Nachdem er die Träume von einer Gruppe seiner Patienten im Krankenhaus untersucht hatte, stellte Robert C. Smith, Psychiater an der Michigan State University, eine Korrelation zwischen Träumen von Tod oder Trennung und der zukünftigen Gesundheit der Träumer fest. Die Patienten waren gebeten worden, den Inhalt ihrer Träume zu berichten, der dann von verschiedenen Forscherteams ausgewertet wurde. Patienten, deren Träume Bilder von Tod oder Trennung zeigten, litten später an einer signifikant schlimmeren organischen Krankheit als jene, deren Träume frei von solchen Bildern waren. Und Patienten, die überhaupt keine Träume berichtet hatten, hatten die signifikant höchste Todesrate gegenüber beiden anderen Gruppen, obwohl Smith dies nur für seine erste Untersuchung feststellte.

Für manche Leute mag es verlockend sein, den Träumen quasi übersinnliche Eigenschaften zuzuschreiben, als würde durch sie ein geheimes Universum außerhalb der Zeit angezapft und jenen, die talentiert genug für entsprechende Deutungen sind, wichtige, ihrem Wachleben unbekannte Informationen enthüllt. Aber es gibt eine andere Erklärung für solche gelegentlich prognostischen Fähigkeiten von Träumen. »Psychologisch«, erklärt Haskell, »können sie (die prognostischen Träume) mit Begriffen von subliminaler Perzeption oder kognitiven Prozessen im Träumer erklärt werden, die Reize wahrnehmen, welche zu subtil sind, um bewußt verarbeitet zu werden.« Ob nun in mystischer Weise vorausschauend oder einfach auf tiefere unbewußte Informationen eingestellt, die bloße Anzahl prognostischer Träume verdient unsere Aufmerksamkeit. Wir wollen dafür die folgenden zwei Beispiele anführen:

Ein Patient, der an Leberkrebs starb, träumte sechs Jahre vor seinem Tod beziehungsweise fünf Jahre vor der Krebsdiagnose, daß er an der Krankheit litt und nur noch sechs bis acht Jahre zu leben hätte.

Charlotte Bell aus New Hampshire bemerkte eine Veränderung im Inhalt ihrer Träume. Sie schienen ihr sagen zu wollen, daß sie krank sei. Selbst nachdem sie mehrere Ärzte konsultiert hatte, die ihr eine gute Gesundheit bescheinigten, setzten sich die Träume fort, die sie vor einer Krankheit warnten. So entschloß sie sich, noch einmal eine Untersuchung zu fordern. Dieses Mal entdeckte der Arzt Krebs. Chirurgen operierten Mrs. Bell und verordneten ihr eine anschließende Chemotherapie, um sicherzugehen, daß der Krebs vollkommen eliminiert sei. Sie lehnte diese jedoch ab. Sie meinte, ihre Träume würden ihr sagen, daß der Krebs weg sei. Es sei so, ohne Chemotherapie, in Ordnung. Wie sich dann herausstellte, lagen ihre Träume anscheinend richtig. »Der Krebs zehrt an einem«, schreibt sie. »Mich hat er sehr beeinträchtigt. In den letzten zwei Jahren fühlte ich mich alt, müde und wie ausgelaugt. Ich war oft mürrisch. Inzwischen fühle ich mich wohl. Wenn mich die Leute jetzt sehen, reagieren sie übereinstimmend. Mit scheinbarer Überraschung sagen alle: ›Du siehst gut aus. Und ich dachte ...‹, wobei sich die Stimme voller Verlegenheit senkt. Dann muß ich lächeln und umarme sie.«

In der klinischen Arbeit mit heilenden Imaginationen hat man herausgefunden, daß vier Komponenten entscheidend für die Wirksamkeit der inneren Bilder sind:

1. Das Bild sollte lebhaft sein und eine Resonanz im Innern der Person hervorrufen. 2. Es ist wichtiger, in den Vorgang der Imagination einbezogen zu sein, als ein bestimmtes Bild zu haben. 3. Das Bild sollte spontan kommen und von der Person selbst gemocht werden, so daß sie sich damit wohl-

fühlt. 4. Der Imaginierende beziehungsweise Träumer sollte das Gefühl haben, daß er die Kontrolle über den Prozeß behält. Dies ist besonders wichtig für das luzide Träumen.

Obwohl Träume, die Informationen über die Gesundheit des Träumers enthüllen, in der Traumliteratur ziemlich geläufig sind, sind Berichte von Träumen, in welchen der Mensch eine Heilung erreicht hat, seltener. Hier ist ein Beispiel dafür: Vor über zehn Jahren begann Gillian Tinder, damals 22 Jahre alt, ohne ersichtlichen Grund in Ohnmacht zu fallen. Eine EEG-Untersuchung (Elektroenzephalographie) zeigte eine Epilepsie an. Sie begann mit der Einnahme von Medikamenten, was auch sofort ihre Ohnmachtsanfälle stoppte. Die Medikation ließ sie sich jedoch, wie sie äußerte, »recht sonderlich und nicht ganz auf dem Laufenden« fühlen. Weil sie die Medikamente nicht absetzen konnte, ohne das Risiko weiterer plötzlicher Anfälle einzugehen, begann sie, sich ausführlich über ihre Krankheit zu informieren. Dadurch wurde, wie sie glaubt, ein Traum inspiriert, in welchem sie an ein EEG gehängt war. Im Traum wurde sie angeleitet, Lichter durch Gedankenkraft an- und auszuschalten, um so einen von der Aura ausgehenden Druck in ihrem Kopf zu regulieren. Außerdem wurde ihr gesagt, wie sie schnell von alptraumähnlichen Gedanken auf glücklichere umschalten könnte. »Beim Aufwachen«, schildert sie, »glaubte ich erst, daß es (der Traum) real passiert sei. Erst als ich die Einzelheiten überprüfte, den Namen des Arztes, wo das Krankenhaus war und so weiter, bemerkte ich, daß ich geträumt hatte.« Nachdem sie diesen Traum 15 oder 20 weitere Male gehabt hatte, fühlte sie sich bemüßigt, die mentalen Übungen im Wachsein auszuprobieren. Nach ein bis zwei Wochen Übung entschloß sie sich, die Medikamenteneinnahme zu beenden. »Noch rund ein Jahr lang spürte ich die Aura recht genau«, sagt sie, »und es bedeutete einen bewußten Aufwand, sie auszuschalten.« Weil sie die mentalen Übungen aus dem Traum am Tage anwendete, war sie aber in der Lage, die Aura abzuwehren. Allmählich konnte sie auch davon abgehen, es bewußt zu tun, und sie hat in fast zehn Jahren keinen Anfall mehr erlebt.

Eigentlich könnte Gillian Tinder etwas über mentale Techniken zur Kontrolle von epileptischen Anfällen gelernt haben, als sie sich ausführlich über Epilepsie informierte, aber es war doch das Üben in ihren Träumen, das sie schließlich dazu brachte, die Techniken auch im Wachzustand auszuprobieren. Der entscheidende Punkt hierbei ist, daß sie in ihren Träumen üben konnte, weil sie nach dem Initialtraum immer, wenn sie sich in einem (Traum-) Stuhl mit an ihren Kopf geklebten Elektroden wiederfand, bemerkte, daß sie träumte, und dann bewußt versuchte, das Experiment fortzusetzen, wie sie schreibt, »als wenn es die Tagesrealität wäre«.

Luzidität und Heilen

Die Luzidität bringt unterschiedliche Grade von Bewußtsein im Traum mit sich. Es ist also auch möglich, daß man sich, wenn man luzid ist, bewußt dafür entscheiden kann, eine Wunde heilen zu lassen oder das Immunsystem anzukurbeln und zunehmend verstopfte Arterien auszuputzen. 1987 planten Gackenbach und LaBerge ein Projekt für das *Omni*, in welchem die Leser aufgefordert wurden, an einem zweiwöchigen Experiment über luzides Träumen teilzunehmen. Unter anderem wurden die Leser gebeten, eine detaillierte Beschreibung irgendeines »heilenden« luziden Traums wiederzugeben. Bei der Auswertung ihrer Unterlagen entdeckten die Forscher mehrere Fälle einer offensichtlichen Heilung im Traum.

In einem berichtet Krisanne Gray, Hausfrau und Mutter aus Spokane, Washington, daß sie das luzide Träumen mehrfach genutzt hat, um das Rauchen aufzugeben, mit dem Nägelbeißen aufzuhören, ihr Übergewicht zu reduzieren und sich von einem Ausschlag und von ihren Menstruationsbeschwerden zu befreien. Obwohl sie wegen des Ausschlags noch nie zu einem Arzt gegangen war, wurde sie davon oft gequält und bekam ihn schließlich dadurch in den Griff, daß sie sich während des Einschlafens suggeriert, er würde sich beruhigen. Wenn sie dann luzid wird, schafft sie sich die Umgebung einer kühlen Wiese, auf der sie sich weiterhin selbst bittet, ruhig zu bleiben. Mehrmals verschwand ihr Ausschlag nach diesem Traumerlebnis.

Krisanne Gray behandelt ihre Menstruationsbeschwerden in ähnlicher Weise. Als spezielles Beispiel führt sie an, wie ihre Periode an einem Tag begann, an dem sie bei einem Tennisturnier mitspielen sollte, und sie von schweren Krämpfen geplagt wurde. Weil sie fürchtete, nicht teilnehmen zu können, nahm sie sich eine Viertelstunde Zeit für ein Nickerchen. Sie träumte, daß sie auf dem Stuhl des Schiedsrichters saß und auf den Beginn des Turniers wartete. Dabei quälten sie Krämpfe. An diesem Punkt wurde sie luzid und fand den Ort des Schmerzes in ihrem Körper. Sie verordnete sich, diese Muskeln zu entspannen. Als sie aus ihrem Traum erwacht war, waren die Krämpfe verschwunden, und sie konnte am Turnier teilnehmen.

Carl Paoli aus Mount Prospect, Illinois, steuert einen luziden Traum bei, in welchem er versuchte, sich selbst zu heilen.

> Vor etwa einem Jahr verstauchte ich mir den Knöchel. (...) Er war stark geschwollen, und ich konnte damit kaum noch laufen. In einem Traum, an den ich mich erinnere, lief ich, aus welchem Grund, weiß ich nicht mehr, und bemerkte plötzlich, daß ich wohl nicht mit dem Knöchel laufen könnte, also träumen müsse. An diesem Punkt begann ich aus meinem Traum herauszugehen, weil sich der Schmerz von meinem Knöchel einblendete, aber als ich mit meinen (Traum-)Händen an den Knöchel faßte, fiel ich im Traum hin. Als ich meinen Knöchel hielt, fühlte ich eine Vibration, ähnlich

wie Elektrizität. Voller Erstaunen wollte ich in meinem Traum Lichtblitze umherschleudern. Das ist alles, was ich vom Traum noch erinnern kann, aber ich erwachte nahezu ohne Schmerzen im geschwollenen Knöchel und konnte mit beachtlicher Leichtigkeit auf ihm laufen.

Eine junge, verheiratete Frau aus Texas, die in ihren Träumen oft luzide ist, berichtet einen Traum, in dem, wie sie glaubt, eine Muskelzerrung in ihrer Brust geheilt wurde. Sie hatte den Traum eine Woche, nachdem sie sich den Muskel gezerrt hatte – eine Verletzung, die sie fast bei jeder Bewegung plagte.

Eines Nachts vor dem Schlafengehen las ich ein Buch über einen indianischen Medizinmann, der ein Heilungsritual durchgeführt hat. Ich machte das Licht aus und begann, eine Phantasie zu entwickeln, in der ich nach Nevada ging, um den Medizinmann zu treffen. Dies brachte mich in einen Traum, in dem ich mich selbst in einer kleinen Wüstenstadt die Straße zum Haus des Medizinmannes hinuntergehen sah. Ich erinnere mich an nicht viel, außer daran, daß der Medizinmann immer und immer wieder wiederholte: »Glaube an mich, und du wirst geheilt werden.« Ich erinnere mich, daß ich dachte, daß ich ja träume und daß es wohl albern sei zu glauben, der Medizinmann könne im Traum zu mir kommen, aber ich entschied mich, doch mitzugehen, und entspannte mich, als er den Satz weiter wiederholte. Ich erwachte etwa eineinhalb Stunden, nachdem ich die Lichter ausgeknipst hatte, und setzte mich im Bett auf. Ich bewegte meine Arme und den Körper hin und her. Der Schmerz war weg.

Harry Hoots aus Waianae, Hawai, erzählt von einer anderen Art der luziden Traumheilung. 1977 war Hoots während einer Militärübung in der Nähe des nördlichen Polarkreises verletzt worden. Während eines Überlebenstrainings zog er sich in seinem rechten Knie einen Bänderriß zu, und wegen des schweren Schneesturms, der die Gruppe 48 Stunden lang einschloß, konnten seine Kameraden ihn nicht gleich ins Krankenhaus bringen. Der Mediziner im Team gab Hoots allerdings ein schmerzlösendes Mittel, das ihn so schläfrig machte, daß er bald einschlief.

> Während ich schlief, wurde mein Bewußtsein sehr munter. (...) Ich beobachtete mich selbst ruhig und gelassen, frei in der Luft schwebend. Um mich herum war völlige Dunkelheit, nur mein Körper war beleuchtet. Ich begann, eine sogenannte kurze Serie aus dem Tai-Chi Chuan durchzuführen (einem chinesischen Körperübungssystem, das ich vor vier Jahren als Gesundheitstraining gelernt hatte). Ich erlebte jede Bewegung vom Kopf bis in die Zehen hinein und atmete rhythmisch zu den Bewegungen über eine Phase, die Stunden zu dauern schien. Ich fühlte während dieses Traumes, daß es ganz entscheidend war, mich zu entspannen und die Serie zu vervollkommnen, um den vollen Gebrauch meines rechten Fußes wiederzuerlangen, wenn die Verletzung ausheilte. Dieses Gefühl war mehr von einem völligen Vertrauen als von Hoffnung geprägt und schien von einer Quelle jenseits meiner normalen Gedanken und Gefühle zu kommen.

Nachdem Hoots die Tai-Chi-Übung beendet hatte, verließ er den luziden Zustand und hat keine Erinnerung mehr, ob er weiter geträumt hat. Inzwischen wurde er von einem Arzt behandelt, aber es war zu spät für einen korrigierenden Eingriff (das Gewebe war mehrere Tage lang geschwollen gewesen). Sein Bein wurde sechs Wochen lang in Gips gelegt. Danach, meinte der Arzt, könne man erneut über eine korrigierende Operation nachdenken. Als aber der Gips abgenommen war, ließ Hoots sein Traum nicht mehr los; er fühlte, daß er aus einem wichtigen Grund von der Übung geträumt hatte. Er lehnte eine Operation ab und entschloß sich stattdessen, mit Übungen in physikalischer Therapie zu beginnen. »Ich hatte die Ziele eines achtwöchigen Programms in physikalischer Therapie schon nach vier Wochen erreicht. Mein Fortschritt hat mich sehr angestachelt, und (...) ich bin zufrieden, auch wenn ich keinen materiellen Beweis dafür habe, daß mein Traum mich auf die wirkliche Gesundung vorbereitet hat.«

Schließlich erläutert Patricia (Familienname fortgelassen), eine Lektorin und Schriftstellerin aus Rhode Island, wie ihre luziden Träume ihr mit dem Schmerz umzugehen halfen, der von Verwachsungen des Darms verursacht wurde. Über eine Reihe von Jahren hatte sich Patricia zahlreichen Operationen unterzogen, um die Verwachsungen beseitigen zu lassen. In dieser Zeit erlebte sie oft luzide Träume, in denen sie die großen Schmerzen fühlte, die von den Verwachsungen herrührten, und brachte die Schmerzen dazu aufzuhören. Obwohl der Schmerz nie durch Aspirin oder andere Schmerzmittel gedämpft wurde, berichtet Patricia, wenn sie einen solchen Traum gehabt hatte, »erwachte ich; und der Schmerz war fort.«

Keiner dieser Fälle kann als übernatürlich bezeichnet werden, aber sie zeigen, daß man im gesteigerten Zustand der geistigen Imagination, in Träumen also, intuitives Wissen entwickeln und damit vielleicht die Gesundheit des Körpers beeinflussen kann. Diese Beispiele haben einige Gemeinsamkeiten, die auf ein Muster im Traum wahrgenommener Heilung hinweisen:

Erstens begleitet die ganze (persönliche) Geschichte des luziden Träumens die Traumkontrolle sowohl bei luziden als auch bei nicht-luziden Träumen.

Zweitens besteht vor dem Einschlafen die feste Absicht, physisches Unwohlsein zu verringern.

Drittens unternehmen Träumer oder Traumgestalten entweder vor oder während des luziden Zustandes aktiv etwas, um den Traumkörper vom Unwohlsein zu befreien.

Viertens sind, mit einer Ausnahme, die geträumten Handlungen ruhig, das heißt, es gibt einen Versuch, sich zu entspannen, anstatt den verletzten Körperteil anzugreifen.

Menschen, die meinen, ihre Gesundheit erfolgreich beeinflußt zu haben, erfahren die positiven Ergebnisse der geträumten Handlung oft sowohl im Traum als auch nach dem Aufwachen. Dies wird deutlich von E. W. Kellogg, einem habituellen luziden Träumer, demonstriert. Er schreibt, daß er im April 1984 beim Essen eines japanischen Schisch-Kebab so »vollkommen aus dem Häuschen« war, daß er sich die Mandeln mit einem Eßstäbchen durchbohrte! Innerhalb weniger Tage waren seine Mandeln »recht schlimm infiziert, ganz rot, auf etwa das Dreifache ihrer normalen Größe angeschwollen (...) und an der Außenseite mit Linien gelben Eiters verziert.« Weil er keinen Arzt aufgesucht hatte, legte er sich in diesem Zustand ins Bett mit der Absicht, seine Mandeln zu heilen. Er hatte dann einen luziden Traum, in welchem er Affirmationen (positive Gedanken) benutzte, um seine Kehle zu heilen. Kellogg berichtet, daß der Schmerz beim Erwachen fast vollständig verschwunden war, und am nächsten Morgen »sahen meine Mandeln normal aus und fühlten sich fast auch so an, nur leicht rot und etwas geschwollen. Von der Infektion waren mindestens 95 Prozent verschwunden. Aus der drastischen Schmerzreduktion zu schließen, die ich direkt nach dem Heilungserlebnis spürte, muß viel von dieser Heilung während des luziden Traumes abgelaufen sein.« (...)

Ein Großteil der Forschungsarbeiten über Heilungen in unseren Träumen ist im Rahmen der psychotherapeutischen Anwendungen und der kreativen Leistungssteigerung erbracht worden, die in Kapitel 5 (»Phantome der Nacht«) und Kapitel 4 (»Trainer in der Nacht«) beschrieben wurden. Dieses auf der geistigen Imagination beruhende Modell der Heilung im Traum paßt eigentlich gut zum luziden Traum-Training des Psychologen Paul Tholey für Sportler, in welchem diese zuerst imaginieren, was sie erreichen wollen, und diese Ziele dann in ihren luziden Träumen einüben. Beim Erwachen vergleichen sie die beabsichtigten physischen Bemühungen zur Erreichung ihrer Ziele mit ihren geträumten Übungen und notieren die Verbesserungen. Lediglich eine wissenschaftliche Pilotstudie hat bis jetzt etwas Licht auf das Potential geworfen, das die Luzidität hat, um immunologische Prozesse zu beeinflussen. Dr. Andrew Brylowski, Medizinalassistent an der Medical School der University of Southwestern Texas in den USA, führte ein Experiment durch, um zu sehen, ob luzide Träume das Niveau der natürlichen Killerzellen (NK-Zellen) im Blut verändern können. NK-Zellen sind spezielle Immunzellen, die die Fähigkeit haben, eindringende Tumorzellen oder Viren zu erkennen, ausfindig zu machen und zu zerstören. Man weiß, daß die Zahl der NK-Zellen während des Schlafes sinkt. Brylowski und seine Mitarbeiter wollten untersuchen, ob ein luzider Träumer die Zahl der NK-Zellen auch erhöhen könnte. Als die Mediziner die Nacht hindurch stündlich ihrer Versuchsperson Blut abnahmen, stellten sie fest, daß die NK-Aktivität, wie erwartet, zu Beginn des Schlafes absank, jedoch in Perioden der Luzidität bis zum Niveau des Wachseins wieder anstieg. Weil das Experiment aber nur eine Nacht und nur mit einem Patienten lief, müssen weitere Forschungen unternommen werden, um diesen interessanten Befund zu erhärten. Diese vorläufige Arbeit ist jedoch einer der ersten ernsthaften Versuche, die biologischen Konsequenzen des luziden Träumens zu erkunden.

Wenn wir die bisherigen Forschungsergebnisse betrachten, können wir sagen:

- Luzide Träumer sind die besten Kandidaten für Traumheilungen.
- Luzide Träumer besitzen Persönlichkeitsmerkmale, die sie weniger anfällig für streß-induzierte Krankheiten machen als nicht-luzide Träumer.
- Wenn ein luzider Träumer sich doch einmal einer Krankheit beugen muß, ist er psychologisch besser ausgerüstet, sich der Krankheit richtig anzupassen.

Wenn die Imagination die Macht hat, unser Immunsystem anzukurbeln, und wenn wir lernen können, die lebhaften Bilder, die wir in unseren Träumen finden, mit diesem Ziel zu beeinflussen, dann ist damit der erste Schritt zur Traumheilung unternommen. Und weil luzide Träumer in den Träumen ihr Bewußtsein entwickeln, sind sie anscheinend die besten Kandidaten für eine besonders effektive Abwehr von Erkrankungen.

Luzide Träumer haben auch Persönlichkeitszüge, die sie zur Gesundheit förmlich prädisponieren. Zum Beispiel prüfen sie ihre Gefühle und Gedanken eingehender als Leute, die nicht luzid träumen. In Untersuchungen über die Wirkungen, die seelischer Streß in Krisenzeiten (Tod in der Familie, Verlust der Arbeit, Eheprobleme) auf unsere Gesundheit hat, haben Wissenschaftler herausgefunden, daß Menschen mit geringem Selbstbewußtsein nach derartig starkem Seelen-Streß öfter krank werden. In diesem Sinne führten Gackenbach und ihre Studenten an der University of Northern Iowa (USA) eine Untersuchung zu der Vermutung durch, daß luzide Träumer ihren Streß gerade in ihren Träumen verarbeiten können. In einer 16wöchigen Studie wurde gezeigt, daß luzide Träumer in Nächten, die streßvollen Tagen folgten, öfter als sonst luzide träumten. Nach diesen luziden Nächten fühlten sich die Personen tagsüber durchweg weniger durch Streß belastet.

Die Fähigkeit der luziden Träumer zum Tagträumen und zu einem aktiven und reichen Traumleben kann sie auch vor jenen Krankheiten bewahren, von denen man annimmt, daß sie eine starke psychosomatische Komponente haben, etwa Zwölffingerdarmgeschwüre, rheumatrische Arthritis, Bronchialasthma und Kolitis ulcerosa (geschwürige Entzündung des Dickdarms). Forscher haben herausgefunden, daß eines der wichtigsten psychologischen Merkmale von Menschen, die an solchen Krankheiten leiden, eine psychologische Dynamik ist, die man als Alexithymie (Unfähigkeit, mit seelischen Inhalten umzugehen) bezeichnet. Alexithymiker haben typische Schwierigkeiten, ihre Emotionen auszudrücken; sie sind stark auf die Einzelheiten des Alltags fixiert, haben eine recht geringe Fähigkeit zum Tagträumen und erinnern sich kaum an ihre nächtlichen Träume. In der Tat legt eine Studie nahe, daß Alexithymiker weniger aktive REM-Phasen haben als andere Menschen. Die einzig sichere Möglichkeit, die sie haben, um ihre Konflikte und empfundenen Streß auszudrücken, ist die Sprache der Symptome ihres Körpers, woraus das häufige Auftauchen von Krankheit verständlich wird. Umgekehrt kann eine gesteigerte Ausdrucksfähigkeit durch die Imagination im Schlaf wie auch im Wachzustand für die gute Gesundheit von luziden Träumern verantwortlich sein. So spielen die Träume wohl tatsächlich für unsere Gesundheit eine Rolle, einfach weil sie uns helfen, unsere Gefühle auszudrücken. Rosalind Cartwright, heute eine der führenden Traumforscherinnen der Welt, hat den Traum als einen emotionalen, problemlösenden Prozeß konzeptualisiert. Mit anderen Worten befähigen uns die Träume, mit Problemen, die emotionaler Natur sind, fertigzuwerden. In ihrer Arbeit hat Rosalind Cartwright viele Unterschiede zwischen den Träumen von Menschen gefunden, die sich den Wandlungen in ihrem Leben erfolgreich anpassen, und jenen, die dies nicht tun oder tun können.

Der Weg zur optimalen Gesundheit

Wie wir am Anfang dieses Kapitels erwähnten, hat auch die Meditation viele positive Auswirkungen auf unsere Gesundheit. Das Ziel der Meditation ist, über die bekannten seelischen Zustände des Wachens, Schlafens und Träumens hinauszugehen, sie in diesem Sinne zu transzendieren. Der sich aus der Transzendenz ergebende Zustand des Bewußtseins unterscheidet sich von den anderen ganz spürbar, er beobachtet sie alle (»bezeugt« sie). Ein Mensch, der dieses Bewußtseinsniveau erreicht hat, kann also seine Träume bewußt beobachten. Weiterhin hat man Bewußtsein im Schlaf nicht nur während des REM-Schlafes (also des Träumens) gefunden, sondern auch im tieferen Non-REM-Schlaf (Schlafstadium 2), in dem Träume sehr viel weniger wahrscheinlich auftreten. Daraus könnte folgen, daß sich bei jemandem, der im Schlaf regelmäßig luzid wird oder ein (bewußter) »Zeuge« seines Schlafs ist, auch die positiven Auswirkungen auf die Gesundheit zeigen müssen, die man von der regelmäßigen Meditation kennt. Bisher gibt es aber nur wenig wirklich überzeugende Befunde in der wissenschaftlichen Traumforschung, die diese Hypothese stützen. Beispielsweise hat Gakkenbach herausgefunden, daß weibliche luzide Träumer im allgemeinen gesünder sind als die Norm (dies traf jedoch nicht auf männliche luzide Träumer zu). Bei Menschen beiderlei Geschlechts, die spontane luzide Träume schilderten, fand man jedoch, daß sie ein gesünderes Vestibularsystem (Gleichgewichtsapparat im Innenohr) haben als jene, die noch nie einen luziden Traum hatten.

Nur durch sorgfältige wissenschaftliche Untersuchungen wird man in der Lage sein, zu beweisen, welche Rolle die Luzidität für die Gesundheit wirklich spielt, und ob, wie wir postulieren, die gute Gesundheit von Meditierenden auch bei den wenigen Menschen, die von allein luzide Träume erleben, anzutreffen ist.

Teil 2

Biologie des Bewußtseins

Kapitel 7

Die Träume des Heiligen

Das Raster der Meditation

Gelegentlich gelangt eine gute Geschichte aus der Dunkelheit eines Klassikers wieder ins öffentliche Bewußtsein. Manchmal nimmt etwas an ihr unsere Phantasie gefangen, und plötzlich ist sie, die viele Jahre lang unbeachtet war, überall bekannt. So war es auch mit der Geschichte von Tschuang Tsu und dem Schmetterling. Früher kannten nur Leser asiatischer Philosophie diese kleine taoistische Erzählung. Als aber das Interesse am Osten – und an den Träumen – größer wurde, geschah dies auch mit den Übersetzungen von Tschuang Tsus Geschichte. Es gelang ihr in den siebziger Jahren sogar, ihren Weg in das amerikanische Fernsehen zu finden, und zwar als eine Episode in der Serie *Kung Fu*. Hier ist eine Version davon:

> Einst träumte ich, Tschuang Tsu, ich wäre ein Schmetterling, und der Schmetterling flog herum und empfand dabei Freude in seinem Herzen. Er wußte nicht, daß er Tschuang war. Plötzlich erwachte ich und war wieder ich selbst, der wahrhafte Tschuang. Aber eigentlich kann ich nicht wissen, ob ich nun als Tschuang geträumt habe, selbst ein Schmetterling zu sein, oder ob ich jetzt gerade als ein Schmetterling träume, selbst Tschuang zu sein. Freilich muß es zwischen Tschuang und dem Schmetterling einen Unterschied geben.

Es muß einen Unterschied geben, aber worin liegt er? Wie es der taoistische Philosoph so poetisch darstellt, können Träume unsere Definitionen der Realität in Frage stellen. Im

Wachsein wissen wir um einen weiteren Bereich, in dem unsere Erfahrungen, Wünsche und Befürchtungen auf unerwartete Weise lebendig werden. Während wir aber träumen, leiden wir plötzlich an Gedächtnisschwund, vergessen unser Wachleben und akzeptieren, was sich gerade ergibt, als real; natürlich nur wenn wir nicht luzid werden und uns unserer beider Leben bewußt werden, des einen, das wir erträumen, und jenes bekannten, in dem wir wach sind. In der westlichen Kultur wurde das luzide Träumen erstmals bei Plato erwähnt, aber es gibt keinen Grund anzunehmen, daß die Ägypter oder Babylonier oder eigentlich auch unsere Cro-Magnon-Ahnen nicht auch hin und wieder in ihren Träumen erwachten. Man kann nur ahnen, was die alten Schamanen aus solchen ungewöhnlichen und verführerischen Erfahrungen machten. In der Antike glaubte man im allgemeinen, daß die Seele den Körper während des Traums verläßt und ein Geisterreich bereist. Wenn jemand dann luzid wurde, könnte das eine solche Anschauung bestätigt haben; denn als Zeuge mit bewußtem Geist in einen Traum zu gehen oder ihn sogar zu bewirken, wäre dann als Beweis für die »Wirklichkeit« der Traumwelt angesehen worden.

Solche Erfahrungen führten auch noch zu anderen Schlußfolgerungen. Der früheste Bericht über eine ausgeklügelte Praxis des luziden Träumens war die »Lehre vom Traumzustand«, ein tibetisch-buddhistischer Leitfaden, um im Traum luzid zu werden. Wie die tibetischen Yogis glaubten, könnte man durch das Erkennen der illusorischen Natur der Träume auch die illusorische Natur der Realität besser verstehen. Wenn man nach dieser Lehre seine Träume beherrschen lernt, egal, »ob man im Schlaf- oder im Wachzustand ist, merkt man, daß beide Zustände (letztlich) illusorisch sind«. Um den Lernenden diese Einsicht vermitteln zu können, wurden verschiedene Meditationen vorgestellt, durch die Luzidität erlangt werden könne, und Richtlinien dafür, was zu tun sei, wenn einmal die volle Bewußtheit erreicht war. »Wenn der

Traum«, so die Lehre, »vom Feuer handelt, denke man daran: ›Welche Angst kann es vor einem Feuer geben, das in einem Traum entsteht?‹ Während du diesem Gedanken nachgehst, tritt in das Feuer. In gleicher Weise kannst du auftreten, wo immer der Traum ist.«

Die bewußte Handlung im Traum ist nach vielen buddhistischen und hinduistischen Lehren ein notwendiger Schritt auf dem Weg zur Erleuchtung. Im allgemeinen wird Erleuchtung entweder als eine Erlösung vom Leiden angesehen, welches im Kern der menschlichen Existenz liegt, oder als die Erkenntnis, daß das Leben Glückseligkeit ist. Die buddhistische Vorstellung des *dukkha*, oder Leidens, beinhaltet auch, was Jack Engler, Professor in Harvard, das »existentielle Unbehagen« nannte, und worauf Freud als »unser alltägliches menschliches Elend« hinwies – das Gefühl, daß im Innersten unseres Lebens so manches schiefgegangen sei. Buddha selbst erklärte, daß das einzige, was er lehrte, das Leiden und der Weg aus dem Leiden heraus sei. Der Weg heraus, meinte Buddha, schließe die Einübung der Meditation ein, dieses Sich-Bewahren des Geistes, um durch sich selbst sehen zu können. Die Meditation sollte uns lehren, jedem Moment innezuwohnen. Der Begriff »distanziert«, der oft auftaucht, um das allmähliche Erwachen des Geistes zu beschreiben, welches die Meditation begleitet, ist eher irreführend. »Wenn Sie ihr Selbst total in jeden Augenblick legen und nichts davon übrigbleibt«, erläutert Engler, »dann ist es das, was mit der Distanziertheit gemeint ist.«

Durch die Meditation lernen wir zu empfinden, daß all unsere Wahrnehmung eine Konstruktion unserer »Wirklichkeit« ist. Sogar wenn wir die gesehene Welt des Wachseins der erlebten Traumwelt gegenüberstellen, ist dies eine illusorische Unterscheidung. Gerade darum waren die Tibeter so sehr daran interessiert, sich in ihren Träumen bewußt zu werden. Für sie war dies ein Schritt zur Erfahrung des einen Geistes. Erleuchtet zu sein bedeutet, sich der Illusion jederzeit bewußt zu sein ... ob wachend oder träumend oder sogar im traumlosen Schlaf. Obwohl es viele verschiedene Arten von Meditation gibt, versuchen doch alle, die Aufmerksamkeit auf einen Weg zu lenken, der den Menschen befähigt, die Beschränkungen seiner alltäglichen Wahrnehmung zu überwinden. Daniel Goleman schreibt in seinem Buch *The Meditative Mind* (Der meditierende Geist), daß »die wichtigen Attribute dieses Zustandes immer dieselben sind: ein Ausschalten der Sinneswahrnehmungen, die auf ein einzelnes Objekt gerichtete und weitere Gedanken ausschließende Aufmerksamkeit und sublime Gefühle von Begeisterung.«

In einigen Meditationskursen wird die Aufmerksamkeit durch Konzentration auf ein Mantra, ein Koan (unlösbares Rätsel) oder einen Gegenstand fokussiert. In anderen Schulen wiederum unterrichtet man die Schüler darin, ihre Gedanken und Bilder zu beobachten, sich dabei jedes verstreichenden Augenblickes bewußt zu sein und sich dadurch von den Ereignissen selbst zu lösen. Unser Innerstes richtet sich dann auf den gegenwärtigen Moment; der Geist beobachtet sich selbst, während er das Leben beobachtet, wie dieses sich entwickelt. Es ist ein Zustand der jenem bemerkenswert ähnlich ist, der in luziden Träumen gefunden wird. Harry Hunt, Psychologe an der Brock University in Kanada, hat spekuliert, daß so eine »systematische Meditation als Versuch ›erfunden‹ worden sein könnte, um in unserem Wachzustand so etwas zu erlangen wie die geistige Klarheit, Heiterkeit und simultan die distanzierte Offenheit, die man vom luziden Träumen her kennt.«

Vom geistigen Gerüst herunter

Wenn wir ein theoretisches Verständnis der Luzidität bekommen wollen, ist es notwendig, daß wir, um es mit William James, dem Autor des klassischen psychologischen Buchs *The Varieties of Religious Experience* (Von der Vielfalt religiöser

Erfahrungen; 1902) zu sagen, die Dinge in die »Reihe« stellen, um so die Ähnlichkeiten und Unterschiede zwischen luziden Träumen und verwandten anderen Bewußtseinszuständen zu erkennen. Von all diesen Zuständen ist die Meditation der Zustand, der am engsten mit dem luziden Träumen verbunden ist. Aber bevor wir unsere Diskussion darüber fortsetzen, müssen wir drei andere verwandte Zustände darstellen: die außerkörperlichen Erfahrungen (deutsch: AKE, englisch: *Out-of-Body Experiences*, OBE), die Nahetoderfahrungen (englisch: *Near-Death Experiences*, NDE) sowie die UFO-Erlebnisse (von englisch: *Unidentified Flying Objects*). Ein anderer Verwandter des luziden Traums – der gewöhnliche Traum – ist ja schon in Kapitel 3 (»Blick in den Traum«) diskutiert worden. Wenn wir diese verwandten Bewußtseinszustände untersuchen, kommen wir zu einem besseren Verständnis der geistigen Mechanismen, die für jeden einzelnen von ihnen verantwortlich sind. Jeder Zustand, einschließlich des luziden Träumens, ist so etwas wie ein Zwischenzustand, der uns der Erfahrung eines höheren Bewußtseinszustandes näherbringt, welchen man als »reines Bewußtsein« (englisch: *pure consciousness*) bezeichnen kann. Dieser elementare Bewußtseinszustand wird am Ende dieses Kapitels kurz angerissen und in Kapitel 10 (»Die Entwicklung der Seele«) eingehend vorgestellt.

Viele der frühen Forschungen zu den luziden Träumen wurden von Parapsychologen durchgeführt, die viele Ähnlichkeiten zwischen den luziden Träumen und den außerkörperlichen Erfahrungen (AKEs) ausmachten. Obwohl ihre Wissenschaft von anderen Forschern häufig herabgestuft worden ist, werden heutzutage viele Bereiche ernstgenommen, die zuerst von den Parapsychologen beackert worden sind, wenn auch oder gerade weil das Bewußtsein in seiner Vielfältigkeit für wissenschaftliche Untersuchungen ein viel heiklerer »Gegenstand« ist als, sagen wir einmal, Elektrotechnik oder geologische Tektonik. Die Bewußtseinsforschung kommt durch gewissenhafte Arbeiten engagierter Wissenschaftler, die vor allem die unscharfen Begriffe kritisieren, mit denen man früher so oft Untersuchungen des menschlichen Geistes kontaminiert hat, zu ihrem Recht. Als beispielsweise die englische Psychologin und Parapsychologin Susan Blackmore eine wissenschaftliche Tagung zum Thema Visionen besuchte, fand sie sich plötzlich inmitten einer Gruppe von Wahrnehmungsforschern bei ein paar Gläsern bulgarischen Bieres. Die anderen waren neugierig, etwas über ihr Interesse an luziden Träumen und außerkörperlichen Erfahrungen zu hören. »Warum sollen sie so interessant sein«, fragte einer von ihnen. Blackmore, die im Psychologischen Fachbereich der University of Bristol arbeitet, begann, nach ihren Worten, »etwas zu brabbeln, wie anspruchsvoll sie seien, wie schwierig herbeizuführen, aber wie motivierend, wenn man damit Erfolge hätte, wie klar das Bewußtsein in ihnen (...).«

Ihre Schwierigkeit, genau in Worte zu fassen, warum das für sie so interessant sei, was sie zum Kern ihrer Forschungen gemacht hatte, machte sie sensibel für eine kritische Frage an sich selbst, ob nämlich AKEs und luzide Träume von Interesse für andere Wissenschaftler seien. In einem Artikel, der im *Lucidity Letter* veröffentlicht ist, einer Zeitschrift, die sich der wissenschaftlichen Untersuchung des luziden Träumens widmet, versuchte sie, genauer zu erläutern, als sie es nach ein paar Bieren konnte, was diesen beiden Phänomenen Wasser auf die Mühlen gibt. »Luzide Träume und AKEs sind deshalb so interessant (...), weil sie uns so viel über uns selbst sagen«, schreibt sie, »über das Bewußtsein und über die Illusionen, in welchen wir uns die meiste Zeit unseres Lebens befinden.«

Blackmore vermutet, daß AKEs und luzide Träume unterschiedliche Auffassungen desselben zugrundeliegenden Zustandes sind, in welchem sich, aus welchem Grund auch immer, das Bewußtsein einer Person erweitert. Wenn man in diesem Augenblick ein AKE erfahren würde, könnte man etwa von oben auf seinen Körper hinuntersehen oder vielleicht auch durch den Raum oder aus dem Fenster fliegen. In einem luziden Traum könnte man auch fliegen, aber es würden dort eher unerwartete Traumelemente auftauchen – beispielsweise ein Ungeheuer mit drei Augen, das unerwartet in die Szene hineinplatzt. In beiden Zuständen wird man sich dennoch höchstwahrscheinlich »stärker bewußt« vorkommen und näher am eigenen Kern. Ein luzider Traum, behauptet Blackmore, »ist eine der seltenen Chancen, sich vollkommen bewußt zu fühlen, während man die Inhalte der eigenen Imagination erlebt. Wenn man das Talent dafür hat, kann man alles, was man sich vorstellen kann, auch real erleben.«

Bei vielen Leuten mit einer außerkörperlichen Erfahrung dürfte es zwei Erlebniszentren (Ichs) geben, eines, das im (physischen) Körper bleibt und sich an sämtlichen aktuellen Handlungen beteiligt, und eines, das über dem (vorgestellten) Körper schwebt und ein stiller Beobachter ist. Wenn dieses Gefühl der zwei Ichs (oder Selbste) während des Schlafes auftritt, könnte es sein, daß einige Menschen gar nicht bemerken, daß sie schlafen, und stattdessen glauben, daß sie wach sind, was sie ja eigentlich auch sind, nur anders als sie es kennen – eben wach in einem Traum. Träumer könnten diese Erfahrung als einen luziden Traum interpretieren, in welchem sie durch eine ungewöhnliche Traumlandschaft reisen, oder als eine mystische Erfahrung, eine Reise durch ein spirituelles Reich, das außerhalb unseres normalen wachen oder träumendem Bewußtseins existiert. Blackmore erläutert, daß es genau diese beiden möglichen Interpretationen auch bei den Wissenschaftlern gegeben hat. Die eine Gruppe hypostasiert, kommentiert Blackmore, daß »die Seele, der Astralkörper, der Geist oder was auch immer, den Körper vorübergehend in einem AKE sowie für immer mit unserem Tod verläßt«. Auf der anderen Seite wird in den psychologischen Theorien, wie sie es sieht, geleugnet, daß »ein Etwas den Körper verläßt, und postuliert, daß die Erfahrung durch unsere Imaginationsfähigkeit hervorgerufen wird.« Die meisten heutigen Forscher favorisieren inzwischen die letztere Sicht, wobei es überhaupt keine Herabsetzung der Lebendigkeit oder des Bedeutungsgehaltes für Menschen, die AKEs erleben, bedeutet zu sagen, daß sie in das Reich der Imagination gehören.

Es ist allgemein bekannt, daß außerkörperliche Erfahrungen gerade in veränderten Bewußtseinszuständen auftreten: während der Meditation, unter dem Einfluß psychedelischer Drogen oder in Zeiten extremer Belastung durch Streß. Aber sie kommen am häufigsten vor, wenn jemand flach liegt und kurz davor ist, einzuschlafen oder zu träumen. »Es ist«, erläutert Harry Hunt, »als wenn eine Traumsequenz beginnt, das Bewußtsein über den eigenen gegenwärtigen Rahmen in Raum und Zeit aber untypischerweise davon nicht wie in den meisten Träumen entkoppelt ist.« Stattdessen kann der Träumer »die imaginative Beteiligung am Traum in sein davon losgelöstes Selbstbewußtsein integrieren, das den eigenen Rahmen für das, was es ist, kennt.« Anders ausgedrückt, wenn Tschuang Tsu luzide gewesen wäre, als er träumte, ein Schmetterling zu sein, hätte er gewußt, daß er noch Tschuang Tsu ist, und wenn er spiegelbildlich einen AKE-Traum erlebt hätte, den er für real gehalten hätte, hätte er gewußt, daß sein physischer Körper im Bett lag, aber doch gedacht, daß er wach sei. Die Synthese kann darin bestehen, sich vorzustellen, er hätte einen außerkörperlich-luziden Traum gehabt. Dann hätte er seinen physischen Körper im Bett liegen sehen, hätte aber erkannt, daß er träumte. Diese letzte Sichtweise ist wahrscheinlich die stimmigste.

Wegen der großen phänomenologischen Ähnlichkeiten zwischen luziden Träumen und AKEs und der Tatsache, daß beide meist bei denselben Menschen auftreten, meint Blackmore, daß sie von derselben Art seelischer Prozesse verursacht werden. In jeder der Erfahrungen modelliert und strukturiert das Gehirn die Wahrnehmungen etwas unterschiedlich, anders als im gewöhnlichen Wachzustand. Diese Rekonstruktion ist oft das Ergebnis einer schweren Streßbelastung.

Gackenbach zum Beispiel erlebte ihre einzige außerkörperliche Erfahrung (außerhalb des Traumvorgangs) bei der Geburt ihres ersten Kindes. »Nach 32 Stunden Wehen«, erklärt sie, »war ich extrem ermüdet und von äußersten Schmerzen gepeinigt. Mir ging immer wieder zwischen zwei Schmerzensschreien die Phantasie durch den Kopf, daß ich vom Geburtstisch springen und fortlaufen würde. Ganz plötzlich merkte ich, wie mich mein ›Ich‹ von oben und hinter meinem Körper ansah. Ich erinnere mich, daß ich zu mir selbst sagte: ›Das ist noch gleich‹, und große Erleichterung empfand, mich aber leider schnell wieder in meinem Körper befand und merkte, daß meine Tochter eifrig dabei war abzugehen.«

Hunts Beschreibung der Luzidität und der außerkörperlichen Erfahrungen als Erlebnisse »intensivierten Selbstbezuges« (ein Teil des Bewußtseins ist losgelöst und beobachtet, während ein anderer Teil gleichzeitig weiterhin am Traum oder dem Lebensereignis teilnimmt) kann auch auf verschiedene andere Bewußtseinszustände ausgedehnt werden. Dazu gehören die sogenannten Nahetodeserfahrungen, in denen Menschen dem Sterben nahe sind. Bei zwei Befragungen hat man herausgefunden, daß Menschen mit einer Nahetodeserfahrung wahrscheinlicher auch Traumluzidität erleben. Beschreibungen von Nahetodeserfahrungen enthalten sehr viele Bilder, die auch in einigen luziden Träumen, AKEs und tiefer Meditation vorkommen: Es gibt die mandala-ähnlichen Lichtmuster, das helle, weiße Licht der Leere und den Tunnel, durch den man reist. Nach einer Nahetodeserfahrung haben die Menschen häufig ein Gefühl, als wenn sie in einem veränderten Bewußtseinszustand gewesen wären. Die »andere Seite« gesehen zu haben, bedeutet oft, daß sie dieses Erlebnis mit äußerst positiven Gefühlen für ihr Leben zurückläßt. Es ist etwas, das Menschen, die es erlebt haben, niemals verlieren wollen. In einem neueren Artikel berichtet der Psychologe Kenneth Ring über die Nahetodeserfahrung einer »Jayne

Smith«. Während der Geburt ihres zweiten Kindes erlebte sie eine »ekstatische Dankbarkeit und ein kosmisches Wissen und verlor fast sofort jegliches Körperbewußtsein. Sie sagt, daß sie, während sie in Licht gehüllt war, als reines Bewußtsein existierte.«

Oft beinhalten die Nahetodeserfahrungen nicht nur eine außerkörperliche Erfahrung, sie fallen auch manchmal mit einem luziden Traum zusammen, so wie im Fall des pensionierten Physikers John Wren-Lewis. Eines Nachts war er besorgt, daß der Wein, den er zu sich genommen hatte, sein mystisches Bewußtsein stören könnte, das von einer Nahetodeserfahrung herrührte. In einem Traum jener Nacht wurde er luzid: »Ich wußte, daß dies ein Traum ist, in welchem meine geisterhafte Unsichtbarkeit meinen Zustand nach dem Tod symbolisierte, und die Traumgestalten, die mich darin sehen konnten, jene Leute sein sollten, die im Wachleben hier auf der Erde wußten, daß ich im Himmel lebte und für ›diese Welt‹ gestorben war.« Wren-Lewis merkte, daß er diesen Traum hatte, um seine Sorge über die Wirkung des Weines auf sein neu gefundenes Bewußtsein zu erforschen. Als er sich bewußt wurde, daß er in seinem Bett in seiner Wohnung in Australien lag, sah er,

> daß die reale Drohung für mein mystisches Bewußtsein nicht im Trinken selbst lag, sondern darin, mich dadurch innerlich in einen Monolog über das Trinken zu verwickeln. Um diesen Durchbruch in der Sprache des Traums feierlich zu begehen, ging ich geradewegs durch die Wand des geträumten Raumes hindurch. Als ich in die Straße in der Nähe des Hafens von Sidney einbog, wurde mein Traum von einem mystischen Bewußtsein überflutet, was nicht wie etwas Neues war, sondern wie eine einfache Wahrnehmung dessen, was buchstäblich schon immer existiert hat, genau in demselben Gefühl, das ich habe, wenn es mir gelingt, im

> Wachleben wieder das mystische Bewußtsein zu erlangen. Ich flog über das Wasser, vom Wind getragen, den ich als Atem Gottes am ersten Tag der Schöpfung erkannte, und ich wurde schwach von all dieser Schönheit – um dann in meinem Bett zu erwachen, und in meinen Augen schwammen Tränen der Dankbarkeit.

In diesem Beispiel benutzte Wren-Lewis einen luziden Traum, um das mystische (vielleicht das »reine«) Bewußtsein, das aus einer Nahetodeserfahrung stammte, neu zu affirmieren.

UFO-»Erfahrungen« können auch einige Merkmale des luziden Träumens, der AKEs und der NDEs haben. In der Tat könnte es sein, daß eine ziemliche Zahl solcher Erfahrungen eigentlich mißdeutete Träume sind. In solch einem Erlebnis glaubt der Mensch, daß er oder sie entführt worden sei, untersucht und für Experimente durch fremde Kreaturen mißbraucht. Oft blockiert der Entführte sein Gedächtnis dafür, was im allgemeinen ein schmerzhaftes oder entsetzliches Ereignis ist, und nur in Hypnose können Einzelheiten davon wieder auftauchen. In einigen Fällen jedoch können diese unterdrückten Erinnerungen ebensogut vergessene Träume sein oder wie Ring meint: »Auf der phänomenologischen Ebene sind die NDEs und die UFO(-Erlebnisse) natürlich ziemlich unähnlich, aber gerade in ihrer ›Tiefenstruktur‹, können eher als an der äußeren Erscheinungsform wichtige Gemeinsamkeiten festgestellt werden.«

Der erfahrene luzide Träumer Alan Worsley etwa erläutert, daß er sich gelegentlich, wenn er das luzide Träumen induzierte, indem er bis zu zwei Stunden oder länger ruhig auf seinem Rücken lag, auch selbst schon fremden Wesen ausgeliefert gefühlt hat. »Ich bin nicht dem Aberglauben verfallen oder glaube an ›überflüssige Wesenheiten‹, aber vielleicht ist der Begriff ›Traum‹ etwas zu unverbindlich, um dem ›Ultra-Realismus‹ solcher Erfahrungen gerecht zu werden«, erläutert er.

Wenn beispielsweise jemand wie ich mit einer intensiven taktilen und auditorischen Imagination davon »träumt«, im Dunkeln von Robotern untersucht oder von kleinen Wesen, deren Wohlwollen und Kompetenz zweifelhaft erscheinen, operiert zu werden, oder auf unterschiedliche Weise von Lebensformen, die in unserer irdischen Biologie nicht bekannt sind, mißbraucht zu werden, dann kann es ihm sehr schwer fallen, ruhig zu bleiben. Ich habe herausgefunden, daß dieser besondere Bewußtseinszustand gewöhnlich, wenn ich dabei nicht ruhig bleibe, innerhalb eines Augenblickes verfliegt. Das kann als Ausweg sehr sinnvoll sein, aber es kann auch ärgerlich sein, diesen Zustand wieder zu verlieren, wenn die Erfolgsrate sowieso nicht hoch ist und jeder Versuch zwei Stunden oder mehr benötigt. Ich sehe mich gern als einen zumindest etwas mutigen Untersucher an, muß aber zugeben, daß ich trotz der Tatsache, daß ich intellektuell der Ansicht bin, das Erlebte sei ein innerlich geschaffenes Imaginationsbild, während dieser Episoden mehr als einmal zurückgeschreckt bin. (...) Ich vermute, daß viele Erlebnisse einer ›UFO-Entführung‹ genau wie die außerkörperlichen Erfahrungen Beispiele für ein und denselben Vorgang sind.

Ein außergewöhnliches Beispiel dafür, wie AKEs, NDEs, Begnungen mit UFOs und luzide Träume miteinander verbunden sind, liefert uns ein erfolgreicher Geschäftsmann namens Mark aus North Carolina. Seit seiner frühen Kindheit war Mark fähig, willentlich AKEs herbeizuführen. Er behauptet, daß sie für ihn friedlich und nicht bedrohlich sind. Auch ist es ihm vertraut, nach etwa eineinhalb Stunden Schlaf luzid zu werden und das Bewußtsein für den Rest der Nacht aufrechtzuerhalten. Er berichtet, den Prozeß jederzeit völlig unter Kontrolle zu haben, und spricht von einem Gefühl vollständigen, jedoch entspannten Bewußtseins. Als junger Mann hatten er und seine Mutter ihr erstes UFO-Entführungs-Erlebnis (zur selben Zeit), in welchem sie von fremden Mächten in einem Raumschiff mitgenommen wurden, um untersucht zu werden. Während der ganzen Dauer der Erfahrung versicherte Mark sich selbst fortwährend, daß er träumte. Obwohl er mit Schmutz an den Füßen erwachte – die »Außerirdischen« hatten ihn durch eine schlammige Gegend geführt –, sollte doch angemerkt werden, daß er auch häufig schlafwandelt. Sicher hat Mark sein Leben lang außergewöhnliche Erlebnisse mit dem Bewußtsein gehabt, die es ihm erlauben, glatt von einem imaginativen Zustand in den nächsten zu gehen.

Es ist wichtig klarzustellen, daß die gefühlte Realität all dieser Erfahrungen – AKEs, Nahetodeserlebnisse, luzide Träume und UFO-Entführungen – unergründlich ist. Und es ist vielleicht gerade die Intensität des Gefühls, die einen ungeschulten Beobachter oft dazu führt, daraus zu folgern, das Erlebnis sei »real«, genauso wie es »real« ist, daß man zur Arbeit fährt oder die Kinder zu Bett bringt. Obwohl wir argumentieren, daß die dargestellten Erlebnisse nicht die »objektive« Realität widerspiegeln, geben wir doch auch zu, daß es andere Erklärungen geben mag. Solche Erfahrungen fordern unsere Theorien darüber, was »real« sei, heraus. Es wäre ein Fehler, diese Erlebnisse als »außerhalb« der akzeptierten Realität liegend abzuwerten. Wie wir in anderen Kapiteln dieses Buches darstellen, stellen solche Erlebnisse, insbesondere das luzide Träumen, unsere Vorstellungen von der Realität in Frage und davon, was es bedeutet, »wach« zu sein.

Die Verbindung zur Meditation

Trotz der Parallelen zum luziden Träumen kann keiner der Bewußtseinszustände, die wir bisher dargestellt haben, als verursachend oder verantwortlich für den luziden Traum angesehen werden. Eine deutlichere und direktere Parallele kann zwischen dem luziden Träumen und der Meditation gezogen werden. Sie ist die einzige Technik, die nicht nur zum luziden Träumen führen kann, sondern auch weiter hinein in höhere Bewußtseinszustände. Wenn der luzide Träumer die Möglichkeit zur Selbstreflexion hat, wenn er sein Selbst inmitten eines Traumes erkennen kann, ist das dem selbstreflektierenden Bewußtsein in der Meditation über »Achtsamkeit« oder »Einsicht« verblüffend ähnlich, meint Harry Hunt. Dies sind die Meditationen, wie sie im Zen, im Theravada-Buddhismus und im tibetischen Buddhismus praktiziert werden. Und der TM-Psychologe Charles Alexander glaubt, daß dasselbe auch für die yogische Tradition der Meditation zutrifft. Sowohl in der Meditation als auch in luziden Träumen finden sich, sobald man eine distanzierte, jedoch rezeptive Grundhaltung gefunden hat und diese in das wache oder träumende Bewußtsein integriert worden ist, starke Gefühle der Heiterkeit, Freiheit und Erleichterung. Es gibt, erläutert Hunt, »ein ungewöhnlich starkes Empfinden für Zusammenhänge und Perspektiven, ein ›Gleichgewicht‹ normalerweise gegensätzlicher Haltungen und diesen fühlbaren Sinn für die eigene Existenz (dieses besondere ›Ich bin‹ oder die Erfahrung des ›Wesens‹) (...).«

Ohne dieses vertiefte Gefühl verbrauchen sich die meisten Menschen in ihrem alltäglichen Leben, bleiben unberührt von der »Größe« des Lebens und der schieren Unvermeidbarkeit des Todes. Dies, erläutert Hunt, sei der »vollständige Kontext unserer Menschlichkeit, für den wir zu seltenen Gelegenheiten spontan ›erwachen‹.« In derselben Weise bleiben wir unbewußt, daß wir träumen, bis zu dem Moment, wo wir luzid werden. Beide Arten plötzlichen Erwachens »können eine ziemliche Wirkung entfalten«, fügt Hunt hinzu. Aber beide sind häufig nur von kurzer Dauer.

Auf praktisch jeder Ebene der Analyse gibt es starke Parallelen zwischen dem luziden Träumen und der Meditation.

Zum Beispiel sind sich die Inhalte beider Erfahrungen ähnlich, so wie die Persönlichkeiten von Meditierenden und luziden Träumern. Auch ähneln sich die physiologischen Änderungen, die gleichermaßen in meditativen Zuständen und im luziden Träumen auftreten. Und was vielleicht am wichtigsten ist: Es gibt einen Zusammenhang zwischen dem Praktizieren der Meditation und der Häufigkeit des luziden Träumens.

Wenn aber das luzide Träumen eine Form der Meditation ist oder zumindest direkt mit ihr in Verbindung steht, dann müßten wir uns, um es zu verstehen, uns der Meditation zuwenden.

Obwohl viele Menschen im Westen Meditation mehr mit östlichen Religionen assoziieren, ist sie in der einen oder anderen Form in allen Religionen und in den meisten Kulturen praktiziert worden. »Die amerikanischen Indianer praktizieren eine Form der Meditation, die dem Zazen (der Zen-Meditation) bemerkenswert ähnlich ist«, erläutert der Meditationsforscher Michael A. West.

> In der Kalahari-Wüste in Afrika praktiziert das Volk der Kung Zhu/twasi eine Form des rituellen Tanzes (ähnlich dem der islamischen Sufi), die eine hypothetische Energiequelle aktiviert und eine Erfahrung der »Ekstase« hervorrufen kann. Viele Stammesgruppen praktizieren solche rituellen Tänze in Verbindung mit Gesang, und produzieren so veränderte Bewußtseinszustände. (...) Die Eskimos rufen eine Art Trance hervor, indem sie um einen großen, bröckeligen Stein herumsitzen und mit kleinen, harten Faustkeilen unaufhörlich einen Kreis in den großen Stein ritzen. (...) Die Meditation ist auch seit langem im Bereich der christlichen Religion genutzt worden, und viele der christlichen Techniken sind identisch mit denen anderer Religionen, Kulturen und Zeiten.

Bei all diesen Praktiken ist klar, daß man für die Meditation keine komplizierten Vorbereitungen braucht, um eine Veränderung im Bewußtsein hervorzurufen. Man muß nur ruhig sitzen und in eine tiefe Entspannung eintreten. Dies kann durch die Konzentration auf die eigene Atmung geschehen, auf einen Koan (im Zen) oder, wie häufiger in den westlichen Religionen, durch ein Gebet. In diesem Zustand konzentrierter Aufmerksamkeit verlangsamen sich unsere Gedanken, das System unserer Wahrnehmung führt uns weniger Reize zu, und wir können das Alleinsein erleben. »Ich bin nun ein Wesen ganz für mich selbst«, wie es ein Meditierender ausdrückt. »Ich bin getrennt von der Geliebten, von Freund, Mutter, Vater, Therapeut, wem auch immer (...), aber in meiner Meditation fühle ich dieses Getrenntsein nicht als Einsamkeit, ich erlebe es als eine Nähe zu mir selbst und zum Leben.«

In den letzten zwanzig Jahren haben sich unsere Wissenschaftler im Westen dem Problem der Meditation zugewendet: worin sie besteht, wie sie die Wahrnehmungen des Menschen verändert, und warum sie die Leute fesselt. Es sind mehrere Modelle aufgestellt worden, um diese Fragen zu klären. Ein Modell sieht die Meditation als einen Mechanismus an, der dazu dient, Streß und Angst zu reduzieren. Die Meditation ist erfolgreich in der Psychotherapie genutzt worden, und auch auf individueller Basis, um Gleichmut zu erlangen. Ein anderes Modell sieht die Meditation als nichts anderes als eine Art leichten Schlafs, eine gelenkte Spielart unserer Gefühle und Imaginationen, die die meisten Menschen auch erleben, wenn sie einschlafen. Andere Forscher hatten behauptet, die Meditation sei eine Form der Selbsthypnose, weil wie in der Hypnose die innere Aufmerksamkeit verstärkt wird. Wie Deane H. Shapiro jr. von der University of California/Irvine (USA) erläutert, besteht »die« Meditation aus »einem Bündel von Techniken, die einen bewußten Versuch gemeinsam haben, die Aufmerksamkeit in einer nicht analytischen Weise zu fokussieren, sowie das Bemühen, vom diskursiven, grübelnden Denken wegzukommen.«

Jedes der gegenwärtigen Meditationsmodelle wirft etwas Licht auf das Wesen der Meditation, aber alle sind unvollständig. Meditation ist ein Vorgang, eine Technik, und ermöglicht als solche Ergebnisse, etwa die Reduktion von Streßbelastung, oder auch das Bewußtsein während des Schlafens. Diese Resultate sind natürlicher Teil einer Biologie des ganzen Menschen und können spontan auch ohne Meditation auftauchen, aber die Meditation erhöht deutlich die Wahrscheinlichkeit, diese Ergebnisse zu erreichen.

Wenn Meditation mehr als die Summe ihrer Teile ist, was ist sie dann? Im Grunde bringen alle Meditationsschulen die Übung in Zusammenhang mit einem spirituellen Weg, der zu einer Harmonie mit dem »höheren Selbst«, dem »Wesen«, Gott oder dem »reinen« Bewußtsein führt. Wir werden uns auf eine der Schulen – die Transzendentale Meditation (»TM«) –beschränken, weil sie wissenschaftlich ausgiebig untersucht wurde und die einflußreichste Meditationsbewegung im Westen geworden ist. In den dreißig Jahren, seit ihr Begründer, Maharishi Mahesh Yogi, sie praktisch als einfache brauchbare Meditationstechnik »wiederentdeckte«, wurden etwa drei Millionen Leute in dieser Meditationsform trainiert.

Natürlich bedeutet der »Erfolg«, den die TM-Bewegung erzielt, nicht, daß sie einen Anspruch erhebt, den »rechten« Weg für jeden spirituell Suchenden zu kennen, oder daß sie über Kritik erhaben sei. In dem Buch *Spiritual Choices* (Die Spirituelle Auslese) wurde die Transzendentale Meditation von einigen sehr einflußreichen Persönlichkeiten der gegenwärtigen transpersonalen Psychologie nachdrücklich kritisiert. Obwohl eine solche Kritik gar nicht ungewöhnlich ist, wurde sie häufiger an der (TM-)Organisation geübt als an der von ihr vertretenen Meditationstechnik. Die TM-Leute haben sich nämlich entschlossen, allein zu bleiben, anstatt sich anderen »New Age«-Gruppen anzuschließen. Diese Tendenz sich abzuschließen wurde von anderen New Age-Gruppen als eine Art Arroganz angesehen oder als eine zu starke Abhängigkeit von ihrem Lehrer, ist tatsächlich jedoch ein Teil dessen, was sie als ihre Rolle als Schüler betrachten: zu versuchen, die Beharrlichkeit Maharishis zu respektieren, damit die Methodik in ihrer Form erhalten bleibt. Vielleicht besteht die Angst Maharishis darin, daß die TM durch die Techniken anderer Gruppen verwässert wird. Dies sei wohl eine Lektion, die man vom Christentum lernen müsse. Denn nach einigen Religionshistorikern sind bereits einhundert Jahre nach dem Tode Christi dessen Lehren radikal verändert worden.

Aber der Maharishi sieht sich auch der wissenschaftlichen Erforschung seiner Lehre verpflichtet. Weil die TM-Bewegung Menschen nicht lediglich durch Bekehrung gewinnen will, hat sie sich entschieden, ihre Lehren über den gewissenhaften und gelegentlich undankbaren Weg der Wissenschaft abzusichern. So haben die TM-Forscher in den letzten zwanzig Jahren über 300 wissenschaftliche Studien von mehr als 160 unabhängigen Institutionen aus 27 Ländern und so unterschiedlichen Fächern wie Physik, Literatur, Psychologie und Biochemie zusammengetragen. Zuerst fehlten den wissenschaftlichen Untersuchungen der TM-Forscher die angemessenen Kontrollmethoden, aber im großen und ganzen führen sie heute Arbeiten durch, die methodisch anspruchsvoll sind und anerkannt werden. Der Wert ihrer Forschung beruht teilweise auf ihrer Möglichkeit, gründliche Studien über Meditierende durchzuführen. Ernsthaft Meditierenden aus anderen Schulen widerstrebt es im allgemeinen nämlich eher, an wissenschaftlichen Untersuchungen teilzunehmen, was Harry Hunt veranlaßte zu sagen, daß die Forschungsarbeiten der TM unter dem Gros der Untersuchungen über Meditation »praktisch die einzigen sind, die zählen«.

Die sogenannte vedische oder TM-Wissenschaft läßt sich über die moderne Wissenschaft in der Weise aus, daß sie versucht, auch sie zu verstehen. »Durch ihren objektiven

Ansatz«, erläutert Maharishi, »enthüllt die moderne Wissenschaft das, was wahrgenommen wird, das Objekt. Das Subjekt allerdings, der Wahrnehmende, bleibt davon losgelöst. (...) Die vedische Wissenschaft (...) will den objektiven Ansatz der modernen Wissenschaft erweitern und ausfüllen, indem sie den Wissenden in den Prozeß des Wissens und in das Gebiet der Untersuchung einbezieht.«

Der Maharishi hat ein Konzept über die Meditation als Werkzeug zur Entwicklung des Bewußtseins aufgestellt. Anders als die heutige Physiologie sieht die vedische Wissenschaft Bewußtsein nicht als Nebenprodukt von Vorgängen in einem komplexen Nervensystem an, sondern behauptet vielmehr, Bewußtsein sei die erste Wirklichkeit, aus welcher Materie und Leben entsprängen. Wenn ein Mensch meditiert, kann er diese primäre Bewußtseinserfahrung umfassend machen, welche im TM »reines« Bewußtsein genannt wird *(»pure« consciousness)*. Gemäß dem vedischen Glauben gibt es im reinen Bewußtsein keine geistigen Inhalte, keine Gedanken, Gefühle oder Wahrnehmungen. Vielmehr ist es eine Erfahrung des »Selbst« oder »Ich bin«. Es ist das Zentrum des Wesens, »ein Zustand des Wissendseins, mehr als ein Wissen von einzelnem«, mit den Worten des Psychologen der TM, Charles Alexander. Meditation befähigt den Menschen, in diesen Zustand hineinzugehen, und hilft auch dabei, ihn mit der Zeit zu erreichen und beizubehalten.

Durch die Transzendentale Meditation beginnt man, einen Zugriff zum reinen Bewußtsein zu erlangen, indem man einen »Zeugen« *(witness)* entwickelt, einen still beobachtenden Teil des Selbst, der alle anderen Bewußtseinszustände be-zeugt (das Wachen, Schlafen und Träumen), wobei er sie nicht zu ändern versucht. Dieses Konzept ist schwierig zu verstehen, weil es für die meisten Menschen etwas darstellt, was sie noch nie erfahren haben. Aber stellen wir es uns in dieser Weise vor: Man sitzt unter einem Baum und liest ein Buch. Man wird merken, daß der Geist ein wenig abschweift, während man liest, und sich plötzlich daran erinnern, daß man noch Milch kaufen oder die Mutter anrufen wollte. Das Bewußtsein kann zwischen intensiver Konzentration auf das, was man liest, und einem angenehmen Tagtraum hin- und herpendeln. Wenn man aber den Zeugen entwickelt hat, wird es, egal an was man zu einem bestimmten Zeitpunkt denkt oder was man erlebt, immer einen Teil des eigenen Geistes geben, der einen dabei beobachtet. Der Zeuge steht von allen anderen Bewußtseinszuständen unberührt, ruhig, entspannt und tröstlich im Hintergrund als Gegenpol zu der wilden emotionalen und intellektuellen Akrobatik des Wachbewußtseins. Dieser Teil eines Selbst jedoch sollte nicht mit dem Teil verwechselt werden, der unsere geistigen Aktivitäten betrachtet und kommentiert. Der ruhige Zeuge macht keine bewertenden Äußerungen, er ist einfach da, das Wesen oder das Selbst.

Nun stellen wir uns vor, daß wir träumen: Egal, was wir in einem Traum tun, der Zeuge ist dort, um zu beobachten, nicht zu versuchen, das Geschehen zu ändern oder zu kontrollieren, wie es das erwachte Bewußtsein in einem luziden Traum tun könnte; er schaut einfach. Hier ist ein Beispiel für den Zeugen im Traum eines erfahrenen Meditierenden: »Was auch immer der Inhalt des Traumes ist, ich fühle manchmal eine innere Gelassenheit des Bewußtseins, die weit entfernt vom Traum ist. Manchmal kann ich sogar im Traum verwikkelt sein, aber dieses innere Gewahrsein der Friedlichkeit bleibt doch erhalten.«

Der Zeuge wird auch dort sein, wenn man nicht träumt, wenn man sich in den tieferen Schlafstadien befindet. In seiner reinsten Form bringt das *witnessing* ein Bewußtsein frei von jeglichem Inhalt, Denken oder Empfinden hervor.« Es ist ein Gefühl grenzenloser Expansion und Glückseligkeit und weiter nichts«, erläutert ein Meditierender der TM. »Ich werde mir dann bewußt, daß ich existiere, aber es gibt keine individuelle Persönlichkeit, und dann werde ich bewußt, daß ich eine individuelle Ganzheit bin, aber ohne Einzelheiten, wer, wo, was oder wann. Schließlich treten diese Einzelheiten hinzu, und ich werde wach.«

Ein anderer Meditierender sagt, daß die Erfahrung »wie ein aufgedrehter Verstärker ist, aber ohne Geräusche. Die Erfahrung verblaßt, wenn sich die Grenzen des Traumzustands oder Wachzustands wieder entwickeln, an Genauigkeit zunehmen und sie überschatten.«

Die Entwicklung dieses Geisteszustandes steht im Zentrum vieler Traditionen der Meditation. Es ist nicht überraschend, daß das luzide Träumen in einigen Lehren als eine Form der Meditation im Schlaf und ein notwendiger Vorläufer für das Auftauchen des Zeugen angesehen wird. Hunt stellt beispielsweise heraus, daß, wenn ein Schüler im tibetischen Buddhismus »eine relativ stabile Traumluzidität erreicht hat, er (oder sie) dazu übergehen kann, furchteinflößenden Gottheiten gegenüberzutreten, oder aber diese Gelegenheit dazu nutzen kann, seine (oder ihre) meditative Übung zu vertiefen, in Vorbereitung auf die ›Luzidität‹ während des Bardo-Zustandes.« (Im tibetischen Buddhismus ist das Bardo jenes Reich, welches die Seele bereist, nachdem sie den Körper verlassen hat und bevor sie in einem anderen wiedergeboren wird.)

Alexander und seine Mitarbeiter an der Maharishi International University in Fairfield, Iowa (USA) glauben, daß das *witnessing* ein weiter fortgeschrittener Bewußtseinszustand gegenüber dem luziden Träumen ist. In der Luzidität ist ein Teil des Geistes noch aktiv und in das Traumgeschehen involviert, während ein anderer es beobachtet und sich der wahren Natur des Traumzustandes bewußt ist, noch während er daran beteiligt ist. Das Umgekehrte scheint für das *witnessing* zuzutreffen. Das Bewußtsein des Beobachters ist dominanter als das des aktiv engagierten Teilnehmers am Traum, dennoch ist es auch ruhig und distanziert. Die beiden Rollen sind klarer getrennt, und so entsteht auch das *witnessing* im Traum ruhiger.

An welchem Punkt allerdings beendet jemand einen luziden Traum und beginnt das *witnessing*? Obwohl dies als Kontinuum beschrieben werden kann und manchmal auch als solches erfahren wird, erscheint das *witnessing* im allgemeinen spontan. Ganz plötzlich hat jemand das Empfinden, einfach dort »zu sein«.

Das Ziel der meditativen Übung besteht dann im wesentlichen darin, alles, was der aufmerksame und rezeptive Geist in der Meditation erreicht, in die andere Umgebung zu transferieren – in den Schlaf, die Träume und ins Alltagsleben. Das luzide Träumen ist eine frühe Form des Bewußtseins im *witnessing*, das bei einigen Menschen von selbst entstehen, bei anderen durch das Praktizieren der Meditation herbeigeführt werden kann. In diesem Zusammenhang betrachtet, kann die Untersuchung des luziden Träumens uns ebensoviel über die Entwicklung höherer Bewußtseinszustände erzählen wie über das luzide Träumen.

Kapitel 8

Der paradoxe Traum

Schlüssel zum träumenden Gehirn

Für Alan Worsley sollte diese Nacht eine der lohnendsten von allen sein, für die er sich jemals langgelegt hatte. Er war im Schlaflabor der Universität Hull in England, Elektroden an Gesicht, Kinn und Hinterkopf geklebt. Worsley konnte es nicht besonders gemütlich finden, aber er fiel in der Nacht des 12. April 1975 in den Schlaf und wußte, wenn er und sein Mitstudent Keith Hearne erfolgreich waren, hätten sie den ersten wissenschaftlichen Beweis dafür erbracht, daß das luzide Träumen tatsächlich ein Phänomen des Schlafs ist. In gewisser Weise war ihr Experiment recht einfach: Falls Worsley, der seit dem zarten Alter von fünf Jahren ein produktiver luzider Träumer war, einen luziden Traum erleben würde, war verabredet, daß er versuchen sollte, seine Augen in einer festgelegten Weise zu bewegen, um Hearne damit zu signalisieren, daß er im Traum wach, also luzid, war. Die Elektroden, die nahe neben Worsleys Augen plaziert waren, sollten ein Elektrookulogramm (EOG) ermöglichen, das heißt die feinen Spannungspotentiale seiner Augenmuskeln über einem laufenden Streifenschreiber (Polygraphen) registrieren. Dies würde von seinen bewußten Augenbewegungen ebenso registriert wie von jenem unbewußten Augenrollen unter den geschlossenen Augenlidern. Von letzterem wußte man ja, daß es das geläufige, also unbewußte Träumen begleitet, das deshalb »REM-Schlaf« (REM abgekürzt von englisch: *rapid eye movements*, rasche Augenbewegungen) genannt wird. Zusätzlich sollte eine EEG-Ableitung (Elektroenzephalogramm) Worsleys Hirnwellenaktivität aufzeichnen und eine weitere Vorrichtung den Muskeltonus. Die so entstehenden

Diagramme sollten anzeigen, in welchem Schlafstadium Worsley war, wenn er die Signale abgab.

»Da ich bereits die Fertigkeit trainiert hatte, willentlich meinen Traum zu lenken, wenn ich wußte, daß ich träume«, erklärt Worsley, »war ich zuversichtlich, als wir das Experiment begannen, daß ich meine Augen mehrere Male von links nach rechts bewegen konnte.«

Seine Zuversicht war nicht unangebracht. »Bei meinem ersten luziden Traum im Schlaflabor«, schreibt Worsley, »hatten wir mit dieser simplen Technik Erfolg, den Beginn der Bewußtheit während des Träumens zu markieren. Dieses einfache Beispiel, für sich genommen, zeigte uns schon, daß luzide Träume im REM-Schlaf auftreten konnten; auch daß der Träumer fähig sein würde, sich an eine vorher gestellte Aufgabe zu erinnern und sie auszuführen; und daß er fähig war, es mit Signalen anzuzeigen, wenn er das vorhatte; und schließlich, daß er die Augenbewegungen mitzählen konnte, bis sie die verabredete Zahl ergaben.«

Zwei Jahre später führten auf der anderen Seite des Atlantiks Stephen LaBerge und seine Mitarbeiter an der Stanford University in den USA die gleichen Experimente durch, ohne aber schon die Arbeit von Worsley und Hearne zu kennen – wobei diesmal LaBerge selbst der Träumer war. Nachdem er luzid geworden war, berichtet LaBerge, »entschied ich mich, die Augenbewegungen zu machen, die wir als Signal verabredet hatten.« Er bewegte seinen Traum-Finger vertikal und folgte ihm mit seinen Augen. Nachdem er erwacht war, bemerkten er und seine Mitarbeiterin Lynn Nagel »zwei große Augenbewegungen« auf dem Polygraphenstreifen, was mit LaBerges Erinnerung dessen übereinstimmte, was er im Traum getan hatte. Davon unabhängig begannen Forscher auch an mehreren anderen Universitäten, die Fähigkeiten der luziden Träumer zu testen, etwas aus dem Traumzustand heraus zu signalisieren, und fanden heraus, daß, ganz egal, welche Bewegungsmuster man vorher verabredet hatte, die luziden Träumer in der Lage waren, während des Schlafens und Träumens laufend die zutreffenden Signale abzugeben.

Obwohl Hearne beansprucht, den ersten »durch Signal verifizierten« luziden Traum eingefangen zu haben, haben doch LaBerge und Mitarbeiter in Stanford den Großteil der Arbeit über die Psychophysiologie der Traumluzidität geleistet. Vielleicht mehr als alle anderen Forscher haben sie bewiesen, daß das luzide Träumen tatsächlich während des Schlafes stattfindet. Vor Beginn ihrer Studien zweifelten viele Traumforscher an, daß luzide Träume während des Schlafs aufträten. Vielmehr glaubten sie, daß die Träumer, die meinten, sie wären in ihren Träumen bewußt gewesen, einfach erwacht waren und sehr lebhafte Schlafbilder erlebt hatten, die sie als Träume mißdeuteten. In der Tat wird der REM-Schlaf manchmal von flüchtigen Phasen der Wachheit unterbrochen. Vielleicht hätten luzide Träumer fälschlicherweise dieses Mikro-Aufwachen als Bewußtsein in ihren Träumen aufgefaßt. Für viele Schlaf- und Traumforscher waren luzide Träume einfach eine philosophische oder methodologische Unmöglichkeit. Träumen war per definitionem ein Zustand, in dem man sich nicht bewußt war, daß man schlief. Egal, was also manche Träumer glauben mochten, es konnten deshalb luzide Träume keine Träume sein.

Obgleich das Gewicht der wissenschaftlichen Meinung gegen sie war, haben die Erforscher luzider Träume allmählich die erforderlichen Beweise dafür zusammengetragen, daß die Luzidität doch während des Schlafes auftritt. In Berichten über Einzelfälle stand die Sache gut. Luzide Träumer berichteten, daß sie während des Träumens keinen sensorischen Input aus der Außenwelt erlebten. Wenn sie versuchten, äußere Geräusche wahrzunehmen, zum Beispiel das Ticken einer Uhr an ihrem Bett, oder das Kissen oder die Bettdecke zu fühlen, konnten sie es nicht. Obwohl sie in ihren Träumen wach waren, waren sie ziemlich komplett von der Außenwelt abgeschlossen. Um diese empirischen Befunde zu erhärten, wurden verschiedene physiologische Untersuchungen geplant, um den Beginn, die Dauer und den Inhalt luzider Träume zu erfassen. Das erste, was die Forscher herausfinden wollten, war, in welchem Schlafstadium die Träumer sich befanden, wenn sie die luziden Träume erlebten. Traten sie während des Einschlafens auf, während des REM-Schlafs oder in einem anderen Schlafstadium? Die Antwort darauf kam rasch: Luzide Träume traten am häufigsten während des REM-Schlafes auf. In einer Studie, die in Stanford durchgeführt wurde, fanden LaBerge, Lynn Nagel und der alte Traumforscher William Dement heraus, daß üppige 92 Prozent der durch Signale verifizierten luziden Träume im REM-Schlaf stattfanden. Nachfolgende Studien an anderen Universitäten zeichneten auch die luziden Träume des REM-Schlafs auf.

Die Beweise dafür, daß luzide Träume ein Produkt des REM-Schlafs sind, reichen noch weiter als die Fähigkeit des Träumers Signale zu geben. Bestätigung kommt auch von einer stattlichen Reihe komplizierter physiologischer Faktoren. So ist der REM-Schlaf aus zwei verwandten, aber unterschiedlichen Phasen zusammengesetzt. Die eine Phase wird durch fluktuierende physiologische Aktivitäten charakterisiert: Muskelzittern, erhöhte Pulsfrequenz und natürlich die rollenden Augenbewegungen. Die andere Phase ist ruhiger: Die Bewegungen lassen nach und schaffen eine Periode ruhiger REMs (ungleichmäßige Augenbewegungen). Die luziden Träume treten anscheinend sehr regelmäßig auf dem Höhepunkt dieser energetischen Phase auf und sind sowohl von dichten Augenbewegungen als auch von erhöhter Puls- und Atemfrequenz gekennzeichnet, stärker erhöht noch als in den nicht-luziden Teilen derselben REM-Phase. LaBerge weist darauf hin, daß diese erhöhte Aktivität ein notwendiger Hintergrund für das luzide Träumen sein könnte.

LaBerge entdeckte, daß luzide Träume des REM-Zustands auf zwei Weisen in Gang kommen können. Der erste Typ ist der »wach-initiierte« luzide Traum, das heißt, der Beginn liegt während einer kurzen Phase des Wachseins und setzt sich dann fort, wenn die Person in den REM-Schlaf zurücksinkt. Gewöhnlich ist sich auch der Träumer, der diese Art von Luzidität erlebt, sowohl bewußt, vorübergehend wach gewesen als auch zurück in den Schlaf gefallen zu sein. Die Mehrzahl der luziden Träume freilich beginnt innerhalb eines gewöhnlichen Traumes, weshalb man sie als »traum-initiierte« luzide Träume bezeichnet hat. Sie entstehen meist dadurch, daß »etwas« den Träumer veranlaßt hat, sich plötzlich bewußt zu werden, daß er träumt. Ein Gefühl wie »Oh, das muß ein Traum sein« wird von fast jedem luziden Träumer bestätigt.

Obwohl Luzidität primär ein Produkt des REM-Schlafes zu sein scheint, ist dies nicht ausschließlich der Fall. Bei manchen luziden Träumen hat man gefunden, daß sie während anderer Schlafstadien entstanden sind. Diese erstaunlichen und dramatischen Szenarien, die wir Träume nennen, werden von den meisten Nichtwissenschaftlern als die Hauptarbeit des schlafenden Gehirns angesehen, tatsächlich gibt es aber viele weitere psychische Erfahrungen im Schlaf, die gedankenähnlicher und weniger dramatisch als die REM-Träume sind. Diese »Quasi-Traumerfahrungen«, wie der Traumforscher David Foulkes sie nennt, finden während anderer, tieferer Phasen als der des REM-Schlafs statt und wärmen eher Tagesereignisse auf als die REM-Träume. Foulkes erklärt, daß diese – meist unbewußten – Erfahrungen sogar weniger verzerrt sind als REM-Träume und wahrscheinlich mehr Sinn für den Träumer ergeben. Oft werden sie ein Thema, das im REM-Traum begonnen hatte, fortsetzen, aber darin werden sie eher den Denkmustern des Wachseins ähneln als den bizarreren Mustern, die typisch für die REM-Träume sind.

Eins der interessantesten Beispiele eines luziden Traums, der außerhalb des REM-Schlafes stattfindet, stammt aus einer

Studie von Joseph Dane, einem klinischen Psychologen der University of Virginia (USA). Er lehrte eine Gruppe Frauen, die keine vorherige Erfahrung mit dem luziden Träumen berichteten, eine ganze Serie von Methoden, um die Luzidität hervorzurufen. Dies schloß ein, ihnen unter Hypnose zu suggerieren, daß sie einen luziden Traum haben würden. In je einer Nacht, während der sie im Schlaflabor wissenschaftlich untersucht wurden, waren alle außer einer Frau fähig zu signalisieren, daß sie luzid geworden waren, und interessanterweise tat dies beinahe jede aus einem anderen Schlafstadium heraus als dem des REM-Träumens.

Wie die Träume auftauchen

Das schlafende Gehirn durchläuft, wie der Mond, sein nächtlicher Begleiter, periodisch eine Folge unterschiedlicher Phasen. Beim ersten Einschlafen und auch schon, wenn man nur die Augen schließt und sich entspannt, beginnt das Gehirn, Alpha-Wellen zu produzieren, die Merkmale eines entspannten Gehirns sind. Während man in den Schlaf gleitet, kann man zunächst vermutlich bunte, traumartige Phantasien und Formen erleben. Die Hirnwellen verlangsamen sich auf 4 bis 6 Hertz (Schwingungen pro Sekunde), und die Amplitude der Hirnwellen nimmt ab. Man befindet sich dabei im (»absteigenden«) Schlafstadium 1. Bald nach dem Erreichen dieses Stadiums werden kurze Ausbrüche (englisch *bursts*) elektrischer Aktivität in den Hirnwellen auftreten. Die Bilder, die man nun in Stadium 2 sehen kann, werden einem wahrscheinlich realistischer vorkommen als jene von Stadium 1. Allmählich werden die Hirnwellen immer langsamer und zu Delta-Wellen (2 bis 4 Hz), welche anzeigen, daß unser Gehirn auf dem Tiefpunkt der elektrischen Aktivität ist. Man steigt in die Schlafstadien 3 und dann in 4 hinab, den Tiefschlaf. Obwohl diese Stadien wie die beste Umgebung für Träume aussehen, sind sie es nicht. Wenn man an diesem Punkt geweckt würde,

würde man nur wenig von Bildern zu berichten wissen; die psychische Tätigkeit würde mehr den Tagesgedanken als den Träumen ähneln.

Was wir als Träume kennen, tritt in der Tat erst auf, nachdem der Schläfer einmal das Schlafstadium 4 erreicht hat und dann durch die Stadien 3 und 2 wieder aufgestiegen ist, und in jene Schlafphase kommt, die das »aufsteigende« Schlafstadium 1 heißt. Zu diesem Zeitpunkt ist die Muskulatur des Organismus weitgehend außer Kraft gesetzt, und dann erst beginnt der REM-Schlaf, das heißt der Traum. Diese unerwartete Paralyse, wenn man in die flacheren Schlafstadien hineingeht, ist ein weiterer Grund dafür, daß der REM-Schlaf als »paradoxer Schlaf« bezeichnet wird. Es ist wie bei einem Tennisspiel. Bevor das Match beginnt, kann man frei herumlaufen, sich etwas zu trinken kaufen oder mit einem Freund reden. Wenn der Schiedsrichter die Menge dann aber auffordert, sich zu setzen, hören die Bewegungen auf; man ist dann nur noch damit befaßt, dem Spiel zuzuschauen. Wie im REM-Schlaf finden Bewegungen fast nur noch in den Augen statt. Am Ende des ersten Satzes kann man wieder aufstehen. Der Traum ist dann vorbei.

Die Erforscher luzider Träume haben die verschiedenen Formen der Hirnwellen von luziden Träumern untersucht und darauf geachtet, ob einige von den Erwartungswerten abweichen. Die kanadischen Psychologen Harry Hunt, Robert Ogilvie und Paul Tyson waren besonders an den Variationen der Alpha-Wellen interessiert, jenen Hirnwellen, die im Zustand der Entspannung produziert werden. Wenn das Modell von Hunt zutrifft und die Luzidität mit der Meditation verwandt ist, sollte während der Luzidität auch ein höherer Anteil von Alpha-Wellen auftreten. Im meditativen Zustand entspannt sich auch das Gehirn, man beginnt also, Alpha-Wellen zu produzieren. Wenn nun das luzide Träumen der Meditation ähnelt, könnte man erwarten, dort auch vermehrt Alpha-Wellen zu finden. Tatsächlich fanden Hunt und seine Mitarbeiter heraus, daß die Alpha-Aktivität am Anfang der Luzidität und im Laufe einer sogenannten präluziden Traumphase ansteigt sowie beim sogenannten »falschen« Erwachen (dabei hat der Träumer das Gefühl zu erwachen, um danach festzustellen, daß er noch träumt bzw. weitergeträumt hat).

Eine neuere Studie des holländischen Psychologen Jan Meirsman wirft zusätzliches Licht auf den Zusammenhang zwischen Alpha-Wellen und dem luziden Träumen. Er untersuchte den REM-Schlaf von sechs sehr fortgeschrittenen Meditierenden (sogenannten Sidhis der Transzendentalen Meditation), die behaupteten, während der meisten Zeit in der Nacht auch das *witnessing* zu erleben. Er fand heraus, daß bei diesen Personen Alpha-Wellen bis zu einem Niveau anstiegen, das viel höher lag als bei untersuchten, nicht-meditierenden Kontrollpersonen. Wiederum sehen wir, daß eine Veränderung, die zuerst beim luziden Träumen auftritt, noch ausgeprägter sein kann, wenn sich jemand in höhere Bewußtseinszustände begibt.

Die geträumte Realität

Wenn man einen luziden Traum hat und sich entschließt, seine Augen erst nach links und dann nach rechts zu bewegen, werden sich die Augen auch physisch in diese Richtungen bewegen. Darum können Menschen aus dem Traumzustand heraus ein Signal mit ihren Augen abgeben, wenn sie luzid geworden sind. Aber die Steuerungsmöglichkeiten, die ein luzider Träumer über den Zustand seines Organismus hat, gehen über die Kontrolle der Augen hinaus. Die Forschungsgruppe aus Stanford hat demonstriert, daß luzide Träumer willentlich auch ihre Atmungstätigkeit beeinflussen können und daß sie sogar fähig zu abgekürzten, kleineren Bewegungsformen sind. LaBerge als Versuchsperson hat beispielsweise einmal aus einem luziden Traum im REM-Zustand etwas signalisiert, indem er seine Faust leicht ballte. Natürlich führt so eine Fertigkeit bei anderen Forschern gleich wieder zu der Mutmaßung, daß LaBerge dabei tatsächlich gar nicht geschlafen hat oder zumindest nicht im REM-Schlaf war.

Wenn die Muskeln, die durch einen luziden Träumer innerviert werden, sich auch nicht bewegen müssen, so haben die Forscher eine erhöhte elektrische Aktivität in dieser Muskelgruppe nachgewiesen. In Experimenten von Morton Schatzman, Peter Fenwick und Alan Worsley führte letzterer als Versuchsperson eine Vielfalt von Muskelbewegungen im Zustand der Luzidität durch. Hier ist ein Traum, in welchem er versuchte, die Muskeln der Füße zu bewegen:

> Ich gab das Augensignal für die Luzidität. Dann erhob ich mich mit allen angehängten Drähten. Ich achtete sorgsam darauf, die Elektroden nicht abzustreifen, und nahm für die folgende Bewegung das rechte Bein und den Fuß als Ende eines Hebels. Ich drückte die Zehen meines rechten Fußes unter das Gestell einer Bank, die Ferse auf den Boden. Als ich das größte Gewicht auf dem linken Fuß hatte, hielt ich die Oberkante der Bank in den Händen; mehrere Male drückte ich meinen rechten Fuß hinunter gegen das Gestell der Bank und gegen den Boden. Jedesmal, wenn ich mit dem Fuß nach unten drückte, zog ich mich auf der Bank mit den Händen hoch. (...) Ich machte mit dem Fuß der Reihe nach etwa sieben nach unten gerichtete Stöße, einen alle zwei Sekunden.

Für diese Bewegungen und die anderen, von denen Worsley träumte, fanden die Forscher erhöhte elektrische Aktivität in einigen untersuchten Muskelgruppen. Mit anderen Worten, trotz der Paralyse des REM-Schlaf-Zustandes stimulierte der Träumer in seinem bewußten Bemühen, einen Muskel zu bewegen, die elektrische Aktivität in diesem Muskel.

Ein weiterer Beweis für diese Parallelität von Geist und Körper im Zustand der Luzidität kann in den Forschungen von LaBerge über geträumte sexuelle Aktivitäten gesehen werden. Im wesentlichen seit der Veröffentlichung von Patricia Garfields populärem Buch *Kreatives Träumen* (1974; deutsch 1979) begannen Geschichten über die Freuden von Orgasmen im luziden Traum in der Traum-Szene zu zirkulieren. Die Orgasmen, die in luziden Träumen erlebt wurden, behaupteten einige, seien sogar intensiver als die im Wachleben. Aus Interesse an der physiologischen Realität solcher Berichte gewann LaBerge drei Personen, eine Frau und zwei Männer, für ein Experiment. Wenn sie im Schlaflabor waren, sollten sie ihm dreimal etwas signalisieren: erstens, wenn sie merkten, im Traum, also luzid zu sein; zweitens, wenn sie erstmalig mit der sexuellen Handlung begannen, und drittens, wenn sie beim Orgasmus waren. Zusätzlich zu den Sensoren an ihren Köpfen, um die Hirnwellen abzuleiten, wurde die Frau gebeten, eine Vaginalsonde zu tragen, und die Männer, einen Druckmesser am Penis, um ihre sexuelle Reaktion zu messen. Der luzide Traum der Frau begann mit einer langen Sequenz des Fliegens. An einem Punkt flog sie durch einen Bogengang und erspähte eine Gruppe von Leuten. Sie ging auf die Gruppe hinunter und klopfte dem ersten Mann, den sie sah, auf die Schulter. »Er kam zu ihr«, berichtet LaBerge, »als wenn er genau wüßte, was von ihm erwartet würde. Zu diesem Zeitpunkt gab sie zum zweiten Mal ein Signal und markierte damit den Beginn der sexuellen Handlung. Sie meint, daß sie schon durch das Fliegen erregt gewesen sein muß, denn bereits nach einer Viertelminute glaubte sie, gleich den Höhepunkt zu erreichen. Sie gab ein drittes Signal und markierte damit das Erlebnis des Orgasmus.«

Bei der Untersuchung der physiologischen Daten, die aufgezeichnet wurden, während die Frau träumte, fand LaBerge ausgeprägte Steigerungen sowohl in der Atmung als auch in der vaginalen Durchblutung, die mit der Aktivität in ihrem

Traum korrespondierten. Außerdem waren ihre physischen Reaktionen vergleichbar mit jenen, die man bei Orgasmen im Wachzustand findet. Also deutet alles darauf hin, daß sie tatsächlich einen Orgasmus erlebt hat. LaBerge erhielt entsprechende Reaktionen bei den Männern, aber anders als bei der Frau, die vaginale Muskelkontraktionen (d. h. einen physischen Orgasmus) erzielt hatte, kamen die Männer nicht zu einer Ejakulation. LaBerge stellt die Hypothese auf, daß die Hirnimpulse, die in ihren luziden Träumen entstanden, nicht stark genug waren, um eine Ejakulation auszulösen. Im übrigen unterscheiden sich bei den Männern die luziden Träume mit sexuellem Inhalt anscheinend ziemlich von den sogenannten »feuchten« Träumen, die laut LaBerge hauptsächlich bei Jugendlichen und Männern auftreten, die sonst kein regelmäßiges sexuelles Ventil haben.

So wie der Träumer in einem luziden Traum intensiv »glaubt«, daß die Orgasmen »real« sind, so werden in luziden Träumen oft noch andere Bilder und Ereignisse sogar als »superreal« oder »realer als die Realität« wahrgenommen. Es ist außerordentlich schwer, die subjektiven Deutungen eines geträumten Erlebnisses wissenschaftlich zu dokumentieren, aber die Erforscher luzider Träume versuchen ja gerade, über die Luzidität einen Einblick zu erhalten, in welcher Weise die Psyche auch mit bestimmten physischen Aspekten die Realität im Wachzustand und im luziden Traum konstruiert.

In einer Studie instruierte LaBerge beispielsweise zwei Personen, eine Bewegung ihres Fingers in folgender Weise visuell zu verfolgen: (1) während des Wachseins mit geöffneten Augen; (2) während des Wachseins mit geschlossenen Augen, wobei sie sich den Finger vorstellten; (3) in einem luziden Traum mit ihren geöffneten (Traum-)Augen; sowie (4) in einem luziden Traum mit geschlossenen (Traum-)Augen und wiederum mit der Vorstellung ihres Fingers. LaBerge fand heraus, daß die Personen dieselben Arten von Augenbewegungen zeigten, wenn sie luzid waren und ihren Finger mit geöffneten Augen verfolgten, wie wenn sie wach waren und ihren Finger mit geöffneten Augen verfolgten. Diese Augenbewegungen unterschieden sich von jenen, die gemessen wurden, wenn die Personen ihre Augen geschlossen hatten.* Entsprechend ähnlich bewegten sich die Augen, wenn sie geschlossen waren, ob die Person nun wach war oder luzid träumte.

In einer ähnlichen Untersuchung, die am Saint Thomas's Hospital in London durchgeführt wurde, fanden die Psychologen Morton Schatzman und Peter Fenwick heraus, daß Alan Worsley fähig war, auf ein fixiertes Objekt in seinem Traum zu starren, während er zur selben Zeit seinen (Traum-)Kopf langsam von einer Seite zur anderen bewegte. Die dadurch hervorgerufenen Muster der Augenbewegungen ähnelten jenen, die zu erwarten waren, wenn er wach gewesen wäre. Vorausgesetzt, daß die Kopf- und Nackenbewegungen (wie alle anderen) während des REM-Schlafes unterdrückt waren, wie konnte das geschehen? »Irgendein Teil seines Gehirns (...) muß ›angenommen‹ haben, daß sein Kopf sich bewegen wollte und auch bewegen würde, und sich relativ dazu passend seine physischen Augen bewegen müßten, um diese Fixation aufrechtzuerhalten«, erklären die Forscher.

Die Grundaussage besteht darin, daß genauso weit oder so sehr, wie das Gehirn glaubt, der Nacken bewege sich, die Reaktion »seiner« Augen ausfallen wird. Worsleys geträumte Handlungen sind wie die der Versuchspersonen bei LaBerge eine gelebte Realität im Gehirn. Das Gehirn konstruiert die Realität des Traums und reagiert auf sein eigenes Konstrukt so, als wenn es real wäre. Dieses Resultat unterstützt die Ansicht des Psychologen Jack Yates von der University of Northern Iowa (USA), der in der renommierten Zeitschrift

* Man fand kontinuierliche Augenbewegungen bei geschlossenen Augen und mit vorgestelltem Bild gegenüber sogenannten sakkadischen Augenbewegungen (sprungartigen Folgen wie beim wortweisen Lesen) bei geöffneten Augen; sei es jeweils im Wachsein oder im luziden Traum. (Anm. d. Übers.)

Psychological Review zeigte, daß unsere Gehirne ein mentales Modell der Welt kreieren und daß dies unseren geistigen Horizont bestimmt.

Diese Sicht hat weitreichende Implikationen. Die Macht der mentalen Bilder über unser Leben im Wachsein, zur Beeinflussung der Gesundheit, der sportlichen Leistung, der Gewohnheiten wie Rauchen und für unser Selbstwertgefühl ist bereits sehr gut dokumentiert worden. Wenn in Untersuchungen über luzide Träume klar gezeigt wird, daß die im luziden Traum gezeigte Sicht der Dinge mehr persönliche Realität ist als die Erlebnisse im Wachzustand, dann sollte der luzide Traum in der Tat ein interessanterer Zustand für die Anwendung geistiger Imagination sein, um psychologische beziehungsweise physiologische Veränderungen voranzubringen. Wie wir schon früher diskutiert haben, stellt allerdings das Träumen für sich allein oder die einfache Traumerinnerung den Körper und die Seele nicht in gleich guter Weise wieder her, wie man es durch Meditationsübung in Verbindung mit Arbeit an den Träumen erreichen kann. Ebenso ist das bloße Erinnern des Trauminhalts nicht so sinnvoll wie die Arbeit an den Träumen, allein oder in einer Therapie. Wenn zwischen der Luzidität des Träumens und der Meditation im Wachsein ein Zusammenhang besteht, wie wir behaupten, dann bietet uns das Verständnis des Traums in seiner luziden Form einen einzigartigen Berührungspunkt mit unseren Erfahrungen über die psychotherapeutischen und meditativen Methoden. In der Tat wird das luzide Träumen sowohl in Quantität als auch in Qualität durch die Praxis in einer oder beiden Methoden verstärkt.

Tieferes Träumen

Wir wollen hier auf die Verbindung zur Meditation näher eingehen. Die Erforscher luzider Träume untersuchen auch beharrlich weitere physiologische Meßgrößen in dem Bemühen, das Wesen des luziden Träumens richtig zu verstehen. Ein seltsamer Aspekt unseres Phänomens ist seine paradoxe Struktur. Obwohl es während des luziden Träumens anscheinend im Gehirn wie auch in anderen Teilen des Nervensystems eine stärkere Aktivität gibt, haben einige Forschungsresultate auch gezeigt, daß die Muskeln des Körpers tatsächlich »stärker schlafend« als während des nicht-luziden REM-Träumens sind. Andrew Brylowski, Medizinalassistent an der University of Texas (USA), hat beispielsweise Messungen mit dem Hoffmann-Reflex (H-Reflex, einem Spinalreflex, welcher am Knie stimuliert wird) bei einer Person gemacht, die sich im REM-Schlaf befand, und noch einmal bei ihr, als sie luzid geworden war. Der H-Reflex wird bei wachen Personen über Elektroden gemessen, die die elektrische Aktivität im Knie aufzeichnen, und zeigt an, in welchem Ausmaß der Körper »wach« oder paralysiert ist. Im Wachsein ist der H-Reflex einer Person ausgeprägt, während des Schlafs jedoch, speziell während des REM-Schlafs, ist er deutlich unterdrückt. Brylowski fand heraus, daß dieser Reflex während des luziden REM-Schlafs sogar stärker unterdrückt ist als während des gewöhnlichen REM-Schlafs, was zeigt, daß der Körper des luziden Träumers signifikant stärker paralysiert ist als der eines normalen Träumers. Mit anderen Worten – man ist während der Traumphase im wesentlichen vom Nacken abwärts kaltgestellt, wenn man im REM-Schlaf jedoch luzid wird, ist man richtig lahmgelegt. Das ist ähnlich, wie wenn ein Arm eingeschlafen ist. Schlimmstenfalls, das heißt bei stärkster Lähmung, kann man ihn überhaupt nicht mehr bewegen. So geht es dem Körper während des luziden Träumens. Wenn man schon ein paar Empfindungen im Arm hat, ihn aber noch nicht bewegen kann, ist das so, wie der Körper ist, wenn man sich im gewöhnlichen, also im nicht-luziden REM-Schlaf befindet.

Wenn eine physische Reaktion während der Luzidität so abgedämpft wird, kann man daraus im Sinne der Theorie

Hunts folgern, daß die Luzidität ein Zustand ist, der in enger Verbindung mit der Meditation steht. Wissenschaftler an der Maharishi International University (MIU) berichteten, daß fortgeschrittene Meditierende, wenn sie gerade ihre Meditationsübung beendet haben, schneller einen voll funktionierenden H-Reflex zurückerhalten als andere Personen. Das ist wie bei den zwei Seiten einer Münze: Luzide Träumer unterdrükken ihr Nervensystem stärker als gewöhnlich, weil es sinnvoll für ihre Traumerfahrungen sein könnte; Meditierende, sobald sie einmal aus ihrer Meditation herausgehen und zurück in die »reale« Welt kommen, können ihre Reflexe schneller wieder aktivieren. Beide Möglichkeiten legen nahe, daß die Körper von luziden Träumern und jene von Meditierenden sehr stark an den Zustand angepaßt sind, in dem sie sich jeweils befinden. An diesem Punkt ist eine solche Feststellung jedoch natürlich bestenfalls spekulativ, und es muß noch viel mehr Forschungsarbeit geleistet werden, um diese Theorie zu erhärten.

Während LaBerges Arbeiten uns zeigten, daß man sich im luziden Zustand in Richtung auf das Wachsein bewegt (das Nervensystem ist bei der Luzidität aktiver als beim gewöhnlichen Träumen), legt Brylowskis Studie gerade das Gegenteil nahe – man bewegt sich in Richtung eines »tieferen Träumens« (stärkere Paralyse), wenn man luzid ist. Nun ist der REM-Schlaf immer als etwas Paradoxes angesehen worden, weil die erhöhte physische Aktivierung von einer Unfähigkeit des Körpers zur Bewegung begleitet wird. Was damit gemeint ist, weiß jeder, der schon einmal erwacht ist und dabei hastig geatmet hat. Das ist eine erhöhte Aktivierung, wie sie typisch für den Traumschlaf ist. Man kann dabei auch bemerken, daß es einem schwerfällt, sich schnell oder leicht zu bewegen, und daß man den Körper als etwas schläfrig empfindet. Weil der Körper während des luziden Träumens sogar noch mehr aktiviert und paralysiert ist, kann man dies als »paradoxes Träumen« bezeichnen (so wie das gewöhnliche Träumen als »paradoxen Schlaf«).

In einigen Studien wurden auch verschiedene Meßwerte körperlicher Aktivierung während der Meditation mit denen während des Schlafs verglichen mit dem Resultat, daß der Sauerstoffverbrauch des Körpers ebenso wie die Pulsfrequenz in beiden Zuständen etwa gleich groß ist, trotz der Tatsache, daß man in der Meditation wach ist. Weiterhin wird durch einige Untersuchungen nahegelegt, daß man durch Meditation im Wachzustand in der Tat zu einer tieferen Ruhe als im Schlaf geführt wird. Dabei taucht die Frage auf, wie die Luzidität eine Form der Meditation sein kann, wenn durch sie der Körper auch aktiviert ist. Wir meinen, die Luzidität diene als eine Art transitorischer Zustand zwischen dem Schlaf und dem klassischen Zustand einer »ruhevollen Wachheit«, wie man ihn beim Wachsein in der Meditation erlangen will.

Charles Alexander, ein Entwicklungspsychologe an der MIU, trifft nun eine Unterscheidung zwischen der Luzidität des Traums und dem *witnessing* im Traum (siehe Kapitel 10 für eine detaillierte Diskussion dieses Themas). »Die typische Traumluzidität«, meint er, »bezeichnet einen Schritt aus dem gewöhnlichen Träumen heraus, während das *witnessing* einen Schritt jenseits der herkömmlichen Traumluzidität darstellt. Würde man die Traumluzidität bis zu einer letzten Stufe weiterführen, wäre das gleichbedeutend damit, daß diese Erfahrungen das Bewußtsein transzendieren.« Mit anderen Worten, die Luzidität kann als eine Art entwicklungsmäßige Brücke vom normalen Traumbewußtsein zum transzendierenden oder reinen Bewußtsein des *witnessing* fungieren. Die Unterschiede, die zwischen Meditation und luzidem Traumschlaf gefunden wurden, könnten verschwinden, sobald der Träumer den Zustand des *witnessing* erreicht hat, das heißt, sobald er im Traum ein inaktiver Teilnehmer geworden ist und ihn gleichzeitig beobachtet, jedoch ohne jedes emotionale Engagement und ohne Zugehörigkeit. Man hat das Konzept aufgestellt, das *witnessing* sei ein vierter Hauptzustand des Bewußtseins, der neben dem Wachen, Träumen und Schlafen existiere. Sobald ein Mensch dieses Niveau erreicht hat, kann er sich selbst oft und kontinuierlich in den anderen Bewußtseinszuständen (d. h. im Wachen, Träumen oder Schlafen) beobachten.

Gackenbach plante mit Alexander und William Moorecroft vom Luther College in Decorah, Iowa (und technischer Beratung von Steven LaBerge) ein Experiment, um zu sehen, ob es irgendwelche ausgeprägten physiologischen Unterschiede zwischen dem luziden Träumen von LaBerges Personen und einer Person gäbe, von der man annahm, daß sie in ihren Träumen das *witnessing* praktiziere. Sie kontaktierten einen fortgeschrittenen TM-Meditierenden, der der Teilnahme zustimmte. Der Mann war 28 Jahre alt und meditierte seit sechs Jahren. Er behauptete, das *witnessing* jederzeit, auch im Schlaf, ausüben zu können. Er wurde einer Reihe psychologischer Tests unterzogen, die unter anderem seine psychische Unauffälligkeit bewiesen, das heißt, daß man bei ihm keine Hinweise auf ein Fabulieren oder Irreführen finden konnte. Was seine Berichte jedoch besonders glaubwürdig machte, war, daß er auch mit zwei physiologischen Meßwerten außerordentlich hoch lag, die mit Erfahrungen des reinen Bewußtseins zu tun haben.

Wie erwartet, konnte der Mann signalisieren, daß er träumte, und wie bei anderen luziden Träumern stiegen auch Herzschlag und Atemfrequenz mit den Augenbewegungssignalen an. Anders jedoch als sonst bei luziden Träumern, gingen diese Zeichen physischer Aktivierung drastisch zurück, sobald das Augensignal gegeben war. Anscheinend war die Reaktion dieses Mannes im Traum das Äquivalent zu einer tiefen Meditation. Aus dieser einen Untersuchung läßt sich folgern, wie die Forscher berichten, »daß der ruhevolle, wache Zustand des transzendentalen Bewußtseins nur momentan während der Signalabgabe unterbrochen wurde und dann schnell wieder in den leicht aktivierten, ruhigen und wachen meditativen Zustand überging.« Wiederum wurde hier in nur einer Untersuchung eine einzige Person beurteilt, weshalb dies erst mit anderen fortgeschrittenen Meditierenden repliziert werden sollte, bevor irgendwelche Folgerungen daraus gezogen werden können.

Schließlich wird in einer neueren Studie von Meirsman angedeutet, daß die Meditation auch dazu dient, die Erfahrung des Bewußtseins im Schlaf zu stabilisieren. Bei verschiedenen luziden Träumern variieren die physiologischen Veränderungen während der Luzidität ziemlich. Meirsman fand nun aber heraus, daß es zwischen Meditierenden, die im Traum das *witnessing* erleben, bei denselben physischen Maßen praktisch keine solchen Unterschiede mehr gab. Dies ist eine der ersten Studien, die die Hypothese belegen, daß Meditation tatsächlich zu einer Kontinuität des Bewußtseins im Schlaf führt und dieses stabilisieren kann.

Das holistische Gehirn

In der Wissenschaft entstehen gelegentlich Mythen, ebenso wie in der Literatur. Eine der bekanntesten modernen Mythen betrifft die Funktion der linken und rechten Hemisphäre des Gehirns. Diese Legende geht von Roger Sperrys anerkannten Forschungen an Patienten mit zwei voneinander getrennten Hirnhälften (englisch *split brain*) aus, in welchen er demonstrierte, daß jede Hirnhälfte spezifische und ziemlich unterschiedliche seelische Funktionen hat, sie ist bis heute mehr und mehr vereinfacht und damit entstellt worden. Wie Sperry herausfand, ist das linke Gehirn unter anderem auf die Funktionen der Sprache spezialisiert; das rechte unter anderem auf räumliche Fähigkeiten, welche durch so etwas wie einen guten Richtungssinn repräsentiert werden. Aber die Idee, daß das rechte Gehirn der Sitz der Kreativität und das linke der Sitz der Logik sei, daß Künstler und Schriftsteller mehr im rechten Hirn lebten und Buchhalter und andere »nicht kreative« Menschen im linken Gehirn, ist übertrieben vereinfacht und damit zurückzuweisen. Jerre Levy, eine Biopsychologin an der University of Chicago, bemerkt dazu, daß »der Mythos von zwei Gehirnen auf der irrigen Annahme beruht, weil jede Hemisphäre spezialisiert ist, könne sie auch wie ein unabhängiges Gehirn arbeiten. Gerade das Gegenteil ist in der Tat wahr.« Sie behauptet, daß, obwohl jede Hemisphäre spezielle Funktionen haben kann, alle Aktivitäten einen Input aus beiden Hemisphären des Gehirns erfordern. Zum Beispiel kann das Lesen einer Geschichte hauptsächlich eine Funktion sein, die von der linken Hemisphäre ausgeführt wird, wo bei den meisten Menschen die Sprachfähigkeit beheimatet ist. Jedoch muß, wie Levy erläutert, »die rechte Hemisphäre dabei auch ihre Rolle spielen, beispielsweise beim Entschlüsseln visueller Informationen, zum Verfolgen des »roten Fadens« der Geschichte, wenn Sinn für den Humor und den emotionalen Gehalt gefragt ist, zum Finden von Bedeutungen aus früheren Assoziationen und zum Verständnis von Metaphern. Anders herum, erläutert Levy, »gibt es ebensowenig einen Beweis dafür, daß die Kreativität oder die Intuition eine exklusive Eigenschaft der rechten Hemisphäre ist«.

Diese stärker holistische Sicht des Gehirns kann teilweise gemessen werden, indem man untersucht (über Meßwerte des Elektroenzephalogramms, der Hirnstromkurven), wie die linke und rechte Hemisphäre zusammenarbeiten. Einer dieser Werte, der zeigt, wie gut sie zusammenarbeiten, wird »EEG-Kohärenz« genannt. Deepak Chopra, Physiker und Autor des Buches *Die Rückkehr des Rishi*, erklärt die Kohärenz der Gehirnhälften auf diese Weise: »Sie ist eigentlich ein Maß für die Integration aller Neuronen im gesamten zentralen Nervensystem. Eine gute Analogie dazu könnte sein, vor Beginn einer Aufführung des Bostoner Sinfonieorchesters in den Konzertsaal zu kommen und die Musiker zu hören, wenn sie sich einspielen und abstimmen. Jeder Musiker spielt sein Instrument mit den richtigen Noten, im richtigen Tempo, aber das

Ergebnis ist zunächst chaotisch. Es gibt keine Beständigkeit in der Beziehung zwischen den Musikern, und deshalb erhält man nur Geräusche. Wenn das Konzert beginnt, spielen sie dieselben Noten auf denselben Instrumenten weiter, aber es gibt eine Beständigkeit in der Beziehung – es gibt Musik. Diese Beständigkeit der Beziehung ist die Kohärenz.«

Man hat nun die Kohärenz auf die kognitive Verarbeitung bezogen. Ein russischer Wissenschaftler stellte beispielsweise fest, daß es während des Komas ein ausgeprägtes Absinken in der Kohärenz bei den Meßgrößen des EEGs und damit wenig Kommunikation zwischen der linken und der rechten Hirnhemisphäre gibt. Als die Koma-Patienten ihr Bewußtsein und die Sprache wiedererlangten, stieg das Niveau der Kohärenz an.

Auch bei Menschen mit schweren Geisteskrankheiten fand man eine geringere Kohärenz als bei Gesunden. Die Zusammenarbeit der beiden Hirnhälften variiert aber bei allen Menschen auch abhängig davon, was sie gerade denken oder tun. Wie die Psychologin Roseanne Armitage sagt: »Wenn ein Zentralnervensystem gleichzeitig Zugang zu beiden spezialisierten Hirnteilen hat, kann man erwarten, daß es für eine Vielzahl von Aufgaben gut gerüstet ist.«

Die Forschung hat auch gezeigt, daß Leute, die meditieren, eine größere Kohärenz zeigen als Kontrollpersonen. Ein chinesischer Wissenschaftler fand erhöhte Niveaus der Kohärenz bei Personen, die eine meditative Atemübung namens *Qi Gong* praktizierten. TM-Forscher berichten, daß Menschen, die während einer Meditation ein Gefühl der Transzendenz haben (das heißt das »reine« Bewußtsein erleben), Wogen einer Kohärenz zeigen, die noch höher als jene ist, die man allgemein sonst während einer Meditationsübung findet. Es gibt auch Hinweise darauf, daß die Kohärenzniveaus während des Traumschlafs in derselben Weise ansteigen, wie sie es während einer Transzendenzerfahrung tun. Weil luzide Träume häufiger während des REM-Zustandes auftreten, meint Gackenbach in ihrem Beitrag zum Sammelband *The Mind in Sleep* (Die Seele im Schlaf, Teil 2), daß die Kohärenz auch während der Luzidität und während des *witnessing* stark ansteigen sollte.

Schließlich kann man die Kohärenz auch auf die Fähigkeit, sich an Träume zu erinnern, beziehen. Man fand bei Personen, die sich an mehr als die durchschnittliche Anzahl von Träumen erinnern (also über zwei bis drei Träume pro Woche), zum Zeitpunkt des Erwachens Kohärenzniveaus, die beinahe ebenso hoch waren wie ihre individuellen Niveaus während des Träumens. Bei Leuten, die sich an weniger Träume erinnerten, waren die Kohärenzniveaus beim Erwachen niedriger. Das Einbringen eines höheren Maßes an Zusammenarbeit zwischen den beiden Hirnhälften aus dem Traumzustand in den Wachzustand kann uns also helfen, daß wir uns an unsere Träume besser erinnern können.

Was aber noch wichtiger ist: Eine steigende Kohärenz im Schlaf oder Wachsein ist eine Möglichkeit, wie wir unser Gehirn zu optimaler Leistungsfähigkeit anregen können. Und wenn, wie Globus im ersten Kapitel seines Buches behauptet, Träume so etwas wie stimmige Lösungen des Gehirns für unsere Lebensprobleme sind, die sich während des Schlafs einstellen, dann kann eine Erhöhung des Kommunikationsniveaus im Gehirn – das Verwandeln von »Geräuschen« in »Musik« – die Zahl der harmonischen Lösungsmöglichkeiten erhöhen, die uns zur Verfügung stehen. Die meisten Menschen werden eine Technik wie die Meditation brauchen, um ihren Geist auf Trab zu bringen. Sobald sie dies aber erreicht haben, sind sie im Land unbegrenzter geistiger Möglichkeiten (siehe dazu auch Kapitel 10).

Kapitel 9

Der Stoff, aus dem luzide Träume sind

Das Rüstzeug luzider Träumer

Der »Malteser-Falke«... Berge von Gold... der Pulitzer-Preis... der attraktive, große Fremde... Wenn wir den Stoff, aus dem unsere Träume gemacht sind, kennen, können wir uns auch fragen, aus welchem Holz die Träumer geschnitzt sind. Wie wir schon mehrfach angesprochen haben, haben Personen mit luziden Träumen gewisse gemeinsame physiologische und psychologische Eigenschaften. In diesem Kapitel werden wir einen näheren Blick auf jene Charakteristika werfen, aber wir meinten, es könnte den Leser beziehungsweise die Leserin zunächst interessieren herauszufinden, ob er oder sie in das Raster des luziden Träumers paßt. Die folgenden Fragen sind Beispiele für das, was Traumforscher in ihren Untersuchungen erfragen. Sie sollen es dem Leser ermöglichen, die ziemlich komplexen psychologischen Prozesse zu verstehen, und ihm eine klarere Vorstellung seiner Möglichkeiten für das luzide Träumen geben. Man sei sich also bewußt, dies ist kein eigentlicher Test oder ein komplett ausgewertetes Diagramm, sondern lediglich eine flüchtige Beurteilung. Wir schlagen vor, daß Sie die Fragen zunächst beantworten und sich die zutreffenden Antworten notieren, um dann im zweiten Teil des Rätsels Lösung zu finden.

Teil I

1. Denken Sie einmal an das letzte Vierteljahr. An wieviele Träume pro Woche erinnern Sie sich im Durchschnitt schätzungsweise?

2. Kreuzen Sie an, was auf Ihre Erfahrung mit und Ihr Interesse an der Meditation zutrifft:
a. keine Erfahrung und kein Interesse
b. keine Erfahrung und leichtes Interesse
c. keine Erfahrung und großes Interesse
d. etwas Erfahrung, aber gegenwärtig nicht regelmäßig, und kein Interesse
e. etwas Erfahrung, aber gegenwärtig nicht regelmäßig, und leichtes Interesse
f. etwas Erfahrung, aber gegenwärtig nicht regelmäßig, und starkes Interesse
g. zur Zeit meditiere ich regelmäßig.

Wenn Sie g. angekreuzt haben, geben Sie bitte an:
(1) Wieviele Monate lang meditieren Sie schon?
(2) Wie lange meditieren Sie durchschnittlich pro Tag?

3. Ihr Geschlecht: männlich weiblich

4. Dies ist ein Test für Ihre Fähigkeit, einfache Formen herauszufinden, die in einer komplexen Strichzeichnung verborgen sind.

a. Finden Sie diese einfache Form: ●

b. Finden Sie diese einfache Form: ■

5. Bitte bezeichnen Sie das Ausmaß, in welchem die folgenden Umstände auf Sie zutreffen:

schwer		mäßig		gar nicht
5	4	3	2	1

a. früher oder noch gegenwärtig Probleme mit dem Ohr
b. ein physisches Handicap, das die Bewegungsfähigkeit einschränkt
c. Probleme mit den Augen, die auch mit einer Brille nicht ganz zu beheben sind
d. früher oder gegenwärtig Neigung zu einer Form von Reisekrankheit

6. Sagen Sie, mit welcher Leichtigkeit Sie jede der folgenden Aktivitäten ausführen können:

sehr leicht		mäßig		überhaupt nicht leicht
5	4	3	2	1

a. auf einem Fuß stehen
b. auf einem Brett stehen, das auf einem Ball balanciert wird
c. auf einem Seil, das etwa einen halben Meter über der Erde hängt, mit den Füßen Ferse an Fußspitze gesetzt stehen

7. Wie häufig haben Sie schon eine sogenannte außerkörperliche Erfahrung gehabt? Das ist eine Erfahrung, bei der man das Gefühl hat, sich »außerhalb« oder »entfernt« von seinem physischen Körper zu befinden, das Gefühl, daß sich Bewußtsein, Geist oder Ich-Kern an einem anderen Ort als im physischen Körper befinden.

a. noch nie
b. 1 bis 2 mal
c. 3 bis 4 mal
d. 5 bis 6 mal
e. 7 bis 8 mal
f. 9 mal oder öfter

8. Dieser Test soll bestimmte Vorstellungen in Ihrem Geist entstehen lassen. Stufen Sie jede Vorstellung nach der folgenden Skala ein:

klar und lebendig wie die Wirklichkeit	mittelmäßig klar und lebendig	keine Vorstellung; ich weiß nur, daß ich daran denke
5	3	1

Stellen Sie sich nun die folgenden Geräusche in Ihrem Geist vor und stufen Sie sie dann nach dem Ausmaß an Klarheit und Lebhaftigkeit ein, das von obiger Skala spezifiziert wird:

a. das Rauschen eines Waldbachs
b. das Bellen eines Hundes
c. das Weinen eines Babys
d. das Zerspringen von Glas

Stellen Sie sich nun jede der folgenden Handlungen in Ihrem Geist vor und klassifizieren Sie sie nach dem Ausmaß an Klarheit und Lebhaftigkeit, das wiederum von der obigen Skala spezifiziert ist:

a. die Berührung Ihrer Schulter
b. auf einem Bürgersteig hüpfen
c. mit einem Füller/Kugelschreiber schreiben
d. sich im Bett herumdrehen

9. Sagen Sie für jeden der folgenden Sätze, ob er für Sie zutrifft oder nicht:

a. Durch eine gewandte oder dichterische Sprache kann ich innerlich leicht berührt werden.
b. Manchmal erlebe ich Dinge so, als hätten sie zwei Realitäten.
c. Wenn ich Musik höre, kann ich so vertieft sein, daß ich nichts mehr um mich herum wahrnehme.
d. Wenn ich in einem Theaterstück mitspielte, glaube ich, daß ich wirklich die Gefühle des von mir gespielten Charakters empfinden und eine Zeitlang er oder sie »werden« könnte, wobei ich meine Person und das Publikum ganz vergesse.
e. Ich habe oft so etwas wie »physische Erinnerungen«: Wenn ich beispielsweise geschwommen bin, kann es gefühlsmäßig eine Zeitlang danach noch so sein, als wäre ich im Wasser.

10. Zweidimensionale Rotationsaufgabe:
Sie sehen links jeweils ein Dreieck, das in einer Ecke einen Kreis und unten eine schwarze Seite hat. Schauen Sie sich nun die Dreiecke auf der rechten Seite an und stellen Sie fest, daß jedes davon ebenfalls einen Kreis in einer Ecke und eine geschwärzte Linie an einer Seite hat. Finden sie jeweils dasjenige Dreieck von den vieren heraus, das genau dem Beispiel entspricht.

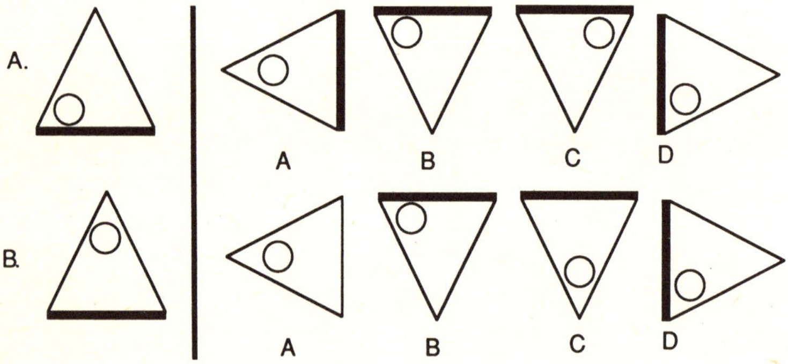

11. Dreidimensionale Rotationsaufgabe:
In etwa derselben Weise wie bei der vorigen Aufgabe blicken Sie auf das Objekt unten links. Eine der folgenden vier Zeichnungen rechts daneben zeigt dasselbe Objekt. Finden Sie sie heraus, welches.

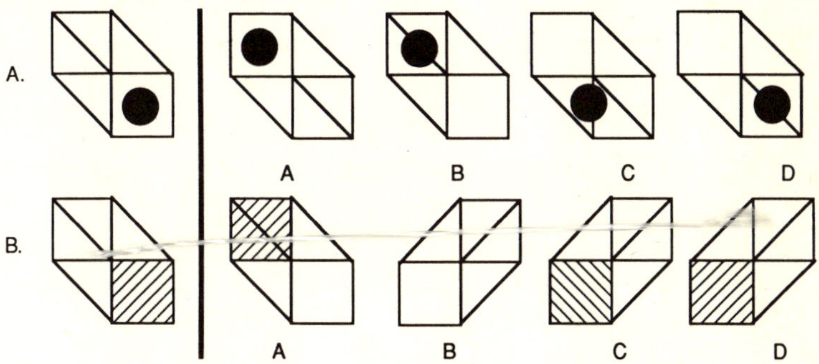

12. Welche Noten bekamen Sie im Durchschnitt entweder in der Schule oder auf der Hochschule für die folgenden Fächer?

Deutsch:
Mathematik:

13. Unten sind zwei Figuren zu sehen. Denken Sie sich etwas aus, wie sie aus diesen Formen ein Bild machen können. Versuchen Sie, beide Figuren in Ihr Bild zu integrieren. Wenn Ihr Bild fertig ist, geben Sie ihm einen Titel, der es zutreffend kennzeichnet.

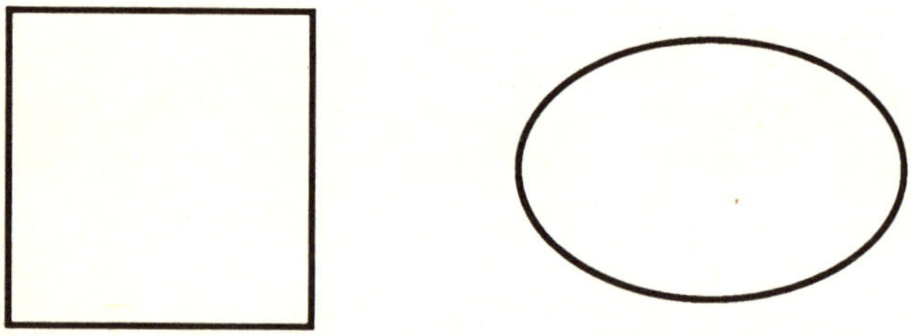

Ihr Titel:

14. Angenommen, Sie hätten genug Zeit und Geld dafür, wie sehr wären Sie daran interessiert, die folgenden Aktivitäten auszuführen? Verwenden Sie dafür die untere Einstufung und bezeichnen Sie das Ausmaß des Interesses, das Sie an diesen Aktivitäten haben.

Interessiert mich überhaupt nicht				Interessiert mich sehr
1	2	3	4	5

a. Ein berühmter indischer Lehrer hat ein Zentrum in Ihrer Nähe gegründet. Er bietet individuelle Kurse für Meditation an, und Sie sind von ihm eingeladen worden, mit ihm zu arbeiten.
b. Ein Parapsychologe an einer der führenden Hochschulen hat eine neue Technik entwickelt, telepathische Kräfte zu schulen. Er bietet Ihnen eine Gelegenheit an, an seinem Trainingsprogramm teilzunehmen.
c. Ein Meister-Hypnotiseur hat Ihnen ein persönliches Hypnose-Programm angeboten, das aufgestellt wurde, um Ihr Unbewußtes zu erforschen und Ihnen zu helfen, verborgene innere Konflikte zu lösen.

15. Stufen Sie nach der Skala das Ausmaß ein, nach dem jeder der folgenden Sätze auf Sie zutrifft.

Trifft gar nicht zu				Trifft genau zu
1	2	3	4	5

a. Ich versuche stets, mich selbst zu verstehen.
b. Ich denke viel über mich nach.
c. Ich achte im allgemeinen auf meine inneren Gefühle.

d. Manchmal habe ich ein Gefühl, als wenn ich irgendwie neben mir stünde und mich selbst beobachtete.
e. Ich bin mir bewußt, wie mein Geist funktioniert, wenn ich mich durch ein Problem durcharbeite.

16. Welche der folgenden Adjektive beschreiben, wie Sie sich als Person im allgemeinen fühlen.

- ruhig
- gespannt
- ausgeruht
- ängstlich
- besorgt
- entspannt
- gestreßt
- friedlich

Auflösungen

Größtenteils handelt es sich bei den oben aufgeführten Fragen, Feststellungen oder Aufgaben nicht um die bei tatsächlichen wissenschaftlichen Tests verwendeten Items. Vielmehr sind sie hier wiedergegeben, um dem Leser prima vista ein Verständnis für alle gegenwärtigen wissenschaftlichen Hypothesen hinsichtlich des luziden Träumens zu vermitteln.

Die Fähigkeit zum luziden Träumen steht danach in Zusammenhang mit:

1. einer erhöhten Traumerinnerung
2. regelmäßigem Praktizieren von Meditation
3. weiblichem Geschlecht
4. der Fähigkeit, versteckte Figuren zu finden
5. dem Fehlen von Gleichgewichtsproblemen
6. der Fähigkeit, das Gleichgewicht zu bewahren
7. außerkörperlichen Erfahrungen

8. lebhaften auditorischen Vorstellungen (erste Gruppe von Fragen) oder kinästhetischen Vorstellungen (zweite Gruppe von Fragen)
9. der Fähigkeit, von Aktivitäten geistig absorbiert zu werden (höchster Score, wenn alle Feststellungen zutreffend)
10. und 11. der Fähigkeit, Objekte im Geist umdrehen zu können:
10. bei der zweidimensionalen Aufgabe:
(A.) Antwort: B
(B.) Antwort: C
11. bei der dreidimensionalen Aufgabe:
(A.) Antwort: A
(B.) Antwort: D
12. Intelligenz (gute Zensuren in Deutsch oder Mathematik).
13. Kreativität (zu ersehen aus der Zeichnung einer detaillierten, ungewöhnlichen Figur)
14. starkem Interesse an solchen für das innere Selbst riskanten Herausforderungen
15. Bewußtheit für das intime seelische Erleben (hohe Scores bei allen Fragen)
16. Fehlen von Angst

»Nicht ich habe versucht, die luziden Träume zu haben«, erläutert der baptistische Geistliche George Gillespie. »Sie haben einfach angefangen. Sie kamen zu mir.« Einmal begonnen, kamen sie aber immer wieder, in zehn Jahren ein halbes Tausend, und er ist damit nicht der einzige. Wie jede Fähigkeit hat das luzide Träumen seine Rekordler; wie bei jeder Leistung sind einige Leute Spitze, während andere am Spielfeldrand als Zuschauer stehen. Heute schätzt man, daß in der Bevölkerung 58 Prozent wenigstens schon einmal im Leben einen luziden Traum gehabt haben, aber wahrscheinlich nur 21 Prozent einen luziden Traum pro Monat oder mehr erleben. Was ist es, das eine Person befähigt und die andere nicht, während eines Traums bewußt zu sein und beispielsweise zu fliegen, einem bedrohlichen Fremden entgegenzutreten, oder ein Problem aus dem Tagesleben zu lösen? Jayne Gackenbach, die an dieser Frage interessiert war, begann zunächst, die vertrauten Merkmale von luziden Träumern zu untersuchen. Als sie einige tausend Leute durchgetestet hatte, das heißt sowohl luzide als auch normale Träumer, begann sie, ein Profil des typischen luziden Träumers aufzustellen. Ihre Beschreibung beruht dabei fast ganz auf Personen, die nicht meditierten und auch ihren Träumen keine besondere Aufmerksamkeit widmeten, weshalb man sagen kann, daß sie das spontane Auftreten der Luzidität im Schlaf beschreibt. Die ersten zwei Punkte unserer Befragung betreffen die zwei wichtigeren Vorhersage-Merkmale des luziden Träumens, nämlich die Anzahl der Träume, an die sich jemand erinnert, und, ob er oder sie meditiert oder nicht.

Traumerinnerung (Frage 1)

Eine Person erinnert sich durchschnittlich nur an zwei bis drei Träume pro Woche. Wenn man sich an mehr als an das erinnert, steigen auch die eigenen Chancen für einen luziden Traum. Es gibt verschiedene Gründe dafür, warum sich jemand beispielsweise an acht bis zehn Träume wöchentlich erinnern kann, und ein anderer an gar keine. Wenn jemand seinem Innenleben Aufmerksamkeit schenkt, wird er oder sie sich bald von allein an mehr als die durchschnittliche Anzahl von Träumen erinnern. Wenn jemand eine Zeit intensiv gefordert oder gestreßt ist, können dadurch manchmal besonders lebhafte Träume hervorgerufen werden, an die man sich auch eher erinnert. Und selbst die Art und Weise, wie man aufwacht, kann beeinflussen, an wieviele Träume man sich erinnert: Menschen, die abrupt erwachen, erinnern sich meist an weniger Träume als jene, die langsamer aufwachen.

Meditation (Frage 2)

Wie wir in Kapitel 2 genauer dargestellt haben, erhöht das Praktizieren von Meditation schlicht die Wahrscheinlichkeit, daß man luzid träumen wird. Wahrscheinlich ist dies für die zwei größeren Gruppen der Meditationsübungen richtig (für die konzentrativen wie für die auf Aufmerksamkeit beruhenden) ebenso wie für Methoden, die diese beiden grundlegenden Formen kombinieren, etwa wie Transzendentale Meditation. Dies kommt wohl zum Teil daher, daß die Praxis der Meditation die Kohärenz des Gehirns erhöht und damit das Bewußtsein im Schlaf, genau wie stärker archetypische Trauminhalte, und dies führt zu stärkerer Traumerinnerung. Meditation kann hier allgemeiner aufgefaßt werden. Es kann beispielsweise schon die Chancen für das luzide Träumen erhöhen, wenn jemand täglich einige Zeit in tiefer Andacht verweilt. Gackenbach und ihre Mitarbeiter haben herausgefunden, daß schon Personen, die noch nicht meditieren, aber großes Interesse an Meditation bekunden, wahrscheinlicher einen luziden Traum haben werden als andere, die überhaupt kein Interesse an Meditation zeigen. Um offen zu sein, die Interessierten werden wahrscheinlich nicht ganz so viele luzide Träume haben wie die tatsächlich Meditierenden, aber ihr Interesse zeigt einen Wunsch an, die inneren Zustände ihrer Seele wahrzunehmen, was für die Entwicklung des luziden Träumens wesentlich sein kann.

Das Geschlecht spielt offenbar auch eine nicht unwichtige Rolle für das luzide Träumen.

Neuronale Androgynie (Frage 3)

Unter gewissen Umständen erleben Frauen mehr luzide Träume als Männer. In einer Untersuchung mit 106 Personen, die nicht meditierten, und 45 Meditierenden fand Gackenbach heraus, daß meditierende Frauen signifikant mehr luzide Träume berichten als meditierende Männer. Dieser Unterschied zwischen den Geschlechtern zeigte sich übrigens auch schon bei Personen, die nur Interesse an Meditation bekundeten und nicht meditierten. Hier kann wiederum die Kohärenz des Gehirns ins Spiel kommen, weil sie diesen weiblichen Vorteil beim luziden Träumen zu erklären vermag. Roseanne Armitage und andere Forscher von der Carleton University in Kanada fanden heraus, daß mehr Frauen als Männer die erhöhte Kohärenz zeigten, die man im REM-Schlaf und beim luziden Träumen fand, nachdem sie erwachten. Diese hohe Kohärenz befähigte sie, der Reihe nach mehr Träume zu erinnern. Zusätzlich entdeckte der franko-kanadische Psychiater Pierre Flor-Henry, daß Frauen im allgemeinen höhere Niveaus der Kohärenz als Männer haben. Vielleicht ist es diese erhöhte Kommunikation zwischen den Hirnteilen, die es Frauen leichter macht, sich an ihre Träume zu erinnern, luzid zu träumen und auch während der Meditation die

Transzendenz (das »reine« Bewußtsein) zu erleben. Obwohl man sich noch in keiner Studie direkt mit den Unterschieden zwischen den Geschlechtern während der Meditationserlebnisse befaßt hat, gibt es einige Hinweise, die nahelegen, daß Frauen intensivere Erlebnisse haben, einschließlich jenen, in welchen sie ihr Bewußtsein »transzendieren«. Ein Meditierender: »Anscheinend werden von Frauen doch die spektakuläreren Erfahrungen in der Meditation berichtet.«

Interessanterweise scheint der Vorteil, den das erhöhte Niveau der Kohärenz Frauen in Schlaf und Meditation geben mag, ihnen im Wachleben nicht immer gutzutun. Bei vielen Leistungen ist es wohl so, daß ein Gehirn, je aufgeteilter oder spezialisierter es ist, umso erfolgreicher sein wird. Forscher haben herausgefunden, daß der Geist der meisten Männer für bestimmte Funktionen klarer spezialisiert oder lateralisiert ist (sagen wir einmal, um Straßenkarten zu folgen oder seinen Weg aus einem Wald zu finden) als der von Frauen. In gewissem Ausmaß gibt es bei beiden Geschlechtern Grenzen, die durch die natürliche Struktur ihrer Gehirne bedingt sind. Aber wie Gackenbach und ihr Kollege und Gatte Thomas Snyder, ein Neuropsychologe an der University of Alberta (Kanada), entdeckten, brauchen diese Begrenzungen nicht absolut festgeschrieben zu sein. In ihren Studien und denen von anderen Meditationsforschern wurde gezeigt, daß bei den Frauen, die meditieren und/oder luzid träumen, das normale (höhere) Niveau der Kohärenz allgemein beibehalten wird, daß die meditierenden Frauen aber auch eine größere Lateralisation des Gehirns aufweisen als die nicht luzid träumenden oder meditierenden Frauen. Ähnlich können Männer, die meditieren und/oder luzid träumen, auch die Vorteile behalten, die dem männlichen Gehirn inhärent sind, wenn sie die Kohärenz erhöhen. Es scheint so zu sein, daß Meditation und Luzidität uns zu einem neuronalen Äquivalent zur Androgynie befähigen, indem sie unserem Gehirn erlauben, in allen Aspekten unseres Lebens stärker holistisch zu funktionieren.

Daß Meditierende und luzide Träumer beiderlei Geschlechts größere Lateralisation und höhere Kohärenzniveaus zeigen, kann auch der Schlüssel zu einem Verständnis dafür sein, wie das Gehirn Informationen verarbeitet, und vielleicht etwas Licht auf das Wesen der höheren Bewußtseinszustände werfen. Gemäß David Orme-Johnson und seinen Mitarbeitern an der MIU kann sich das Gehirn jedes Menschen sowohl für spezialisierte als auch für allgemeine Funktionen engagieren: Es ist gleichermaßen fähig, sich auf mathematische Formeln zu beschränken, wie das allgemeine Ambiente eines neuen Restaurants zu empfinden. Das Gehirn kann einen Pfeil mit dem Schwarzen in der Scheibe verbinden, es kann aber auch den atmosphärischen Eindruck eines sonnigen Strandes aus der Sicht, dem Geruch, den Geräuschen und der Beschaffenheit zusammensetzen. Wenn der Geist sich auf eine spezielle Aufgabe fokussiert, wird er wahrscheinlich einen Teil des Gehirns stärker als einen anderen in Anspruch nehmen, und der am meisten mit der Durchführung der Aufgabe beschäftigte Teil wird eher niedriger in der Kohärenz sein. Das liegt daran, daß der Teil des Gehirns, der eine spezielle Aufgabe gut lösen muß und am besten für die Ausführung geeignet ist, dazu aufgerufen werden muß. Um beispielsweise die Karten für ein Kartenspiel auszuteilen, müssen spezielle physische Reaktionen berücksichtigt werden. Das bedeutet nicht, daß der Rest des Gehirns inaktiv wäre; vielmehr erhöht sich dort die Kohärenz, was dazu dient, die gerade ausgeführte Funktion (das Austeilen der Karten) mit anderen Aspekten der Umgebung in Übereinstimmung zu bringen. Das Kartengeben findet ja in einem »Feld« statt, zu dem der Spieltisch, die Freunde und ein paar Dosen Bier gehören. Die Hirnteile, die von dieser Aufgabe in Anspruch genommen sind, dienen dazu, das Gehirn für die Aktivität zu integrieren und stärker zu engagieren. Wenn man also, um ein weiteres Beispiel zu bringen, eine Geschichte liest, wird die linke Hemisphäre, die einen Großteil der oberflächlichen

Verarbeitung durchführt, niedrig in der Kohärenz sein, während die rechte Hemisphäre, die den emotionalen Kontext für die Wörter schafft, höher in der Kohärenz sein wird.*

Der Punkt ist, daß die Meditation – und vermutlich auch das luzide Träumen – das Gehirn nicht nur direkt stärker integriert (kohärent) sein lassen, sondern daß etwas davon anscheinend auch erhalten bleibt, wenn der oder die Betreffende nicht meditiert oder träumt, und das kann dem Menschen helfen, sich bei speziellen Aufgaben effizienter zu verhalten.

Zweites Gesicht (Frage 4)

Sie befinden sich in einem abgedunkelten Raum und schauen auf ein leuchtendes Viereck an der Wand. Ein ebenfalls leuchtender Stab in seiner Mitte, jedoch nicht mit ihm verbunden, scheint in ihm zu schweben. Ihre Aufgabe wäre es nun, den Versuchsleiter so genau anzuleiten, den Stab zu bewegen, daß er parallel zur Wand ist. Sie können weder Stab noch Wand berühren, sie müssen im Dunkel auf Distanz stehen bleiben und ihre Anweisungen geben. Könnten Sie das bewerkstelligen?

Wissenschaftler wissen schon seit Jahren, daß einige Leute fähig sind, ihre Wahrnehmungen zutreffend zu beurteilen, die also immer wissen, wo sie gerade sind oder wo in einem Raum ein Objekt plaziert ist, egal wieviele störende oder ablenkende Reize es geben mag. Das sind beispielsweise die Menschen, die den Weg aus einem Wald finden können, wenn sie vorher mit geschlossenen Augen mehrmals umgedreht worden sind. Sie können darüber sogar im Dunkeln eine zutreffende Beurteilung abgeben. Scheinbar benutzen sie irgendein inneres Baro-

* Die Forscher an der Maharishi International University behaupten, daß der Ort des *witness* sowohl im Wachzustand als auch im Schlaf jener Teil des Gehirns ist, der eine starke Kohärenz hat.

meter, das ihnen sagt, wo ein Objekt sein sollte. Andere Leute haben diese Fähigkeit nicht; schon ein störender Reiz kann sie in ihrem Urteilsvermögen in die Irre führen. Menschen, die sich gut im Raum orientieren können, werden »feldunabhängig« genannt, weil sie keine genauen sensorischen Informationen aus dem Feld ihrer Wahrnehmung brauchen, um ein richtiges Urteil über die Lokalisation eines Objektes im Raum abzugeben. Eine kleine Variante der Fähigkeit, einen Weg aus einem Wald zu finden, ist die Fähigkeit, eine einfache Figur, die in einer komplexeren eingebettet ist, zu finden. Wenn Sie die sogenannten eingebetteten Figuren in Frage 4 korrekt gefunden haben, könnten Sie recht feldunabhängig sein. Luzide Träumer und Meditierende wie auch Leute mit einer überdurchschnittlichen Traumerinnerung sind feldunabhängiger als andere Menschen. Ihre Fähigkeit, sich leicht im Raum zu orientieren, sei es in der realen oder in einer Traumwelt, kann ein weiterer Schlüssel zum Verständnis der Beziehung zwischen dem luziden Träumen und der Meditation sein. Es überrascht nicht, diese Arten räumlich orientierender Fähigkeiten führen uns wieder zur Kohärenz und ihrer Verbindung zu Meditation und luzidem Träumen zurück: Menschen, die feldunabhängig sind, zeigen auch höhere Kohärenzniveaus als jene, die es nicht sind.

Der Gleichgewichtssinn (Fragen 5 und 6)

Wer man hier angibt, öfter Probleme mit den Ohren oder Erfahrungen mit Reisekrankheit zu haben (Frage 5) oder an einer physischen oder visuellen Behinderung zu leiden, wäre man wahrscheinlich für Gackenbachs oder Snyders Untersuchungen aus ethischen Gründen nicht geeignet. Denn bei einem ihrer physiologischen Tests verwenden beide die sogenannte kalorische (Wärme-)Stimulation. Dabei muß sich der Proband hinlegen, und an seinen Augen werden Sensoren angebracht. Dann wird langsam entweder warmes oder kaltes

Wasser in beide Ohren gegossen, ein Vorgang, der tremorartige Impulse an den Augen nach sich zieht. Bei Personen, deren Vestibularsysteme voll funktionieren (das sind einige komplizierte Kanäle und andere Teile im Innenohr), sind diese Oszillationen regelmäßig und laufen impulsweise ab. Die Linien auf dem Polygraphenpapier werden im Zickzack verlaufen, mit scharfen, bergähnlichen Spitzen und Tälern. Bei Menschen dagegen, deren Gleichgewichtssystem gestört ist, werden die Linien im Streifenschreiber entweder verflachen oder sehr unregelmäßig werden. Diesen Leuten Wasser in die Ohren zu gießen, kann auf dasselbe hinauslaufen, wie wenn man sie in ein beschleunigendes Karussell setzen würde. Ihr Gleichgewichtssystem kann dabei so gestört werden, daß sie sich erbrechen oder aus dem Untersuchungsbett fallen. Schon ohne Wasser in den Ohren werden solche Leute wahrscheinlich leicht reisekrank oder leiden öfter unter Ohrenschmerzen, weshalb die Forscher sie nicht für diese Art von Studien auswählen würden.

Interessanterweise können diese Menschen auch Schwierigkeiten haben luzid träumen zu lernen. Darum geht man auch von einer Verbindung zwischen einem gesunden Gleichgewichtssystem und der Luzidität aus. In Gackenbachs und Snyders Untersuchungen hatten Personen mit monatlich mindestens einem luziden Traum auch physiologisch gesunde Vestibularsysteme. Auf der anderen Seite fand man bei jenen Menschen, die noch nie einen luziden Traum gehabt hatten, irgendwelche Probleme mit den Ohren, selbst wenn sie nicht berichtet hatten, von Reisekrankheiten oder Ohrenschmerzen geplagt zu sein. Dieses Resultat liegt wahrscheinlich in der Rolle des Vestibularsystems begründet, das Gleichgewicht zu kontrollieren und uns damit zu ermöglichen, uns im Raum zu orientieren. Es befähigt uns zu wissen, wo wir im Wachsein in der physischen Welt sind, und auch, wo wir uns befinden, wenn wir in unserem Schlaf in einer mental konstruierten Umgebung erwachen. Eine häufige Aktivität in luziden Träumen ist beispielsweise das Fliegen, aber zu lernen, wie man aufsteigt, schwebt, sich über Bäume erhebt, wie man abhebt und landet, erfordert einen gesunden Sinn für das Gleichgewicht und deshalb die Fähigkeit, sich im inneren Raum lokalisieren zu können. Schließlich könnte es auch eine anatomische Erklärung dafür geben, warum das Gleichgewichtssystem so wichtig für das luzide Träumen ist. Die Vestibular-Neuronen liegen im Hirnstamm, an der Stelle 'also, wo das Gehirn ins Rückenmark übergeht. Die Forschung hat nun gezeigt, daß sich gerade an dieser Stelle auch diejenigen Neuronen befinden, die überhaupt zum Entstehen der raschen Augenbewegungen (REM) beitragen, jener charakteristischen Augenbewegungen, die das Träumen begleiten. Diese Nerven sind besonders aktiv in der REM-Phase, die ja mit dem luziden Träumen assoziiert ist.

Neben einem solchen offensichtlichen Nutzen des physikalischen Gleichgewichts im Traum kommen bei der Luzidität auch noch der emotionale Gleichgewichtssinn und schließlich eine kognitive Balance ins Spiel. Gewöhnlich werden unerfahrene luzide Träumer, wenn sie merken, daß sie träumen, so aufgeregt, daß sie erwachen. Mit einiger Erfahrung lernen sie nach und nach, ihre Gefühlswogen im Zaum zu halten, wenn sie die Bewußtheit beibehalten und den Traum fortsetzen wollen. Außerdem muß man zu Beginn des luziden Träumens den verbalen Gedanken »Dies ist ein Traum« mit den anderen verbalen Wahrnehmungen im Traum ausbalancieren. Auch wenn man meint, daß diese Art emotionaler und kognitiver Balance scheinbar etwas anderes sei als das physische Gleichgewicht, postulieren wir, daß alle Aspekte miteinander verbunden sind. Denn wenn, wie einige Psychologen meinen, die Wurzel des Denkens nicht etwas Verbales, sondern eher eine Verknüpfung zusammenwirkender sensorischer Systeme ist (was dabei so etwas wie eine räumliche Qualität prä-verbaler Erfahrungen kreiert), dann wird klarer, daß die Rolle, die das Gleichgewicht bei der räumlichen Orientierung spielt, auch unsere Fähigkeit beeinflußt, im Traum bewußt zu werden und das Bewußtsein aufrechtzuerhalten.

Eine weitere Bemerkung zum Gleichgewicht: Wir denken oft, daß unser körperliches Gleichgewicht in Reaktion auf die Schwerkraft funktioniert. Neuere Forschungen zeigen jedoch, daß es nicht davon determiniert ist, sondern eher in bezug auf die Umgebung oder das Medium abläuft. Medien können nun physische sein, wie der Boden oder die Decke eines Zimmers, sie können aber auch mentale sein, etwa eine geträumte Baumkrone. Darüber hinaus sind alle Medien mental, wenn man Jack Yates, einem kognitiven Psychologen der University of Northern Iowa, folgt. Er sagt, daß alles, was wir fühlen und wahrnehmen, sowieso erst im Gehirn als mentales Modell rekonstruiert wird. Das Gleichgewicht hilft uns dann, uns im mentalen Raum zu orientieren, welcher der einzige Raum ist, den wir erleben.

Die Bedeutung einer guten vestibularen Physiologie für das luzide Träumen wird weiterhin durch ein Experiment erhärtet, das die körperliche Balance testet. Wenn Sie gut auf einem Fuß stehen können und geübt im Balancieren oder für anderen Gleichgewichtstests geeignet sind (Frage 6), könnten Sie es mal auf einem Stabilometer versuchen – einem Gerät von der Größe eines Skateboards, das auf einem Drehpunkt ruht wie eine Schaukelwippe. Ihre Aufgabe ist es, sich auf dem Brett im Gleichgewicht zu halten; jedesmal, wenn Sie sich über ein gewisses Maß hinaus bewegen, hören Sie an einem Klicken, daß die Maschine ihre Korrekturbewegung registriert hat. Snyder und Gackenbach benutzten das Stabilometer, um herauszufinden, ob luzide Träumer im Gleichgewichthalten besser sind als andere Personen. Sie fanden, daß dem so war. Aus diesem Experiment und anderen konnten sie schlußfolgern, daß der luzide REM-Schlaf als ein Zustand erhöhter innerer Wachsamkeit charakterisiert werden kann – mehr als der nicht-luzide Traumschlaf –, ganz ähnlich dem, was man über die Meditation im Wachzustand herausfand.

Imagination (Fragen 7,8,9,10 und 11)

Wenn man bedenkt, daß das luzide Träumen durch eine erhöhte innere Aufmerksamkeit charakterisiert ist, überrascht es nicht, daß luzide Träumer mehr lebhafte Bilder während der Imagination (Frage 8) erleben und sich stärker von solchen Aktivitäten absorbieren lassen (Frage 9) als Leute, die noch nie einen luziden Traum gehabt haben. Luzide Träumer erleben auch regelmäßig andere Arten von spontanen Bildern im Wachzustand wie Tagträume, Halluzinationen, außerkörperliche Erfahrungen (Frage 7) und hypnagogische Bilder (Bilder, die sich beim Einschlafen einstellen). Luzide Träumer können sich auch leicht vorstellen, Treppen hochzulaufen, über einen Graben zu springen oder einen Kreis auf ein Blatt Papier zu zeichnen. Verglichen mit anderen, wird ihre Imagination extrem lebhaft sein. Ähnlich ist ihre Fähigkeit, Töne zu imaginieren – das Hupen eines Autos oder das Klatschen von Händen – besser als bei Leuten, die nicht luzid träumen.

Der interessante Aspekt an der Neigung von luziden Träumern zum Imaginieren ist, daß es nicht die visuellen Komponenten des imaginierten Ereignisses sind, die als realer wahrgenommen werden, sondern mehr die Geräusche und das Gefühl für Berührungen. Luzide Träumer zeichnen sich darin aus, Laute zu hören, Oberflächen zu erfühlen und sich gut im Raum zu bewegen. Diese imaginativen Fähigkeiten des luziden Träumers (speziell desjenigen, der noch meditiert) beruhen auf seiner Fähigkeit, sich von einer Aktivität absorbieren zu lassen (Frage 9). Wiederum erinnert diese Fähigkeit, die Aufmerksamkeit zu fokussieren, sehr stark an die Art der Wahrnehmung, die Meditierende einüben.

Damit verbunden ist die Fähigkeit des luziden Träumers, sich dreidimensionale Objekte im Raum vorzustellen und sie zu verändern (Frage 11). Obwohl luzide Träumer keine größere Fähigkeit als andere zeigen, zweidimensionale Bilder im Geist zu drehen (Frage 10), haben wir dieses Beispiel sozusagen als Übung für die dreidimensionalen Aufgaben aufgeführt. Die Fähigkeit, die jemand hat, sich mit schwierigen räumlichen Aufgaben zu beschäftigen wie der Rotation dreidimensional gezeichneter Körper, steht anscheinend mit der Fähigkeit zum luziden Träumen in Zusammenhang. Wieder einmal zeigt sich hier die Fähigkeit des luziden Träumers, sich mühelos in einem mentalen Raum zu bewegen. Interessanterweise und auch etwas überraschenderweise, wenn man an die oft angeführte Überlegenheit der Männer bei solchen Aufgaben denkt, scheint diese Fähigkeit besonders verbreitet unter Frauen zu sein, die luzid träumen.

Intellektuelle und kreative Fähigkeiten (Fragen 12 und 13)

Wie Gackenbach herausfand, gibt es auf Skalen verbaler und mathematischer Intelligenz (Frage 12) aufschlußreiche Unterschiede zwischen luzid und nicht luzid träumenden Frauen und Männern. Ausgewählte luzid träumende Frauen sind besser als nicht-luzid träumende Frauen. Die luzid träumenden Männer bringen bei solchen Tests jedoch schlechtere Leistungen als nicht-luzid träumende Männer. Dieses unerwartete Ergebnis bei den luzid träumenden Männern kann, nach einer Hypothese von Jayne Gackenbach, wiederum ein Beleg für die sogenannte neuronale Androgynie sein, die wir oben dargestellt haben. Deshalb kann man sagen, der Geist bei luzide träumenden Männern sei weniger »maskulinisiert« und weniger spezialisiert für die Art von Aufgaben, für die Männer traditionell geschaffen sind.

Dies scheint auch auf die Kreativität zuzutreffen. Luzide Träumerinnen sind den nicht-luzide träumenden Frauen in der nicht-verbalen Kreativität überlegen. Männliche luzide Träumer erzielen etwa dieselben Ergebnisse wie die nicht-luzide träumenden Männer. Meditierende Männer wie Frauen, selbst jene, die nicht luzid träumen, erzielten gute Ergebnisse in der Kreativität wie in der Intelligenz.

Risikoverhalten (Frage 14)

Wenn Ihr Punktwert in Frage 14 hoch ist, gehören Sie zu den Menschen, die gern Risiken eingehen, keine physischen, wie Ski auf einer Piste für Fortgeschrittene zu laufen, nachdem man erst einen Tag auf Skiern gestanden hat, sondern innerliche Risiken, wie zum Beispiel einen Kurs über die Entwicklung der eigenen telepathischen Fähigkeiten zu belegen oder eben zu lernen, luzide zu träumen. Die Idee, daß das luzide Träumen mit dem Risikoverhalten zusammenhängen könnte, wurde zuerst von Joseph Dane untersucht, einem klinischen Psychologen an der University of Virginia (USA). Er entwikkelte einen Fragebogen, um damit das Ausmaß abzuschätzen, in welchem Menschen bereit sind, potentielle Risiken einzugehen. Gackenbach und ihre Studenten der University of Northern Iowa verfolgten Danes ursprüngliche Idee und entdeckten eine starke Verbindung zwischen einer solchen Bereitschaft und dem luziden Träumen. Menschen, die häufig luzide träumen, fanden sie, lassen sich mit deutlich größerer Wahrscheinlichkeit auf neue innere Erfahrungen ein als Kontrollpersonen. Es ist dann kein Wunder, daß ihre Träume luzid werden und es ihnen ermöglichen, das riesige, unbekannte Land der Imagination zu erkunden.

Das Innenleben (Fragen 15 und 16)

Wie bereits erwähnt, sind luzide Träumer eher androgyn als andere Menschen. Sie zeigen eine holistische Struktur der Persönlichkeit, weil sie beispielsweise Anima und Animus (weibliche und männliche Eigenschaften) vollständiger als andere Menschen innerlich miteinander vereinbaren. Sie sind oft stark in Bereichen des Lebens, in denen andere von ihrem Geschlecht her schwach abschneiden. Beispielsweise schenken männliche luzide Träumer ihrem Innenleben mehr Aufmerksamkeit (Frage 15) und gehen offener mit ihren Gefühlen um als nicht-luzide träumende Männer. Luzide Träumerinnen sind feldunabhängiger und nehmen eher größere Risiken auf sich als Frauen, die nicht luzid träumen. Innerhalb dieser Androgynie bleiben allerdings einige Unterschiede zwischen Männern und Frauen bestehen. Frauen, die luzide träumen und/oder meditieren, sind im allgemeinen nicht ängstlich. Männliche luzide Träumer, die nicht meditieren, sind es freilich oft (Frage 16).

Auf der Grundlage ihrer Studien, die noch viele andere Untersuchungen einschließen, die hier nicht dargestellt werden konnten, schloß Gackenbach, daß die luzide träumende Frau auf der psychologischen Ebene keine Probleme mit dem Geld, der Religion oder mit ihrer Arbeit hat. Sie ist praktisch veranlagt, freimütig und steht in Kontakt mit ihren Gefühlen. Sie ist willens zu experimentieren und begrüßt neue Erfahrungen. Sie gibt auch gut auf sich acht, indem sie wenig Alkohol trinkt, sich gut ernährt und regelmäßig bewegt. Der luzide Mann andererseits ist ein komplizierteres Wesen. Er scheint ein Suchender zu sein. Er sucht oft nach einem religiösen Sinn, hat eher Probleme mit dem Rauchen und anderen Aspekten seiner Gesundheit sowie mit Beziehungen zu Gruppen von Menschen. Trotz dieser Probleme ist der luzide Mann emotional stabil, gewissenhaft und übt sich oft in Meditation. Es mag sein, daß bei Männern der Typ des »religiösen Suchenden«, der das Wesen seines Glaubens in Frage stellt, eher die Luzidität erlebt. Seine Schwierigkeiten mit der maskulinen Rolle können auch den Tribut reflektieren, den die immer noch engen männlichen Verhaltensklischees solchen Männern abfordern. Weil die Frauenbewegung darum kämpfte, die streng definierten sozialen Rollen von Frauen und Männern zu erweitern, fühlen sich Frauen heutzutage in stärkerem Ausmaß frei für neue Erfahrungen und neue Rollen. Viele Männer sind aber weiterhin durch die in der Gesellschaft akzeptierte Definition der Persönlichkeit des Mannes eingeschränkt. Ein Mann, der trotz dieser Beschränkungen seinem

Seelenleben Aufmerksamkeit schenkt, kann an dieser Wahl leiden.

Es scheint klar zu sein, daß luzide Träumer in vieler Hinsicht »richtig eingestimmt« auf ihr Innenleben sind; sie verlassen sich auf einen inneren Sinn, um die Räume des Wachzustandes wie des Traumzustandes auszudeuten und sich darin zu bewegen, und begrüßen Erfahrungen, die ihr Selbstbewußtsein herausfordern und es vergrößern. Luzide Träumer sind moderne Pioniere, die wie die Eroberer vergangener Jahrhunderte entschlossen sind, sich neue Welten zu erobern.

Kapitel 10

Die Entwicklung der Seele

Aufbruch zum reinen Bewußtsein

Wenn die Theorie stimmt, daß das luzide Träumen nur ein Schritt auf einem Kontinuum zum menschlichen Bewußtsein ist, ergeben sich daraus wenigstens zwei wichtige Fragen: Was kommt nach dem luziden Träumen? Und warum sollten wir uns darum kümmern? Wie wir bereits diskutiert haben, ist einer der Bewußtseinszustände, der zum luziden Träumen Bezüge hat, das *witnessing* im Traum, ein Merkmal des »reinen« Bewußtseins (*pure consciousness*). Wir haben kurz beschrieben, was wir unter dem reinen Bewußtsein oder der Transzendenz verstehen, in diesem Kapitel werden wir diesen Zustand aber noch eingehender untersuchen, seine Beziehung zur Luzidität erläutern und auch, warum diese Zustände wichtig für die Zukunft der Menschheit sein können.

Wir werden mit der außergewöhnlichen Geschichte des Studenten Mark Block beginnen, der vor drei Jahren einen schweren Autounfall in der Nähe seines Hauses in Fort Dodge, Iowa (USA), hatte. Durch den Unfall fiel er in ein Koma und kam an ein Atemgerät. Seine Verletzungen waren so schlimm (Brüche im Halsbereich, schwere Kopfverletzungen, verschiedendste Lungen- und Weichteilverletzungen), daß die Ärzte sich nicht sicher waren, ob er überleben und aus dem Koma wieder zurückkehren würde, und wenn ja, ob er jemals wieder in der Lage wäre, allein zu atmen oder zu laufen. Mark Block berichtet in einem Artikel, den er später für die Zeitschrift *Lucidity Letter* schrieb, daß er sich während seines Komas, also in einem sehr tiefen Zustand eines »Schlafs« oder der Unbewußtheit, seiner selbst bewußt gewesen sei. (Man erinnere sich, daß wir heute wissen, daß gedankenähnliche

Erlebnisse nicht nur im Traumschlaf, sondern auch in allen anderen Schlaftiefen vorkommen.) Mark schildert seine erste Erfahrung der Bewußtheit während seines Komas so:

> Als ich noch keine Erinnerung an diese Nacht sowie an die daran anschließenden Ereignisse hatte, erwachte ich in mir und trieb scheinbar mitten in einer dunklen Leere, um dabei auf Schockwellen aus einer Kombination von Schmerz und Verwirrung zu stoßen. Ich fühlte mich verloren wie in einem Alptraum und kämpfte darum, zu erwachen und mich aus der Gewalt dieses grauenhaften Traumes zu befreien. Es war, als seien mir die Augenlider zugenäht. Ich kämpfte darum, meine Augen öffnen zu können, konnte es aber nicht. Ich war mir eines strahlenden Lichtscheins außerhalb meines Körpers bewußt, weil etwas von weit oben durch meine Lider drang.

Weil er unfähig war aufzuwachen, glaubte er, er würde von einer »Strömung« tiefer in sich hineingezogen:

> Weil die Schmerzen weiter anwuchsen und noch über meine Verwirrtheit stiegen und ich mir die Sinnlosigkeit meines Kampfes ums Aufwachen eingestand, versuchte ich, meinen Schmerzen zu entkommen, indem ich mich tiefer in meinen Körper zurückzog. Ich widersetzte mich nicht mehr dem Ziehen der Strömung und gab den Kampf auf, ließ mich mit der Strömung forttragen ... in Sicherheit.

Mark glaubte, sein »inneres« Selbst würde in Sicherheit gezogen, während sein Körper die Schmerzen für ihn aushielt. Er merkte, wie er sich durch eine Reihe geistiger »Schutzräume« oder »Keller« bewegte, als er dem Schmerz zu entkommen suchte:

Ich wartete immer eine Weile, um Kraft zu sammeln, bis mein Schmerz mich wieder einholte und mich zwang, noch tiefer zu gehen, um mich ihm zu entziehen. Dieser Weg nach unten kam mir vor wie der eines Soldaten im Krieg, der auf dem Rückzug von einer chaotischen Front dem auf ihn niederprasselnden, lebensgefährlichen Bombenregen ausweicht, in Schützengräben Schutz sucht, und dann ein weiteres Mal das stufenweise Zurückgehen weg aus der Gefahr und näher hin zur Sicherheit.

Damit begann sich die Qualität seines Bewußtseins zu verändern:

Ich hatte das Gefühl, als würde mich eine sanfte Strömung in ihrem Fließen übermannen, forttragen in die Sicherheit, und ich widersetzte mich ihrem Sog nicht mehr und fragte mich, wohin ich triebe. Ich fühlte nicht mehr den Zwang, atmen zu müssen, und bemerkte, daß es nicht notwendig war. Es gab nicht mehr die Panik vor dem Erwachen und nicht mehr den Kampf gegen den Sog der Strömung. Ich erlebte die Schmerzen nicht mehr, mit denen unkontrollierbare Alpträume und Empfindungen gekommen waren. Auch spürte ich die Maßnahmen rund um den physischen Körper nicht weiter, und auch die unbeherrschbaren Würge- und Erstickungsgeräusche, die ich zuvor als meine eigenen identifiziert hatte, hörten wohl auf.

In diesem erweiterten Feld seines Bewußtseins begann Mark nun, nach einer Erklärung für seine Lage zu suchen:

Ich konnte mir nicht erklären, wie es möglich ist, daß ich in einem Traum gefangen und dennoch wach bin und zu mir sprechen kann, ich verstand nicht, warum ich nicht erwachen, mich nicht aus der Gewalt dieses Traumes befreien konnte. Wann würde ich erwachen? Ich fand keine vertretbare Antwort auf meine Fragen und kam bald zur schlimmsten aller möglichen Erklärungen: War ich tot?

An diesem Punkt suchte er seine letzte und endgültige Zuflucht:

Irgendwie ›wußte‹ ich, daß ich hier bleiben würde und das Ende meiner Reise erreicht hatte. Diese letzte Zuflucht wurde zu einer Festung, die anders war, als jene früheren. Die Schmerzen, denen ich verzweifelt zu entkommen gesucht hatte, waren niemals wieder fähig, diese Schutzwälle zu durchdringen, wie sie es zuvor vermocht hatten. Ich ließ jeden Kontakt zu meinem physischen Körper weit hinter und über mir, und (sie) holten mich niemals wieder ein. Hier ließ ich auch all meine physischen Bedürfnisse und Triebe hinter mir, ließ nur noch mein inneres »Selbst«, den Kern meines »Wesens« gelten, der nun getrennt war von der Außenwelt weit über mir und auch jenseits der neuen Welt meines »Selbst«.

Marks vorherige Empfindungen der Angst, Verwirrung und der Schmerzen machten Gefühlen von Frieden, Gelassenheit und Geborgenheit Platz:

Es war kein Laut zu hören, dennoch konnte ich die vielen Gefühle »hören«, die mein Refugium durchzogen. Ich wurde mir der absoluten Dunkelheit »bewußt«, weder verdeckte sie mich, noch behinderte sie mein Sehvermögen. Es gab nichts zu sehen, und dennoch konnte ich »sehen« wie noch nie im Leben. Alles wurde so »real«, als meine Sinne sich zu einer ganz

> unbekannten Schärfe zuspitzten. Hier blieb ich »allein«, war aber niemals einsam, weil mir etwas, jemand irgendwie Sicherheit und Wohlergehen einflößte. Ich wuchs im Einklang mit den Gefühlen von Frieden und Ruhe, die mich umgaben. Eine ›Wärme‹ breitete sich innerhalb meines Refugiums aus, wo ich keine Antworten auf meine Fragen kannte. (In der Tat) hatte ich hier überhaupt keine Fragen mehr.

Blocks Beschreibung dieses Geisteszustandes – vielleicht wäre »Wesenszustand« ein zutreffenderer Begriff – spiegelt Schilderungen anderer Menschen wider, die das reine Bewußtsein erlebt haben. Eine ausgezeichnete Beschreibung eines solchen Bewußtseinszustandes, wie Mark Block ihn erlebte, kann man im *Buch von Wen-Tse* finden:

> Er, welcher die große, universelle Harmonie ergründet, bleibt in sich zurückgezogen. (...) Er fährt fort in seiner unermeßlichen Harmonie, als wenn er niemals den Grund der Schöpfung aller Wesen verlassen hätte. Dies nennt man die große Durchdringung. (...) Er begründet die vollkommene Leere. (...) Er findet den Weg, wo es keine Tür gibt. Er hört, wo es keinen Laut gibt. Er sieht, wo es keine Form gibt. An ihm ist keine Zeit.

Der Geist ist hier vollständig nach innen gekehrt; es gibt keine Dualität mehr, nichts, was zu sehen oder zu hören wäre, dennoch breitet sich das Bewußtsein in seinem Wesen aus. Ähnlich wird diese »Wärme«, von der Block sagte, sie habe sich in seinem Refugium ausgebreitet, von Maharishi Mahesh Yogi beschrieben:

> Eine Erfahrung (...) tritt sehr häufig auf. Es ist die, vollständig in einer unbeschreibbaren, weichen, göttlichen Sanftmut eingehüllt zu sein. Sie umgibt mich von

> außen und ist in mir lebendig. Ich fühle, daß ich selbst dieses unbeschreibbare Etwas bin, so ungeheuer wunderbar, jenseits aller intellektuellen Beschreibung, so vollkommen, so lebendig in der reinen Liebe. (...) Ich fühle mich darin so unendlich beschützt und behütet.

Auch in diesen beiden Erfahrungen muß man Schilderungen des reinen Bewußtseins sehen.

Aber hiermit endet die Geschichte von Mark Block noch nicht.

> Als ich hier wartete und meine Kräfte sammelte, begann der Sturm vorbeizuziehen, und bald hatte ich das Gefühl, daß es Zeit war zu gehen. Dieses Etwas, jemand oder irgendwas, das mir dieses Gefühl des Wohlergehens vermittelt hatte, stand hinter mir und versicherte mir wieder, daß ich sicher war. Als ich aus meiner dunklen Ecke herauskam zu einer Bodenluke hin, die mein Refugium sicherte, hielt ich nochmals inne, um allen Mut zu sammeln und die Tür zu öffnen. Als ich es dann tat, blickte ich weit über mir auf die Frontlinien, von denen ich zuvor geflohen war. Diese wenigen ersten Schritte rüttelten mich auf, und es war ein Schock, als ich die Wucht der Schmerzen spürte, denen ich zuvor entflohen war.

Fünf Tage nach dem schweren Unfall öffnete Mark die Augen wieder, und die »Sicherheit, die ich in meinem Refugium fühlen gelernt hatte, kam mit mir mit. (...) Auch wenn ich nicht wußte, was mich noch erwartete, war mir klar, daß ich es würde verkraften können.«

In den folgenden Wochen kam Mark ebenso schnell zu Bewußtsein, wie er es immer wieder verlor. Mehrmals sagte man ihm, er würde an Armen und Beinen gelähmt bleiben und für den Rest seines Lebens einen Rollstuhl brauchen. Die

Ärzte waren von der Richtigkeit ihrer Prognose auch dann noch überzeugt, als sie Mark operierten, um seinen Hals wieder zusammenzuflicken. Aber sie hatten unrecht. Zwei Wochen nach der Operation bemerkte eine Krankenschwester, daß sich einer von Marks Zehen bewegte. Weil sie meinte, es könne ein Muskelkrampf sein, ignorierte sie es. Als aber eine andere Krankenschwester auch sah, daß der Zeh sich bewegte, holte sie den behandelnden Arzt, der erstaunt war, daß Mark seinen Zeh wieder willentlich bewegen konnte. Fünf Monate nach seinem Unfall, schreibt Mark, »nach Gebeten und harter Arbeit an mir«, verließ er das Iowa Methodist Medical Center mit nur einem Spazierstock als Gehhilfe. Seine wunderbare Heilung führt Mark Block auf die Erfahrung des reinen Bewußtseins zurück:

> Sobald ich wieder bei Bewußtsein war, erfüllte mich ein großes Gefühl der Lebendigkeit, das ich fortwährend allen Menschen um mich herum als echte und tiefe Lebensfreude bekundete. (...) Ärzte, Krankenschwestern und Freunde waren zu skeptisch, mir die Echtheit meiner Gefühle abzunehmen, und sie klebten mir Etiketten auf wie »ist verwirrt«, »verdrängt« oder »leidet an dem unrealistischen Optimismus, am Leben zu sein«. (...) Während sie darauf warteten, daß mein Elan nachließ und ich mich mit meinen Problemen »ernsthaft auseinandersetzte«, wuchs mein Lebensgeist. Sie konnten nicht verstehen, warum ich mich so »lebendig« fühlte, als ich noch nicht einmal über meinen Körper verfügen konnte. (...) (Und so) nahm ich das Ringen auf, meinen geschundenen Körper wiederherzustellen. Tief in mir fungierte mein Refugium als eine Quelle, die meinen Körper mit Lebensenergie und mit der notwendigen Wärme versorgte, von der er zehren konnte. Mein Refugium diente nun als ein Brunnen, aus dem die für meinen Körper nötigen Nährstoffe kamen, die bald in

> weitere Teile meines Körpers flossen, *ganz wie ich ihre Richtung lenkte*. Jede Nacht, wenn ich mich auf einen anderen Teil meines Körpers konzentrierte, fühlte ich meinen Körper langsam »lebendig« werden – Stück für Stück, Glied für Glied. Genauso gespannt, wie ich darauf war, am nächsten Tag zur Therapie zu gehen, war ich auch begierig darauf, wieder in die Stille meines Raumes zurückzukehren, um mich auf meinen Körper zu konzentrieren.

Diese Erfahrungen von Mark Block mit seiner Heilung nach einem schweren Verkehrsunfall gehören zu den dramatischsten und bewegendsten Berichten über die »Realität« und das Potential des reinen Bewußtseins. Sie veranschaulichen deutlich den transpersonalen Aspekt dieses Bewußtseinszustandes, für den, wie wir verschiedentlich dargestellt haben, die Traumluzidität ein Vorbote sein könnte.

Wir wollen die Beziehung zwischen der Luzidität und dem reinen Bewußtsein (*witnessing*) im Schlaf noch etwas eingehender betrachten. Genau wie jeder Mensch in einem Entwicklungszyklus lebt, der mit der Geburt beginnt, sich durch die Kindheit und das Leben des Erwachsenen zieht und mit Änderungen in der Struktur des Denkens verbunden ist, können Menschen auch unterschiedliche Stadien selbstreflektierenden Bewußtseins im Schlaf durchleben. Alan Moffitt und seine Mitarbeiter an der Carleton University in Kanada haben eine neunpunktige Skala entwickelt, welche die Selbstreflexion im Schlaf messen soll. Diese beginnt mit der völligen »Unbewußtheit« des gewöhnlichen Träumens und kulminiert in der Luzidität, wobei wesentlich ist, wie stark, beziehungsweise in welcher Form der Träumer sich der Tatsache bewußt ist, daß er träumt. Die Entwicklung eines solchen selbstreflektierenden Bewußtseins endet jedoch nicht mit der Luzidität. Man kann auf diesem Kontinuum weiter vorangehen, hin zu einem ruhigeren, unbeteiligten Bewußtseinszustand, zu dem die Erfahrung der Grenzenlosigkeit gehört. Nach Charles Alexander von der MIU entsteht dieser Zustand, den man als *witnessing* (etwa: »nur noch Zeuge sein«) bezeichnet hat, meist spontan. Er kann jedoch als Teil eines Kontinuums angesehen und verstanden werden.

Ein Assistenzprofessor der Physik an einer großen Universität im Südosten der USA (der lieber ungenannt bleiben möchte) praktiziert seit 1971 Transzendentale Meditation und skizzierte in einem Gespräch mit Jayne Gackenbach seine Auffassung über fünf Grundstufen der Entwicklung von der Luzidität zum *witnessing*. Um diese Stufen zu verstehen, muß man sich die Weiterentwicklung des Träumers, zumindest teilweise, als Wandlung vom »Schauspieler« im Traum hin zum »Beobachter« vorstellen. Verkürzt sind diese Stufen oder Stadien etwa so zu sehen:

Stadium 1: Am Anfang ist in den luziden Träumen der Akteur dominant. Die einzige Rolle, die der Beobachter spielt, besteht darin, wie verkürzt auch immer, wahrzunehmen, daß sein Ich träumt. Trotz dieser Erkenntnis herrscht der Eindruck vor, der Traum sei »dort draußen« und das Ich »hier drinnen«. Wenn der Träumer sich mehr an die Luzidität gewöhnt hat, kann ihm einfallen, daß er den Traum ja auch steuern kann. Bei dieser Form des luziden Träumens probiert man, wie der Professor meint, »den Traum in gewisser Weise zu manipulieren, so daß es ein größeres Ausmaß an Wachsamkeit drinnen gibt, aber er ist noch immer an die Traumfiguren gekoppelt. Es ist eine Frage der Betonung (...) Es geht mehr darum, ein Subjekt im Traum zu sein, und weniger darum, ein Zeuge für diesen Traum zu sein.«

Stadium 2: An irgendeinem Punkt kann es dem Träumer einfallen, daß das, was »dort draußen« ist, sich in Wirklichkeit »drinnen« abspielt. An diesem Punkt stehen dem Träumer dann zwei Wege offen: Entweder kann er sich aktiv in die

Traumereignisse einbeziehen und erkennen, daß das Selbst, genau wie das Traum-Ich, involviert ist. Oder seine Aufmerksamkeit wendet sich dem »inneren« Selbst zu und läßt das »äußere« Selbst – die Traumszenerie – verblassen. Während dieser Vorstadien ist es leicht, zwischen einer ruhig distanzierten Beobachtung des Traums und aktiver Luzidität hin- und herzugehen. Wenn man luzid ist, ist man sich noch des Traumes bewußt, während man von seiner Handlung eingefangen ist. George Gillespie, ein routinierter luzider Träumer, erläutert dies so: »Es gibt an der Luzidität selbst wenig, was die fortwährende Produktion neuer Traumbilder und Wirkungen auf unsere Sinne unterbrechen könnte. Wenn ich aber weiß, daß ich träume, kann ich dazu übergehen, Handlungen oder auch Nicht-Handlungen durchzuführen, welche die Bildproduktion unterbrechen. Meine Interaktion mit dem Traum läßt ihn normal ablaufen. Wenn ich passiv werde, indem ich innehalte und schaue, was geschieht, oder einfach versuche, an etwas zu denken, dann nimmt die Handlungsdichte in der Traumumgebung ab oder hört insgesamt auf.«

Stadium 3: Auf dieser Stufe sind luzide Träume eher kurz. Der Professor beschreibt einen Traum als einen aufsteigenden Gedanken, von dem man Notiz nimmt und den man dann gehen läßt. »Die Handlung des Traumes«, meint er, »ist nicht dominant. Sie packt dich nicht so, daß du damit identifiziert wärest, im Gegensatz zur ersten Stufe, wo die aktive (Teilnahme) stärker im Mittelpunkt stand. In diesem Fall ist es einfach ein Zustand innerer Bewußtheit, der wirklich dominant ist. Das Bewußtsein ist dort sehr ausgeprägt. Der Traum ist sozusagen wie eine kleine, aufwirbelnde Staubwolke.« Er meint auch, dies sei, wie wenn »ich einfach im Wachsein dasitze, nichts tue und die Gedanken plötzlich hochspringen, unwillentlich wie das Knie beim Reflex. Ich bin nicht darin befangen, so daß meine Träume (folglich) keine große Bedeutung bekommen. (...) Ich habe niemals versucht, mich an ihnen festzuhalten. Viel befriedigender ist der Zustand der reinen Bewußtheit. Weil du nicht eingefangen wirst (in den Träumen), haben sie keine große Intensität.« Gillespie erläutert, daß der Meditierende im Schlaf »weiß, daß er nichts beeinflussen und nicht versuchen soll, irgendein bestimmtes Phänomen geschehen zu lassen. Er darf nichts begehren oder antizipieren.«

Stadium 4: In diesem Stadium dominiert eine »innere Wachsamkeit«. »Du hast keine Träume, oder jedenfalls erinnerst du dich nicht daran, welche gehabt zu haben«, meint der Professor. Du bist absorbiert, aber nicht in den Träumen, sondern im *witnessing*. Diese Art von Bewußtsein im Schlaf kann so beständig sein, daß jemand damit monatelang weitermachen kann, ohne sich an einen Traum zu erinnern, und sogar das Bewußtsein davon verlieren kann, daß die Zeit vorübergeht. »Wenn alle Bilder aus dem Wachsein und den Träumen und jeder geistige Inhalt eliminiert sind«, erläutert Gillespie, »haben wir traumlosen Schlaf. Ich, der Träumer, gehe jede Nacht in den traumlosen Schlaf. Hier habe ich kein Begehren und erlebe keinen Traum. Es gibt darin nur ein endloses, objektloses Bewußtsein. Das innere Selbst sieht noch zu, weil das Selbst unvergänglich ist, aber es gibt nichts Unterscheidbares für es zu sehen. Ähnlich gibt es dort kein zweites Etwas außer dem Selbst, das es riechen, schmecken, sprechen, hören, denken, berühren oder unterscheiden könnte. Das Selbst ist sich nichts Innerem oder Äußerem bewußt. Dies ist die Heimatbasis, von welcher aus das Selbst in den Traum geht oder in die Vorstellungen und Gedanken des Wachzustands, dies ist das Heim, zu dem das Selbst wie ein müder Vogel von der Tages- oder Traumerfahrung zurückkehrt.«

Von hier an wird es dann außerordentlich schwer, weitere Stadien zu beschreiben oder zu unterscheiden, aber der Physiker setzt noch einmal an, um eine Unterscheidung zu treffen.

Stadium 5: Wenn der Träumer in seinen transzendentalen Zustand oder in das reine Bewußtsein getaucht ist, wird sein »Traum« typischerweise symbolische Formen annehmen, die im allgemeinen weder in nicht-luziden noch in luziden Träumen einer früheren Stufe vorzufinden sind. Sie werden viel abstrakter sein und keine sinnlichen Aspekte mehr an sich haben, auch keine geistigen Bilder sein, keine emotionalen Gefühle, keinen Sinn für Körper oder Raum haben. Es gibt in ihnen eine Qualität der Grenzenlosigkeit. »Man erfährt sich selbst als einen Teil in einer ungeheuren Verwobenheit von Beziehungen«, erläutert der Professor. Dies sind keine sozialen, sinnlichen oder intellektuellen Beziehungen, sondern nur »ein Gewebe von Beziehungen. Ich bin mir der Beziehungen zwischen den Dingen bewußt, ohne daß es die Dinge noch gäbe.« Er sagt, daß es dort »einen Sinn für Bewegung (gibt), obwohl es keine relativen Dinge gibt, an denen man die Bewegung bemessen könnte; es ist einfach Ausdehnung. Es gibt keine Objekte, um sie zu messen. Dieses Ausdehungsvermögen ist wie das Licht – wie das Licht des Bewußtseins.«

Wir müssen hier etwas anmerken: Der Wortschatz, um diese Art von Erfahrungen auszudrücken, ist begrenzt, verglichen mit dem Wortschatz, den man, sagen wir, in der Psychologie oder Soziologie zur Verfügung hat. Die Wissenschaftler und die Menschen, die höhere Bewußtseinszustände erforschen, entwickeln erst eine deskriptive Sprache dafür. Folglich werden bei ihren Ausführungen über solche Zustände oft Worte benutzt, die einer guten Beschreibung nur nahe kommen, sie aber noch zwangsläufig nicht erreichen. Wenn beispielsweise der Professor die Wendung »Licht des Bewußtseins« benutzte, geschah das deshalb, wie er bemerkt, weil dieses Wort es von all den Dingen, auf die er sich »in der sinnlichen oder geistigen Welt berufen könnte, am ehesten wäre.« Jedoch, so erläutert er, ist es nicht Licht in einem Raum; es ist »visuell, aber auch nicht-visuell, mehr wie Licht in einem

Ozean, ein vertrautes Licht-Erlebnis.« Vielleicht wird es eines Tages noch ein Wort für so ein Licht geben.

Der erfahrene luzide Träumer George Gillespie hat dieser Einsicht »Die Fülle des Lichtes« zugeschrieben. Und Mircea Eliade beschreibt in seinem Buch *The Two and the One* (Die Zwei und das Eine) die Rolle des »Lichtes« in vielen heutigen spirituellen Traditionen genauer. »Im ganzen gesehen«, sagt er, »können die unterschiedlichen Erlebnisse und Würdigungen des inneren Lichtes, die im indischen wie im indotibetischen Buddhismus vorgebracht werden, in ein vollständiges und einheitliches System eingefügt werden. Die Erfahrung des Lichtes bedeutet ursprünglich eine Begegnung mit der letztlichen Realität.«

Weiterhin beschreibt der Professor diese Erfahrung als einen »ausgedehnten Ozean der Bewußtheit und einen Sinn für Bewegung. (...) Es ist wie eine Aufmerksamkeit, die sich in diesem Ausdehnungsvermögen bewegt. Es gibt nichts Relatives; es ist einfach der Ozean, der sich im Ozean bewegt; es ist einfach Bewußtsein, das im Bewußtsein bewegt ist. (...) Es gibt dort einen ekstatischen Bewegungssinn. Das ist wie das Fliegen. (...) Ich hatte eine Menge Traumerlebnisse mit dem Fliegen. (...) Du kannst aus eigener Kraft abheben, und es ist erhöhend und all dies, aber es ist ein normaler Traum, in dem Sinne, daß du dich selbst fliegen siehst. (...) Im ersteren Fall ist es jedoch das reine Fliegen ohne einen Körper. (...) Dieses belebende Gefühl des Fliegens ist dort (...) mehr wie ein Flug in einem Ozean der Bewußtheit. Das ist äußerste Ekstase. (...) Dieser ›Traum‹ ist im Bewußtsein und nicht (nur) in einem groben geistigen Bild.«

Kontrolle im Traumzustand des reinen Bewußtseins ist ein strittiger Punkt. »Der Körper existiert nicht«, erklärt der Professor. »Es gibt kein Bewußtsein des Körpers, kein Bewußtsein von irgend etwas Sinnlichem.«

Aber stimmt das Kontinuum des Professors auch für andere Menschen?

Eine andere Sicht über die Beziehung zwischen der Luzidität im Traum und dem *witnessing* im Traum kommt von Anja Savolainen aus Helsinki in Finnland. Nach mehreren negativen Erfahrungen mit der Traumluzidität verfolgte sie aktiv die Arbeit an ihren nicht-luziden Träumen, die sich schließlich direkt zu Träumen des *witnessing* entwickelten. »Ich glaube heute, daß der Bewußtseinszustand des luziden Träumers sich total von dem der nicht-luziden unterscheidet, er ist nicht höher, nicht kleiner, sondern einfach anders«, erklärt sie. »Ich widerspreche grundsätzlich jenen Menschen, die uns weismachen wollen, daß die Luzidität der nächste Schritt nach der Nicht-Luzidität und notwendig für das sogenannte *witnessing* sei. Das kann für einige, vielleicht sogar für die meisten stimmen, aber es gibt andere Typen von Träumern, bei denen die Entwicklungsfolge gerade andersherum verläuft: von der Luzidität zur Nicht-Luzidität und von dort zum *witnessing*, oder was immer die nächsten Stufen sind. Luzidität und Nicht-Luzidität können nicht einfach in einem einzigen Kontinuum aufgereiht werden.«

Um diese Frage einmal zu erkunden, sammelte Gackenbach mit Robert Cranson und Charles Alexander von der MIU Schlaferlebnisse von fünf Gruppen von Praktizierenden der Transzendentalen Meditation sowie von vier Gruppen von Kontrollpersonen. Sie sahen sich unterscheidbare Merkmale luzider Träume im Vergleich mit Träumen im Zustand des *witnessing* und dem *witnessing* während des Nicht-Traum-Schlafes an. Die Forscher beschrieben jeden dieser Zustände folgendermaßen:

- Ein luzider Traum ist einer, in welchem man aktiv über die Tatsache nachdenkt, daß man träumt.
- Ein *witnessing*-Traum ist einer, in welchem man eine ruhige, friedliche, innere Bewußtheit oder Wachsamkeit erlebt, die vollkommen getrennt vom Traum ist.
- Das *witnessing* im Tiefschlaf ist ein traumloser Schlaf, in

welchem man einen ruhigen, friedlichen, inneren Zustand des Bewußtseins oder der Wachsamkeit erlebt.

Hier sind einige Beispiele dafür, wie TM-Meditierende diese drei Bewußtseinszustände erlebt haben:

Luzides Träumen: »Während eines Traumes werde ich mir der Traum-Umgebung als etwas von mir Getrenntem bewußt, und dann weiß ich, daß ich träume. Dann beginne ich, die Handlung und die Gestalten zu verändern, um mir die jeweils gewünschte Situation zu erschaffen. In unangenehmen Situationen denke ich als Träumer manchmal: ›Ich muß mir das nicht gefallenlassen‹, und verändere den Traum, oder wenigstens kann ich aus dem Engagement ›aussteigen‹.«

Witnessing-Träume: »Manchmal fühle ich, egal wie das Geschehen im Traum abläuft, eine innere Ruhe meines Bewußtseins, die vom Traum losgelöst ist. Bisweilen kann ich mich sogar in den Traum verwickeln lassen und dennoch das innere Bewußtsein dieses Friedens behalten.«

Witnessing im Tiefschlaf: »Es ist ein Gefühl von unendlicher Ausdehnung und Glückseligkeit und sonst nichts. Dann wird mir meine Existenz bewußt, dabei gibt es aber keine individuelle Persönlichkeit. Allmählich steigt dann in mein Bewußtsein, daß ich ein Individuum bin, es gibt aber keine Details des Wer, Wo, Was oder Wann und so weiter. Schließlich wird das mit diesen Details ausgefüllt, und ich kann erwachen.«

Die Forscher fanden heraus, daß Meditierende alle drei Phänomene häufiger erleben als nicht meditierende Kontrollpersonen. Aber sowohl Meditierende als auch Nicht-Meditierende berichteten von mehr luziden Träumen als *witnessing*-Träumen oder dem *witnessing* im Tiefschlaf. Dieses Resultat befindet sich im Einklang mit der landläufigen Hypothese, daß luzide Träume im allgemeinen leichter zugänglich sind, unabhängig von den persönlichen oder eingeübten Fähigkeiten einer Person, und deshalb sehr wohl als Vorboten anderer Bewußtseinserfahrungen gelten dürfen.

Um die Unterschiede zwischen diesen drei Formen des Schlafbewußtseins zu untersuchen, wendeten Gackenbach, Cranson und Alexander sich einer Gruppe höchst fortgeschrittener Meditierender zu, die, wie die Forscher glaubten, am besten ausgerüstet waren (wegen ihres Trainings), um die subtilen Differenzen zwischen den Seelenzuständen im Schlaf erkennen zu können. In der Tat, die Resultate der Studie zeigten, daß die 66 Männer, die am besten als »TM-Mönche« beschrieben werden können, weil sie ihr Leben der Meditation gewidmet haben, fähig waren, sich an bei weitem mehr Erfahrungen von Bewußtsein im Schlaf zu erinnern und es zu beschreiben als die nicht meditierenden College-Studenten in Gackenbachs früheren Studien.

In den Beschreibungen der Meditierenden über ihre Träume, wovon 55 luzide Träume, 41 Träume im Zustand des *witnessing* und 47 Fälle von *witnessing* im Tiefschlaf waren, fanden Gackenbach, Cranson und Alexander ein ganze Reihe wesentlicher Unterschiede zwischen den Zuständen des Bewußtseins im Schlaf. Zunächst waren Gefühle des Getrenntseins viel häufiger in den *witnessing*-Träumen anzutreffen als in den luziden Träumen. Die Personen fühlten sich mehr getrennt vom oder außerhalb des Traumes, wenn sie im Zustand des *witnessing* waren. Wie ein Meditierender es formulierte: »Es gibt das Ich und den Traum, und das sind zwei unterschiedliche Realitäten.« Ein weiterer Unterschied betraf die positiven Emotionen. Obwohl luzide Träume schon als positiv bezeichnet wurden, wurde das *witnessing* in Träumen und im traumlosen Schlaf als noch stärker positiv empfunden. Das Gefühl in den letzten zwei Zuständen erinnert stark an die Idee der »Glückseligkeit« in den östlichen Religionen, und tatsächlich wird der Begriff Glückseligkeit meistens benutzt, um den Zustand des *witnessing* zu beschreiben, dagegen eigentlich nie, um die Luzidität zu bezeichnen. Andererseits war eine Traumkontrolle viel häufiger während luzider Träume als in den Träumen im Zustand des *witnessing* vorzufinden. Bei der Luzidität kann sich der »Wille« oder die willentliche Fähigkeit des individuellen Ichs auf Gedanken und Wünsche auswirken, während man mit dem reinen Bewußtsein einfach zufrieden ist und kein Verlangen verspürt, in den Traum einzutreten.

Dasselbe trifft für das *witnessing* im Wachzustand zu. Eine uns bekannte Hausfrau und Mutter, die Transzendentale Meditation praktiziert, erlebte eines ihrer ersten *witnessings* im Wachsein, just als sie ihre zwei Kinder anschrie, die wieder einmalig unkooperativ waren, als sie ins Bett sollten. Sie war erstaunt zu bemerken, daß sie, gerade als sie laut schimpfte, Ruhe und Stille in ihrem Bewußtsein empfand. Obwohl in diesem Bewußtsein »nachgedacht« wurde, warum sie schrie, hatte sie keine Kontrolle über die Handlung, sondern blieb vielmehr ein ruhiger Zuschauer.

Für mehr als die Hälfte der luziden Träume in der Studie von Gackenbach, Cranson und Alexander trifft zu, daß sie von einem mentalen Ereignis, etwa einem bizarren Element im Traum, ausgelöst wurden. *Witnessing*-Träume oder *witnessing*-Schlaf wurden praktisch niemals durch einen Gedanken ausgelöst; die Bewußtheit war einfach da. Die TM-Mönche berichteten auch, daß das *witnessing* in ihren Träumen anscheinend mit dem luziden Träumen verbunden ist. Es ist, meint ein Meditierender, »eine klarere Erfahrung davon (dem luziden Träumen). Das Gefühl für das Selbst ist umfassender und transzendiert den Traum völlig. Es ist das große Selbst.« Fast 20 Prozent der Meditierenden sprachen von einer Beziehung zwischen der Luzidität und dem *witnessing*, ohne direkt danach gefragt zu sein. Diese Tatsache stützt die Vorstellung, daß es in der Tat ein Entwicklungskontinuum des nächtlichen Bewußtseins gibt, wobei die Luzidität zuerst auftaucht, gefolgt vom *witnessing* in den Träumen und schließlich im *witnessing* im traumlosen Schlaf kulminiert. Dieses Kontinuum paßt gut in den vedischen Glauben, nach dem das reine Bewußtsein uns die Grundlage für die Entwicklung stabiler höherer Bewußtseinszustände oder die Erleuchtung liefert. »Dem Maharishi zufolge«, erklärt Alexander, »ist der erste stabile höhere Bewußtseinszustand mit dem Namen ›kosmisches Bewußtsein‹ als die Aufrechterhaltung des reinen Bewußtseins über einen 24-Stunden-Zyklus des Wachens, Träumens und Tiefschlafs definiert.«

Das reine Bewußtsein oder die Leere zu erleben, ist aber nicht der einzige transpersonale Aspekt der Luzidität. Für viele Menschen, gerade wenn sie auf einem spirituellen Weg sind, ist die Luzidität eine Eingangstür zur Ekstase.

Der Weg in die Ekstase

In seinem Buch *Lucid Dreaming: Dawning of the Clear Light* (Luzides Träumen: Der Morgen der klaren Erkenntnis) behauptet Scott Sparrow, daß das luzide Träumen als eine »visuelle Repräsentation des meditativen Prozesses« angesehen werden könne. Die Einübung der Meditation, schreibt er,

> findet ihr letztes Ziel in der Wiedervereinigung des bewußten Selbst mit jenen Aspekten, die unerkannt in den Tiefen des Unbewußten liegen und zur Vollendung eines Menschen nötig sind. Bevor dies jedoch geschehen kann, muß der Meditierende sich seinen Vorurteilen und Befürchtungen konfrontieren, welche als eine Barriere zwischen ihm und den Elementen der Vollendung stehen. Oft sind diese Hindernisse sehr subtil und manifestieren sich nur als eine leichte Verwirrtheit oder als ein unbegreiflicher emotionaler Zustand, der während der Meditation entsteht. Das Fehlen konkreter Anhaltspunkte in diesen erwachenden Mustern läßt eine erfolgreiche Aussöhnung zu einer vagen und schwierigen

> Bestrebung werden. Der Traum gibt uns allerdings eine lebhafte bildliche Repräsentation der angestrebten Begegnung. Zusätzlich erlaubt der Traum dem Menschen, die Ergebnisse seiner Reaktionen dem Hindernis gegenüber zu sehen.

Sparrow meint, daß das selbstreflektierende Bewußtsein, das im luziden Träumen verfügbar ist, mit den unbewußten Bedürfnissen des Individuums interagiert und so den Prozeß der Integration vorantreibt. Dies hat nicht nur günstige Effekte auf das Wachleben, sondern dient auch dazu, den Meditationsprozeß zu beschleunigen, und kulminiert oft in einem »Erlebnis des Durchbruchs zur Erleuchtung und Erfüllung«. Sparrow veranschaulicht dieses Denken mit einem seiner luziden Träume:

> Als ich mich in die gewünschte Richtung wende, kommt Licht von hinten. Ich sehe seinen Schatten hinter mir herschleichen, als stünde das Licht hinter ihm. Als ich mich in Furcht umwende, sage ich: ›*Lord, have mercy!*‹ (Herr, habe Erbarmen!) Anstelle des Teufels ist es eine schöne Frau, in Weiß gekleidet. Das Licht umfängt sie. Sie kommt auf mich zu, greift auf mich herunter und berührt meine Stirn. Der Traum ist dann vorbei. Ich bin mir noch bewußt, daß sich in meinem Inneren das Licht sammelt. Eine große Wärme erfüllt meine Vorstellung. Dann erwache ich.

Der Psychotherapeut Kenneth Kelzer spricht auch über die religiöse Intensität der luziden Träume. In einem luziden Traum, dem er den Titel »Das Geschenk der Heiligen« gab, beschreibt Kelzer seine Rolle als einer der Heiligen Drei Könige auf der Suche nach dem Jesuskind. Als er mit den anderen Weisen reist, »trete ich in einen Zustand tiefer Meditation und sehe dabei so klar, daß meine Fähigkeit, den Stern überhaupt zu sehen, auf meinem inneren Einklang beruht. Ohne diese genaue, empfindliche innere Abstimmung des Bewußtseins würde ich weder den Stern sehen noch mir Gedanken darum machen, daß Christus geboren werde, und noch viel weniger ihn finden.«

Als Kelzer in seinem Traum das Christkind erreicht, überkommt ihn eine enorme Gefühlswoge, so stark, daß er zu schluchzen beginnt; all seine Emotionen über die Reise und den Sinn, das Kind zu finden, durchströmen ihn. Als er das Christkind sieht, kniet er vor ihm nieder, (es ist) »eingehüllt in das blendend schöne Licht, das fortwährend von seinem gesamten Körper ausstrahlt, und besonders von seinen liebenden Augen, die mich einfach ansehen, so still und so fest«, berichtet Kelzer. »Ich glaube, daß ich hier für immer und ewig knien könnte.«

Wenn man von einem Traum sagen kann, er habe das Leben von jemandem verändert, so trifft das für diesen zu. Seit diesem Traum sind Jahre vergangen, aber wann immer Kelzer daran denkt, fühlt er sich davon inspiriert und erbaut.

Wie Kelzer macht auch Daryl Hewitt, der den Rekord hält für den längsten luziden Traum, der jemals im Schlaflabor aufgezeichnet wurde (eine Stunde), spirituelle Erfahrungen in seinen luziden Träumen. Zunächst interessierte er sich nur aus Langeweile dafür; ihm waren einfach die Themen ausgegangen, die er in seinen luziden Träumen noch verfolgen konnte, und er sehnte sich auch nach etwas mehr Tiefgang und Sinn in seinen Träumen. Er entschloß sich, während des luziden Träumens an der Meditation zu arbeiten. Hier ist ein Beispiel für einen solchen Versuch:

> Ich (...) versuche zu meditieren, sitze im Gras, aber er unterbricht mich wieder. Ich erinnere mich an Stephens (LaBerges) Ermahnung, nicht alle Traumgestalten einfach zu ignorieren, und nach einigen Minuten scheint er sich in mich hinein aufzulösen. Ich setze das Fliegen fort

und erkunde die Erde für eine Weile, bin eine ganze Zeit damit beschäftigt, meinen Geist frei von Gedanken zu halten, einfach die Traumwelt um mich herum so tief wie möglich wahrzunehmen. Ich bitte um Hilfe und sage: »Höchste Vater-Mutter, hilf mir, das Beste daraus zu machen«, und entspanne mich einfach, am Himmel schwebend. Kurz danach erlebe ich ein starkes Aufleuchten des Bewußtseins von einer extremen Klarheit – anscheinend so etwas wie Blicke in eine höhere Realität, aber irgendwie tief persönlich und mir vertraut. Einer dieser Blitze wird von einem Bild aus weiter Ferne begleitet, von einem spirituellen Meister des Ostens, den ich verehre. Ich bin überzeugt, daß diese Blicke in der Tat das Aufleuchten einer höheren Realität sind, und kann ehrlich sagen, daß es eins der intensivsten spirituellen Erlebnisse meines Lebens ist.

In Hewitts Erfahrung wird wie bei Sparrow und Kelzer das Hochgefühl hervorgehoben, das spirituelle luzide Träume oft begleitet. In der Tat hat Kelzer einen »Energiestoß« beschrieben, der manchmal beim Luzidwerden aus seinem Körper schießt, einen Schauer, vergleichbar mit dem Freisetzen der Kundalini-Energie, wie sie von den hinduistischen Yogis beschrieben wird. Im Hindu-Glauben ist die Kundalini die spirituelle Energie in jedem Menschen, die unter anderem durch ernsthafte meditative Übung freigesetzt werden kann.

Gibt es einen Zusammenhang zwischen den ekstatisch-luziden Traumerfahrungen von Hewitt, Sparrow und Kelzer und dem Erlebnis des reinen Bewußtseins oder der früher erwähnten Leere? Oder sind Erfahrungen der Ekstase und der Leere deutlich unterschiedene Arten des spirituellen Erwachens? Ein luzider Träumer, der beide Phänomene erforscht hat, ist George Gillespie. Er hatte seinen ersten luziden Traum 1975 als Baptistenmissionar in Indien. Trotz seiner religiösen Ausbildung fiel es ihm nicht ein, dieses Erlebnis in einer religiösen Weise zu deuten. In der Tat hatte Gillespie erst 1981 seinen ersten ekstatisch-luziden Traum.

> Ich träumte, ich stünde vor meinem Elternhaus. Ich wollte einigen Leuten einen Hochsprung zeigen. Als ich vor dem Haus in die Höhe sprang, bemerkte ich, daß ich träumte. Ich war weit über den Leuten. Dann ging ich wieder hinunter. Daraus wurde ein Fall. Ich erinnerte mich, daß ich im Traum ohne Angst fallen kann. Ich fiel, erwartete aber nicht, auf dem Boden zu landen. Ich stoppte unten einfach ab. Dann flog ich wieder. Ich erinnerte mich, die Augen schließen zu müssen, um die sichtbare Umgebung zu eliminieren. Ich erinnerte mich nicht, sonst noch etwas tun zu müssen. Ich schwebte weiter und war mir meines Körpers bewußt. Zu meiner Linken sah ich ein helles Licht. Ich erinnerte mich daran, daß ein helles Licht nicht heißen muß, daß ich erwache. Dann war ich von Licht umgeben. Ich schien im Licht zu schweben und begann, andächtig darüber nachzusinnen, was ich tue und was ich sehen könne. Spontan rief ich »Vater« und meinte damit Gott. Ich blieb für einige Zeit in dieser Haltung und wachte dann auf.

Gillespie, der gegenwärtig Doktorand im Fach Sanskrit an der University of Pennsylvania (USA) ist, hat auch die Upanishaden studiert und war gespannt darauf, den Zustand des »traumlosen Schlafs« zu erforschen, den sie beschreiben. »Der traumlose Schlaf ist nach den Upanishaden«, erläutert er, »der Zustand, in dem sowohl die Täuschungen des Wachseins als auch die des Träumens ausgeschaltet sind. Im traumlosen Schlaf hat der Erfahrende keine Begierde und sieht kein Bild des Traums. Er weiß von nichts innerhalb oder außerhalb, denn es gibt keine andere Sache für ihn zu erfahren. Der traumlose Schlaf ist der Zustand der Nicht-Dualität, die Erfahrung von Brahma, der letzten Realität.«

Gillespie versuchte zunächst, diesen Zustand zu erlangen, indem er, als er luzid war, systematisch den Inhalt aus seinen Träumen ausschloß. Über seinen ersten derartigen Versuch schreibt er:

> Ich schloß meine (Traum-)Augen. Es wurde dunkel. Ich blieb mir sehr wohl bewußt, daß ich auf einem Stuhl saß, mit meinen Füßen auf dem Boden, und an einem Tisch lehnte. Ich wollte diese Wahrnehmungen auch noch entfernen. Ich schob den Tisch weg, dann hob ich meine Füße vom Boden. Ich zögerte etwas, den Stuhl unter mir wegzudrücken. Ich wünschte den Stuhl fort. Ich verweilte mit meinen gehobenen Beinen, und ich war des Stuhls bald nicht mehr bewußt. Zuerst schwebte ich, dann trieb ich, war mir dabei sehr wohl meines Körpers bewußt. Charlotte kam vorbei und meinte, wir sollten gehen. Deshalb stand ich vom Stuhl auf.

Schließlich, nach vielen Versuchen, konnte Gillespie sein Bewußtsein aus allen Objekten, also auch noch aus seinem Traumkörper, ausschließen. »Ich erreichte den Punkt, wo nichts mehr außer meinem eigenen Bewußtsein in der Dunkelheit übrig war, obwohl ich keine Erinnerung daran habe, wie ich diesen Zustand aufrechterhielt«, erläutert er. »Ich war befriedigt, daß ich den Punkt des traumlosen Schlafes erreicht hatte.« Er übte, passiv zu bleiben und diesen Seinszustand zu entwickeln, und berichtet: »Wenn ich mich auf die Dunkelheit konzentriere, verliere ich eher den Kontakt mit dem Boden und schwebe hoch. Dies kann ins Fliegen münden, in ein Umdrehen oder ein Gefühl, geschoben zu werden. In diesem Zusammenhang habe ich auch Lichtmuster gesehen, wozu Darstellungen von Gittermustern gehörten, und habe das Summen, Vibrieren, die äußersten Freuden, religiöse Gefühle und andere geistige Wirkungen gespürt.« Gillespie erklärt, ein Zeichen dafür, daß sich der Träumer von den

Verwicklungen des Traumes frei machen wird und sich deshalb auf eine Transzendenz oder Befreiung zubewegt, sei die Fähigkeit zu fliegen. »Fliegen, wie die damit verbundenen Empfindungen des Schwebens, der Levitation und der Projektion, obwohl sie einem eine teilweise Freiheit von der Traumumgebung gestatten, sind ebenso oft ein Hindernis wie eine Hilfe, wenn man versucht, das Träumen vollständig auszuschalten, denn es fokussiert die Aufmerksamkeit auf das Bewußtsein des Körpers, welches am Schluß äußerst schwer zu eliminieren ist.«

Trotz dieser Erfahrungen hütet sich Gillespie davor, dem luziden Träumen irgend etwas wie einen mystischen Sinn beizugeben. »All die außergewöhnlichen Phänomene, die mein luzides Träumen begleitet haben,« meint er, »selbst die religiösen Gefühle und das Bewußtsein Gottes, egal, wie evident sie auch erscheinen, können doch mit den Begriffen des Träumens erklärt werden. Ich bin der Überzeugung, daß jeder Glaube, daß es eine ontologische oder theologische Bedeutung selbst in einer ›Erfahrung Gottes‹ gibt, eine Frage des Glaubens, nicht aber der Evidenz ist.«

Gillespie söhnte schließlich doch das luzide Träumen mit seinem Glauben aus und akzeptierte, daß seine Erlebnisse sind, was sie zu sein schienen – Erfahrungen Gottes. »Ich erkenne, daß dieser Glaube auf der Einsicht meines intuitiven Selbst und nicht meines rationalen Ichs beruht, wobei letzteres immer fähig ist, etwas wegzuerklären«, sagt er. »Wegen meiner religiösen Erfahrungen mit dem Licht, wegen meines Glaubens, daß die in der Literatur der Mystik beschriebenen Phänomene mit den Begriffen des Träumens, insbesondere des luziden Träumens, erklärt werden können, und weil ich eine Verbindung zwischen der Meditation und den luziden Träumen sehe, ist mein Interesse an luziden Träumen weitgehend ein religiöses geworden. Ich habe nicht gewollt, daß es so wird. Aber nun nutze ich meine luziden Träume als Zeiten der Andacht – des Gebets, der Lobpreisung und des Gesangs.«

Worin besteht nun die Verbindung zwischen den ekstatisch-luziden Träumen und den Träumen des *witnessing*? Einige Hinweise kommen aus den Arbeiten von Roland Fisher, einem pensionierten Psychiater. In einem Artikel in der amerikanischen Wissenschaftszeitschrift *Science* behauptet Fisher, daß die transpersonalen Zustände sich in ein Kontinuum einreihen, wobei die ekstatischen, begeisterten und mystischen Erfahrungen die am höchsten aktivierten Zustände sind und die Erfahrungen der Leere die am wenigsten aktivierten. Eine ekstatische Erfahrung, meint er, könne entstehen, wenn ein Teil des Mittelhirns, die retikuläre Formation, elektrisch hoch stimuliert wird und dann zurückfällt oder »dichtmacht«, woraus eine Erfahrung der Leere resultiert. Mit anderen Worten, man kann soviel Stimulation, soviel Ekstase nur haben, wenn der Geist »schlafen« geht, um dann die Leere zu erfahren. Dieser ungewöhnliche Sprung im Erleben kann durch ein Schlaferlebnis von Hewitt veranschaulicht werden:

> Ich begann 1985, mit der Meditation in luziden Träumen zu experimentieren, um diese Tiefe zu erkunden. Die Experimente brachten tiefschürfende Ergebnisse zutage. Ein halbes Dutzendmal gelang es mir, mich an meinen Vorsatz zu erinnern, mich in der dynamischen Atmosphäre des luziden Traumes hinzusetzen und ohne Ablenkung von den Traumbildern lange genug eine tiefe, rhythmische Atmung auszuführen. In allen Fällen schien das Bewußtsein sich in eine eine eiförmige Sphäre auszudehnen, die meinen Traumkörper umfaßte, mit einer entsprechend dramatischen Intensivierung meines Bewußtseins. Als dies geschah, flossen die Farben wie Pfützen von Neonlicht vor meinem inneren Auge, so wie sie es manchmal in der Meditation tun oder vor dem Einschlafen. Dieser Zustand verstärkte sich, bis die Traumbilder durch die halbge-

> schlossenen Augen transparent wurden und schließlich verschwanden. Ich wurde zu einem Bewußtseinspunkt und schwebte zufrieden in einem intensiv gelb-orangenen Feld aus Licht.

Der Psychologe Harry Hunt stimmt mit Fisher darin überein, daß die ekstatischen Erlebnisse in der Leere kulminieren können. Er vergleicht diesen Sprung in der Wahrnehmung mit einem Kind, das sprechen lernt. Anfänglich, meint er, ist das Kind vertieft in den Klang der Worte und wie man ihn hervorbringt, aber schließlich werden solche Interessen zur Gewohnheit, und das Kind ist mit den Bedeutungen der Wörter befaßt. Ähnlich ist ein Kind, wenn es radfahren lernt, zunächst mit dem Fühlen des Rades und den damit verbundenen Empfindungen des Balancierens beschäftigt. Schließlich »packt« das Kind es aber und kann sich an dem Nervenkitzel freuen, wenn es in schneller Fahrt einen abschüssigen Hügel hinuntersaust. In den Übungen der östlichen Religionen besteht das Ziel, wenn man es so nennen kann, darin, die Leere zu erreichen, die Erfahrung der Einheit, des Alles in Einem, des Nichts. Und darum raten Yogis und andere Lehrer ihren Schülern im allgemeinen, ekstatischen Erfahrungen oder besonderen Kräften wie der Präkognition oder Visionen, die diese geistige Reise begleiten können, nicht zu viel Aufmerksamkeit zu schenken. Diese Erlebnisse sind nur Schritte auf dem Weg.

Hunt und Fisher stellen die Theorie auf, daß ein Rebound-Effekt in beiden Richtungen funktionieren kann, das heißt, sobald man die Leere erreicht, kann man wiederum die Ekstase erfahren. Aber dieses Erlebnis der Ekstase kann sich von anderen ekstatischen Erlebnissen unterscheiden: Es kann profunder sein und tiefer empfunden werden als die anfängliche Ekstase, die der Einsicht in die Leere vorangeht. Sobald wir die Leere erfahren haben, öffnet sich die Erfahrung wieder, aber dieses Erlebnis ist von so grundlegend anderer Qualität, daß es gänzlich unangemessen wäre, es gleichzusetzen mit einer Erfahrung sinnlichen, emotionalen oder intellektuellen Inhalts.

Suche nach dem Höchsten

Wenn man in der Wissenschaft auch noch relativ wenig davon weiß, wie das luzide Träumen zur Entwicklung des »reinen« Bewußtseins beiträgt, und ob es eine wichtige Rolle für das Auftreten höherer Bewußtseinszustände hat, gibt es doch einige interessante Forschungen auf diesem mystischsten aller Gebiete. Beispielsweise hat am California Institute of Integral Studies (Kalifornisches Institut für ganzheitliche Forschungen) Fariba Bogzaran eine Untersuchung durchgeführt, für die sie Freiwillige, die alle schon luzide Träume erlebt hatten bat, »den Höchsten« (Gott) im luziden Zustand zu suchen. Alle 76 untersuchten Personen wurden vor dem Schlafengehen gebeten, mit eigenen Worten zu beschreiben, wie sie »wünschten, den Höchsten zu suchen«. Die Fragen wurden anscheinend auf zwei Weisen gestellt: aktiv – »Ich will Gott finden«; oder passiv – »Erlaube mir, das Göttliche zu erfahren«. Bogzaran fand, daß diejenigen, die ihre Bitte im aktiven Genus stellten, das Göttliche in ihren Träumen eher aktiv suchten; bei denjenigen, die einen passiven Wunsch äußerten, »geschahen die Dinge einfach«. Weiterhin waren nach Bogzarans Ansicht bei den Leuten mit den passiven Formulierungen »die Träume scheinbar profunder«. Ihre Erfahrungen waren machtvoller und bereichernder. Ein Träumer meinte: »Ich hatte ein neuerliches Empfinden der Ehrfurcht... des Respekts vor der Herrlichkeit des Universums.«

Bogzaran wertete dann auch die Wirkungen aus, welche das aktive oder passive Herangehen für die Traumbilder hatte. Obwohl die meisten Personen eher unpersönliche Erfahrungen des Göttlichen machten (mathematische Symbole oder dergleichen) als persönliche (religiöse Gestalten), fand sie, daß dieser Effekt besonders ausgeprägt bei denjenigen war, die die Aufgabe in den passiven Genus gefaßt hatten. Bogzaran entdeckte auch, daß die Suche nach dem Göttlichen in luziden Träumen nicht immer zu positiven Träumen führt. Das wird durch einen luziden Traum von Jayne Gackenbach veranschaulicht, in welchem sie versuchte, »meinen Gott zu suchen«, während sie an ihrer Dissertation arbeitete. Als sie merkte, daß sie träumte, und sich daran erinnerte, was sie tun wollte, hatte sie den folgenden Traum:

> Ich saß im Schneidersitz in der Leere vor einem quadratischen Spiegel, blickte mich selbst an und dachte: »Yep, das bin ich, gut sehe ich aus.« Danach wünschte ich mir, daß mein Abbild verschiedene Formen annehme wie in den Zerrspiegeln auf einer Kirmes. Dabei bemerkte ich einen gelben Schimmer in meinem rechten Auge, wurde ängstlich und hatte dann Angst, ich würde mich in etwas ganz Schlimmes verwandeln, also entschloß ich mich, mit dem Experimentieren aufzuhören. So saß ich dann auf einem Stuhl im Wohnzimmer des Häuschens – noch vollends bewußt, daß ich träumte. Mein Vorsatz war weg, aber ich fühlte, daß ich noch etwas fragen sollte, konnte aber nicht herausfinden, was. So dachte ich, ich will mal schweben oder zur Decke fliegen. Aber ich hatte ein kleines Problem mit dem Fliegen (...) Ich ging an die Decke und hindurch und war wieder in einer grauen Leere und geriet wieder in Panik.

Gackenbachs Erfahrung veranschaulicht auch Sparrows Behauptung, daß so ein Traum manchmal zu einer Art Gegenschlag werden kann, wenn man »die Himmelspforten stürmen«, also zu viel zu schnell erreichen will. Das ist eine Erfahrung, die er auch selbst schon gemacht hat. Der Eintrag in sein Tagebuch vom 9. September 1974 zeigt: »Etwas in mir sehnt sich nach Veränderung, nach Transformation. Wenn ich nur wüßte, was ich aufgeben muß, was zu tun ist. Ich glaube, daß ich zu schnell mit meiner Welt und mit mir selbst zufrieden bin. Die Welt der Erkenntnis weicht zurück vor dem Wissen meiner Gleichgültigkeit. Ich will den Hindernissen in mir begegnen; und ich bete um Stärke, auf sie zu treffen. (...)«

In derselben Nacht, in der Sparrow diesen Eintrag in sein Tagebuch gemacht hatte, hatte er den folgenden luziden Traum:

> Ich stehe im Korridor vor meinem Zimmer. Es ist Nacht und folglich dunkel, dort wo ich bin. Dad kommt zur Haustür herein. Ich sage ihm, daß ich da bin, um ihm keine Angst zu machen oder einen Angriff zu provozieren. Ich habe davor aus unerfindlichem Grunde Angst.
>
> Ich blicke durch die Tür nach draußen und sehe eine dunkle Gestalt, anscheinend ein großes Tier. In Furcht zeige ich auf es. Es ist ein großer, schwarzer Panther, der zur Tür hereinkommt. In größter Angst strecke ich meine Hände zu ihm hin. Ich lege ihm meine Hände auf den Kopf und sage: »Du bist nur ein Traum«, aber meine Feststellung klingt fast wie eine Bitte und kann meine Angst nicht zerstreuen.
>
> Ich bitte Jesus, zu kommen und mich zu beschützen. Beim Erwachen ist aber die Furcht immer noch in mir.

Sparrow berichtet auch von einem Traum, in dem Jesus sich materialisiert. Sparrow ist darin so aufgeregt, daß er zu ihm hinläuft, um ihn in die Arme zu schließen. An diesem Punkt verschwindet Jesus abrupt. Sparrow erläutert, daß es wohl sein Wunsch war, »den einströmenden Geist in meinem begrenzten Verständnis zu verkörpern oder ihn zu ergreifen«, was dem Traum ein Ende bereitete. Als er sich wünschte, Christus zu umarmen, bot sich Sparrow in der Tat selbst an »als ein Opfer für die größere Vision einer tieferen Liebe«. Damit das gelingen kann, muß freilich das eigene Verlangen

»ein wohlbegründetes ›Ideal‹ im Geist des Träumers sein, bevor dieser mystische Traum kommt. Ohne eine Vorstellung davon, wie man als Vorbild dienen kann, fehlt der Erfahrung das Ziel, und das kann vielleicht verwirrend oder sogar schädlich sein.« Man beachte, daß Jayne Gackenbach im zweiten Teil ihres Traums »Suche nach meinem Gott« vergaß, was sie suchen sollte.

Vorbereitung und Richtung – das Einüben von Meditation restrukturiert den Geist und führt ihn zu neuen Formen von bewußter Wachsamkeit in den luziden Träumen. Meditation wie auch luzides Träumen kann zu einer Erfahrung des reinen Bewußtseins führen. Was jedoch außer der persönlichen Freude und dem psychologischen sowie gesundheitlichen Nutzen, die mit diesem geistigen Zustand verbunden sind, könnte man noch daraus ziehen?

Die Frage des Friedens

In unserer Kultur glauben die Menschen, daß es dem Guten gelingt, die Grundlage für eine bessere Welt zu schaffen. Wir tun uns auf jede erdenkliche Art zusammen, um jenen zu helfen, die irgendwo in Not sind. Wohltätige Einrichtungen kümmern sich um die Armen, zu Hause wie auch im Ausland. Freiwillige organisieren die Verteilung von Kleidung oder Materialien an Notleidende. Die Kirchen führen Wohltätigkeitsbasare durch. Die Regierung gibt Beihilfen für Unterprivilegierte und verabschiedet Sozialgesetze.

Die Ansicht, man könne durch »gute Werke« die Welt verbessern, ist ein wichtiger Bestandteil der jüdisch-christlichen Ethik, und es gibt keinen Zweifel daran, daß die Gesellschaft durch die meisten, wenn nicht durch alle unsere Bemühungen verbessert wird. Aber ist das alles, was wir tun können? Die alten religiösen Lehren des Ostens – und auch die mystischen Lehren in unseren westlichen Religionen – behaupten, daß die Antwort auf diese Frage ein Nein ist.

In einem neueren Buch mit dem Titel *The Maharishi Effect* (Das Maharishi-Phänomen) diskutieren die Soziologen Elaine und Arthur Aron die Arbeit von Meditierenden , die die Welt nicht durch »gute Werke«, sondern durch die Macht ihres Geistes verändern wollen. »Wenn eine Gruppe von Menschen, die groß genug ist, (...) all die Ruhe, Kohärenz und Weisheit herbeiführt, die tief in unserem stillen, menschlichem Geist liegen«, schreiben sie, »dann könnten diese Fähigkeiten die Umwelt beherrschen, und die richtigen Veränderungen, was immer das wäre, würden stattfinden.« Obwohl die Meditierenden scheinbar nichts anderes täten, als ruhig dazusitzen, würden sie, behaupten die Arons, die zwischenmenschliche Atmosphäre positiv beeinflussen, in der wir alle leben. Sie tun dies durch das »reine Bewußtsein«, welches, wie die TM-Leute behaupten, das »Feld« des menschlichen Bewußtseins ändert.

Dem liegt die Vorstellung zugrunde, daß das Bewußtsein mit einem Feld verglichen werden kann – einem Gravitationsfeld, oder sagen wir einem elektromagnetischen Feld. Die Gravitationsfelder von Erde und Mond stehen die ganze Zeit in einer Art unsichtbaren Tanzes miteinander in Verbindung, in welchem eine Bewegung des einen Partners die des anderen beinflußt. Der Gezeitenzyklus der Ozeane ist auch ein Beispiel für diesen Tanz. Es kann sein, daß das Bewußtsein ebenfalls in einem Wellenmuster funktioniert, oder, um die Analogie der Arons zu verwenden, vielleicht ist das Bewußtsein eines Individuums wie ein Korken, der auf einem Eimer Wasser mit Myriaden anderer Korken schwimmt. Man drücke einen nach unten, lasse ihn wieder hochsteigen, und die dadurch im Wasser entstehende Bewegung wird all die anderen Korken in Bewegung setzen.

Daß das Bewußtsein auf diese Weise funktionieren könnte, ist ein Konzept, das sowohl bei Physikern als auch bei Mystikern bekannt ist.

Wie der menschliche Geist die Welt um sich herum beeinflussen kann, wird detailliert in einem Buch *Margins of Reality: The Role of Consciousness in the Physical World* (Grenzen für die Realität: Die Rolle des Bewußtseins in der physikalischen Welt) dargestellt, und zwar von Robert F. Jahn, emeritierter Dekan der School of Engineering and Applied Science (Fakultät für Ingenieurwissenschaften und angewandte Naturwissenschaften) der Princeton University, und Brenda J. Dunne, Leiterin des Princeton Engineering Anomalities Research Laboratory (Labor für Anomalie-Forschung an der Princeton Engineering School). In ihren Untersuchungen sind Personen getestet worden (im ganzen ziemlich normale Leute, die von sich keine speziellen psychischen Kräfte kannten), um herauszufinden, ob sie die sonst zufallsmäßigen Muster von Bällen, die aus einer Maschine freigesetzt werden, beeinflussen und Botschaften an andere Testpersonen »senden« konnten, die oft Hunderte, wenn nicht Tausende von Kilometern entfernt waren. Jahn und Dunne entdeckten, daß ihre Testpersonen fähig waren, die Bälle erfolgreich in ein Muster zu »wünschen«, Botschaften über Tausende von Kilometern zu senden oder zu empfangen, und sie fanden heraus, daß diese Fähigkeit ziemlich verbreitet ist.

Um diese bemerkenswerten Resultate zu erklären, vermuten Jahn und Dunne, daß vielleicht eine Wellenfunktion am Werke sei. Es entwickelt sich irgendwie eine »Resonanz« zwischen Sender und Empfänger, die Informationen in die Lage versetzt, von einem zum anderen übertragen zu werden, ohne das Telefon oder irgendeinen anderen mechanischen Kanal zu beanspruchen. Vielleicht hat das Bewußtsein mit den atomaren Teilchen einige Eigenschaften gemeinsam. Vielleicht haben Gedanken die Fähigkeit des sogenannten »Tunnelns« – ein magischer Akt in der Quanten-Mechanik, der Elektronen durch den Raum springen läßt, ohne daß sie ihn tatsächlich durchqueren. Ähnlich kann unsere Seele vielleicht nicht immer in Raum oder Zeit lokalisiert werden, sondern ist vielmehr in der Lage, überall präsent zu sein.

»Unser atomares Modell besagt, daß das Bewußtsein eines Individuums, das in eine gegebene Umweltsituation eingebettet ist, aus einem Satz charakteristischer Erfahrungen besteht (...)«, erläutern die Autoren. »Ein anderes Individuum, das derselben Situation ausgesetzt ist, entwickelt einen unterschiedlichen Satz von Erfahrungen. (...) Wenn diese zwei Arten von Bewußtsein allerdings eine starke Wechselwirkung haben, werden die Wellenfunktionen ihrer Erfahrungen in irgendeinem Resonanzprozeß miteinander verflochten, und ihr gemeinsames Umfeld wird durch ihren wechselseitigen Einfluß darauf ebenso modifiziert.«

In ähnlichen Forschungen haben TM-Wissenschaftler die Möglichkeit untersucht, auf das reine Bewußtsein zurückzugreifen, um auf das Bewußtsein anderer Menschen einzuwirken, mit anderen Worten, das Feld zu beeinflussen. Seit 1974 haben sie Studien durchgeführt, die Belege dafür bieten, daß das reine Bewußtsein kein passiver Zustand ist, der nur auf den Meditierenden meßbare Wirkungen hat, sondern tatsächlich aktiv kleine Wellen aussendet, die die Ufer aller Seelen erreichen.

Für eine kurze Erläuterung dieses Vorgangs wenden wir uns zwei jener Wissenschaftler zu – David Orme-Johnson und Michael Dillbeck:

> Der Maharishi sagte vor einer Reihe von Jahren, daß, wenn auch nur ein Prozent der Bevölkerung in unserer Gesellschaft das Programm der Transzendentalen Meditation praktiziere, sich eine meßbare Verbesserung der Lebensqualität unserer Gesellschaft einstellen müßte, etwa ein Absinken der Verbrechensrate. Dieser Effekt ist durch eine ganze Zahl unterschiedlicher Studien belegt worden, die in Populationen verschiedener Größen durchgeführt wurden. In einer Studie beispielsweise (...) wurde der Trend der Verbrechensrate in 48 unterschiedlichen Großstädten über einen Zeitraum

von zwölf Jahren analysiert. Die 24 Großstädte mit Verwirklichung der experimentellen Bedingung, die dadurch definiert ist, daß dort ein Prozent der Bevölkerung das TM-Programm praktiziert, zeigten ein signifikantes Absinken im Trend der Verbrechensrate, verglichen mit jenen 24 Großstädten, wo dies nicht der Fall war und die somit der Kontrolle dienten. Sie waren zufällig aus einer Liste passender Großstädte mit gleichen ökonomischen, bildungsmäßigen und anderen demographischen Eigenschaften herausgesucht worden. waren. Dieses Absinken der Verbrechensrate in den »einprozentigen« Großstädten hat sich als unabhängig von Faktoren wie Dichte der Polizeidienststellen, Arbeitslosigkeit, früherer Verbrechenstrend, Unterschiede in der Altersstruktur und im ethnischen Hintergrund erwiesen.

Die TM-Forscher wendeten ähnliche Kontrollen bei einer weiteren Studie an, die entwickelt wurde, um herauszufinden, ob das reine Bewußtsein auch in einer Gegend extremen sozialen Stresses eine Wirkung entfalten könne. Orme-Johnson und Charles Alexander reisten Anfang August 1983 nach Israel. Bis zum 19. August waren 200 fortgeschrittene Meditierende aus Israel und umgebenden Gebieten gewonnen worden. Wie die Forscher kalkulierten, war dies die erforderliche Mindestzahl von Meditierenden, um das Bewußtseinsfeld dieses Landes erfolgreich zu beeinflussen. Mehrere Wochen lang führten sie regelmäßige Meditationssitzungen durch und registrierten eine komplexe Anzahl zu erfassender und zu analysierender sozialer Variablen. Die Forscher behielten auch im Auge, wann die Zahl der Meditierenden unter die Marge von 200 fiel. Nachdem man bei den Kontrollen die Faktoren aufschlüsselte, die die Bereiche der Ungewißheit beleuchten würden, begannen Orme-Johnson und Alexander in Zusammenarbeit mit einer Gruppe israelischer Wissenschaftler mit der

Analyse ihrer Daten. Sie fanden heraus, daß während der Zeiten, in denen die 200 Menschen an der »Arbeit« waren, die soziale Kohäsion höher war und die Dissonanz (beispielsweise die Zahl der Toten, die auf Kriegsereignisse zurückzuführen war) geringer, als wenn es weniger als 200 Meditierende gab.

Diese und andere Studien zeigen, daß der »Maharishi-Effekt« in der Tat eine weitere Untersuchung wert sein mag. Aber selbst die besten TM-Studien treffen bei anderen Forschern oft auf großen Widerstand. Die israelische Studie erschien beispielsweise vor kurzem in dem berühmten *Journal of Conflict Resolution* (Zeitschrift für Konfliktlösung). Der Herausgeber der Zeitschrift erläuterte im Vorwort zu dieser Studie, daß er die Veröffentlichung der Untersuchung, obwohl er persönlich nicht an die außergewöhnlichen Resultate »glauben« könnte, nicht blockieren wollte, weil die Qualität der Arbeit einwandfrei sei.

Was hat all dies mit luziden Träumen zu tun? Man wird sich aus Kapitel 8 erinnern, daß die Kohärenz des Gehirns während der Meditation einen *peak* (Höhepunkt) erreicht, besonders während Zeiten der Transzendenz zum reinen Bewußtsein, und theoretisch auch während des luziden Träumens. Es gibt einige Belege dafür, daß die Kohärenz überhaupt am höchsten während der Träume im *witnessing* ist. In einer Untersuchung, die 1979 von Orme-Johnson durchgeführt wurde, zeigt er, wie dieser Gipfel der Kohärenz die Wirkung der Meditation auf das Bewußtseinsfeld widerspiegelt. Er wollte sehen, ob drei Meditierende in Iowa die Wirkungen von 2500 fortgeschrittenen Meditierenden spüren konnten, die sich fast 2000 Kilometer davon entfernt in Amherst, Massachusetts, befanden. Er und seine Mitarbeiter setzten jeden der drei Meditierenden aus Iowa in einen schalldichten Raum. Die drei Meditierenden erfuhren nichts von dem Zweck des Experiments und kannten auch den genauen Zeitplan der 2500 Meditierenden in Amherst nicht. Während die Gruppe in

Amherst meditierte, wurden die drei Personen gebeten, auch zu meditieren. Sie wurden auch gebeten, dreimal zu meditieren, wenn die Gruppe in Amherst nicht meditierte, und dann noch dreimal, nachdem die Sitzungen in Amherst vorüber waren. Die Ergebnisse, im *International Journal of Neuroscience* (Internationale Zeitschrift für Neurologische Wissenschaften) veröffentlicht, zeigten, daß, obwohl die EEG-Kohärenz sich bei den drei Meditierenden in Iowa nicht erhöhte, »ihre Gehirne alle ein Funktionsmuster zeigten, das einander sehr ähnlich war«. Es war, als wenn einer der Korken auftauchte (die 2500 Meditierenden in Amherst) und die anderen (die drei Meditierenden in Iowa) sich mitbewegten. Kein Auftauchen des Korkens wurde gefunden, wenn die drei aus Iowa zu Zeiten meditierten, in denen die Amherst-Gruppe nicht meditierte.

Ein ähnlicher Effekt wurde rund drei Jahre später in derselben Zeitschrift berichtet. Eine Gruppe mexikanischer Wissenschaftler bat Paare von Menschen, die einander vorher niemals getroffen hatten, »die Anwesenheit des anderen zu fühlen«, während sie zusammen in einem Raum waren. Bevor sie sich dieser Aufgabe widmeten und währenddessen maßen die Wissenschaftler die Stufen der EEG-Kohärenz in beiden Gehirnen. Die daraus resultierenden Meßstreifen enthüllten, daß die beiden Individuen, obwohl sie am Anfang unterschiedliche Kohärenzmuster zeigten, während des Experiments zu fast identischen Musterbildungen kamen. Weiterhin zeigte das Diagramm jeder Person zwei Linien mit Spitzen und Tälern, die fast identisch aussahen. Obwohl es während dieser Sitzung keine Gespräche und keine Berührung gab, berichteten einige Personen, sie hätten physische Empfindungen gehabt, und andere meinten, daß sie lebhafte Bilder und Gedanken über ihre Partner gehabt hatten. Schließlich trug die Person, deren Gehirn die höchste Kohärenz aufwies, am meisten dazu bei, die Sitzung zu beeinflussen.

Offensichtlich werden noch viele weitere Studien benötigt,

um diese Facette des menschlichen Geistes zu erforschen. Aber wenn die oben beschriebenen Resultate wiederholt und verallgemeinert werden können, wenn gezeigt werden kann, daß die Empathie füreinander und die Erfahrung des reinen Bewußtseins eine Veränderung im Bewußtseinsfeld bewirken, dann stehen wir in der Tat am Beginn eines neuen Verständnisses des menschlichen Geistes. Eines Tages werden wir fähig sein, mehr zu sagen über die Bedeutung des luziden Träumens und des reinen Bewußtseins, als daß sie veränderte Bewußtseinszustände sind, die unser Vorstellungsvermögen erweitern, uns zu Wohlgefühlen verhelfen und uns neue Einsichten in unsere Psyche und in die Realität geben. Wir könnten fähig sein zu sagen, daß wir durch die Meditation und durch die Arbeit mit unseren luziden Träumen die Qualität nicht nur unseres eigenen Lebens, sondern auch die des Lebens derjenigen verändern, mit denen wir die Welt teilen. Und auf diesen Tag lohnt es sich zu warten.

QUELLEN

Die *Association for the Study of Dreams* (ASD, Gesellschaft für die Erforschung von Träumen) ist eine internationale, interdisziplinäre Organisation, die sich der reinen und angewandten Forschung der Träume und des Träumens widmet. Ihr Ziel ist, ein Bewußtsein und Verständnis der Träume sowohl im wissenschaftlichen Bereich als auch in der Öffentlichkeit zu fördern; die Forschung über das Wesen, die Funktion und Bedeutung des Träumens voranzubringen; die Umsetzungen von Traumuntersuchungen zu ermöglichen; und ein Forum für einen eklektischen und interdisziplinären Austausch von Ideen und Informationen zu schaffen. Die ASD publiziert einen *Newsletter* (Mitteilungen)* und hält jährlich einen Kongreß ab. Informationen über die ASD kann man über folgende Adresse bekommen: ASD, P.O. Box 1600, Vienna, Virginia 22180, USA.

Die *Lucidity Association* (Gesellschaft für Luzidität) veröffentlicht zweimal im Jahr die Zeitschrift *Lucidity Letter*, aus der hier einige Informationen verwendet wurden. Diese Gesellschaft widmet sich der Fortbildung und Forschung über das luzide Träumen und verwandte Bewußtseinszustände und hält ein jährliches Symposium ab, dessen Berichte in der Zeitschrift veröffentlicht werden. Ein wichtiger Teil des *Lucidity Letter* ist die Veröffentlichung von Fallmaterial. Die persönlichen Erfahrungen des Bewußtseins im Schlaf sind sowohl für den allgemeinen Leser interessant als auch von

* Ab 1991 auch die Zeitschrift *Dreaming: Journal of the Association for the Study of Dreams* (Anm. d. Übers.)

unschätzbarem Wert für Wissenschaftler und Theoretiker, die an diesem Phänomen interessiert sind. Deshalb seien Leser, die eine interessante Erfahrung mit dem Bewußtsein im Schlaf beziehungsweise im Traum gehabt haben, hier ermutigt, einen Artikel zur möglichen Veröffentlichung im *Lucidity Letter* einzureichen. Informationen über die Aktivitäten und Veröffentlichungen der *Lucidity Association* können unter folgender Adresse angefordert werden: *Lucidity Letter,* 8703 109th Street, Edmonton, Alberta T6G 2L5, Kanada. Dr. Gackenbach kann über die *Lucidity Association* kontaktiert werden.

Bibliographie

Deutschsprachige Literatur zum Thema Träume (eine Auswahl)

Aeppli, Ernst (1984). *Der Traum und seine Deutung*. München: Knaur.

Battegay, R./Trenkel, A. (Hg.) (1987). *Der Traum aus der Sicht verschiedener psychotherapeutischer Schulen*. Stuttgart: Hans Huber.

Bischof, Marco (1988). Herrscher im Land der Träume. *esotera* 2/88, 42–47 und 3/88, 76–81.

Boss, M. (1975). *Es träumte mir vergangene Nacht... Sehübungen im Bereich des Träumens und Beispiele für die praktische Anwendung eines neuen Traumverständnisses*. Stuttgart: Hans Huber.

Castaneda, Carlos (1981). *Die Kunst des Pirschens*. Frankfurt: S. Fischer.

Delaney; Gayle (1984). *Lebe Deine Träume. Eine Anleitung zum aktiven Träumen*. Berlin: Ullstein.

Dieckmann, Hans (1987). *Träume als Sprache der Seele. Eine Einführung in die Traumdeutung der analytischen Psychologie C. G. Jungs*. Fellbach: Bonz.

Dieckmann, Hans (1978). *Umgang mit Träumen*. Stuttgart: Kreuz.

Donahoe, James J. (1984). *Die Kunst des Träumens*. München: Goldmann.

Faraday, Ann (1974). *Die positive Kraft der Träume*. München: Knaur.

Faraday, Ann (1988). *Deine Träume – Schlüssel zur Selbsterkenntnis*. Frankfurt: S. Fischer.
Feyler, Günther (1987). *Träume – Suchbilder der Seele*. Freiburg: Bauer.
Franz, Marie-Louise von (1985). *Träume*. Einsiedeln: Daimon.
Franz, Marie-Louise von (1984). *Traum und Tod. Was uns die Träume Sterbender sagen*. München: Kösel.
Freud, Sigmund (1982). *Traumdeutung*. Frankfurt: S. Fischer.

Garfield Patricia (1979). *Kreativ träumen*. Interlaken: Ansata.

Harlacher, W. Michael (1988). Vom Träumer zum Krieger. Interview mit Prof. Paul Tholey. *esotera* 1/88, 34–39.
Harnisch, Günter (1985). *Träume lösen Lebenskrisen*. Freiburg: Herder.

Iglehart, Hallie (1988). *Weibliche Spiritualität. Traumarbeit, Meditationen und Rituale*. München: Kösel.

Jaffe, Aniela (C. G. Jung) (1986). *Erinnerungen, Träume, Gedanken von C. G. Jung*. Olten: Walter.
Jung, C. G. (1987). *Der Mensch und seine Symbole*. Olten: Walter.

LaBerge, Stephen (1987). *Hellwach im Traum – höchste Bewußtheit in tiefem Schlaf*. Paderborn: Junfermann.

Meier, C. A. (1979). *Lehrbuch der komplexen Psychologie C. G. Jungs. Bd. 2: Die Bedeutung des Traumes*. Olten: Walter.
Melzer, Donald (1988). *Traumleben. Eine Überprüfung der psychoanalytischen Theorie und Technik*. Weinheim: Internationale Psychoanalyse.

Monroe, Robert (1972). *Der Mann mit den zwei Leben.* Düsseldorf: Econ.

Roszak, Theodore (1988). *Dreamwatcher. Endstation Alptraum* (Roman). Reinbek: Rowohlt.

Schmidt, Rainer (1980). *Träume und Tagträume. Eine individualpsychologische Analyse.* Stuttgart: Kohlhammer.

Shohet, Robin (1989). *Erzählt euch eure Träume. Persönliches Wachstum und vertiefte Beziehungen durch Traumarbeit.* München: Kösel.

Tart, Charles T. (1986). Ganz wach im Land der Träume. *esotera* 6/86, 73–80.

Tholey, Paul/Utecht, Kaleb (1987). *Schöpferisch träumen. Wie Sie im Schlaf das Leben meistern. Der Klartraum als Lebenshilfe.* Niedernhausen: Falken.

Ullman, M./Krippner, S./Vaughan, A. (1977) *Traumtelepathie. Telepathische Experimente im Schlaf.* Freiburg: Aurum.

Vollmar, Klausbernd (1988). *Dream Power. Ein Handbuch für Träumer.* Berlin: Simon + Leutner.

Williams, Strephon K. (1987). *Durch Traumarbeit zum eigenen Selbst. Die Jung-Senoi-Methode.* Interlaken: Ansata.

Zurfluh, Werner (1983). *Quellen der Nacht.* Interlaken: Ansata.

Deutschsprachige Literatur zum Thema Meditation (eine Auswahl)

Aitken, Robert (1988). *Zen als Lebenspraxis*. München: Diederichs.

Blofeld, John (1984). *Selbstheilung durch die Kraft der Stille*. München: Goldmann.

Carrington, Patricia (1987). *Das große Buch der Meditation*. München: Heyne.

Deikman, Arthur J. (1986). *Therapie und Erleuchtung*. Reinbek: Rowohlt.

Deshimaru, Taisen (1986). *Die Praxis der Konzentration. Zen und Alltagsleben*. Freiburg: Aurum.

Draayer, Hetty (1986). *Finde dich selbst durch Meditation*. München: Kösel.

Dürckheim, Karlfried Graf (1988). *Meditieren – wozu und wie*. Freiburg: Herder.

Ebert, Dietrich (1986). *Physiologische Aspekte des Yoga und der Meditation*. Jena: Gustav Fischer.

Enomiya-Lassalle, Hugo M. (1986). *Zen und christliche Mystik*. Freiburg: Aurum.

Enomiya-Lassalle, Hugo, M. (1987). *Zen-Unterweisung*. München: Kösel.

Enomiya-Lassalle, Hugo M. (1987). *Zen – Weg zur Erleuchtung*. Freiburg: Herder.

Enomiya-Lasallle, Hugo M. (1988). *Kraft aus dem Schweigen. Einübung in die Zen-Meditation*. Freiburg: Herder.

Goldstein, Joseph (1987). *Vipassana-Meditation. Die Entfaltung der Bewußtseinsklarheit*. Berlin: Schickler.

Goldstein, J./Kornfield, J. (1989). *Einsicht durch Meditation*. München: Scherz.

Gottwald, F./Howald, W. (1988). *Selbsthilfe durch Meditation. Gesundheit und Persönlichkeitsentfaltung durch Tiefenentspannung*. Hamburg: Moderne Verlagsgesellschaft.

Govinda, Anagarika (1988). *Schöpferische Meditation und multidimensionales Bewußtsein*. Freiburg: Aurum.

Kapleau, Philip (1987). *Die drei Pfeiler des Zen. Lehre – Übung – Erleuchtung*. München: Scherz.

Katagiri, Dainin (1988). *Rückkehr zur Stille. Zen-Praxis im täglichen Leben*. Küsnacht: Theseus.

Khema, Ayya (1988). *Meditation ohne Geheimnis*. Küsnacht: Theseus.

Khetsün, Sangpo/Hopkins, Jeffrey (1988). *Die Praxis des Tantra*. München: Diederichs.

Müller-Elmau, Bernhard (1987). *Kräfte aus der Stille. Die transzendentale Meditation*. Düsseldorf: Econ.

Scharf, Siegfried (1979). *Das große Buch der Herzensmeditation*. Freiburg: Aurum.

Shapiro, Deane H. (1987). *Meditationstechniken in der Klinischen Psychologie*. Heidelberg: Asanger.

Sherab Gyaltsen Amipa (1986). *Geistesschulung im tibetischen Buddhismus*. Interlaken: Ansata.

Shibayama, Zenkei (1988). *Zu den Quellen des Zen*. München: Heyne.

Suzuki, Daisetz T. (1988). *Zazen. Die Übung des Zen*. München: Scherz.

Suzuki, Daisetz, T. (1988). *Satori – Der Zen-Weg zur Befreiung*. München: Scherz.

Suzuki, Daisetz T. (1988). *Koan – Der Sprung ins Grenzenlose*. München: Scherz.

Trungpa, Chögyam (1988). *Aktive Meditation*. Olten: Walter.

Trungpa, Chögyam (1988). *Das Buch vom meditativen Leben*. München: Scherz.

Viallet, Francois-Albert (1988). *Einladung zum Zen*. Düsseldorf: Econ.

Waldenfels, Hans (1988). *An den Grenzen des Denkbaren. Meditation in Ost und West*. München: Kösel.

Wilber, Ken (1984). *Wege zum Selbst. Östliche und westliche Ansätze zum persönlichen Wachstum*. München: Kösel.

Zhuo, Dahong (1986). *Die Entwicklung der inneren Kräfte*. Durach: Schangrila.

Wissenschaftliche Literatur

Achterberg, J. (1984). Imagery and medicine: Psychophysiological speculations. *Journal of Mental Imagery, 8*, 1–14.

Albert, I. B., & McNeece. (1974). The reported sleep characteristics of meditators and nonmeditators. *Bulletin of the Psychonomic Society, 3*, 73–74.

Alexander, C. N. (1987). Dream lucidity and dream witnessing: A developmental model based on the practice of Transcendental Meditation. *Lucidity Letter, 6*(2), 113–124.

Alexander, C. N. (1988). A conceptual and phenomenological analysis of pure consciousness during sleep. *Lucidity Letter, 7*(2), 39–43.

Alexander, C. N., Boyer, R., & Alexander, V. (1987). Higher states of consciousness in the Vedic psychology of Maharishi Mahesh Yogi: A theoretical introduction and research review. *Modern Science and Vedic Science, 1*(1), 89–126.

Alexander, C. N., Boyer, R., & Orme-Johnson, D. (1985). Distinguishing between transcendental consciousness and lucidity. *Lucidity Letter, 4*(2), 68–85.

Alexander, C. N., Davies, J. L., Dixon, C. A., Dillbeck, M. C., Oetzel, R. M., Muehlman, J. M., & Orme-Johnson, D. W. Higher stages of consciousness beyond formal operations: The Vedic psychology of human development. In C. N. Alexander & E. J. Langer (Eds.), *Higher stages of human development: Adult growth beyond formal operations.* New York: Oxford University Press.

Antrobus, J. (1987). Cortical hemisphere asymmetry and sleep mentation. *Psychological Review*, 94(3), 359–368.

Armitage, R., Hoffmann, R., Loewy, D., & Moffitt, A.

(1988). Interhemispheric EEG during REM and NREM sleep. *Sleep Research, 17.*

Armitage, R., Hoffmann, R., & Moffitt, A. (1987). The continuity of rhythmic EEG synchronicity across sleep and wakefulness. *Sleep Research, 16,5.*

Armitage, R., Hoffmann, R., & Moffitt, A. Interhemispheric EEG activity in sleep and wakefulness: Individual differences in the basic rest-activity cycle (BRAG). In J. Antrobus (Ed.), *The mind in sleep* (Vol. 2.).

Armitage, R., Stelmack, R., Miles, J., Robertson, A., & Campbell, K. (1988). Asymmetrical auditory-evoked potentials during sleep. *Sleep Research, 17.*

Armstrong-Hickey, D. (1988). A validation of lucid dreaming in school-age children. *Lucidity Letter, 7*(2), 35–38.

Aserinsky, E., & Kleitman, N. (1953). Regularly occurring periods of eye motility and concomitant phenomena, during sleep. *Science, 118,* 273–274.

Bagby, R. M., Taylor, G. J., & Ryan, D. (1986). Toronto alexithymia scale: Relationship with personality and psychopathology measures. *Psychotherapy and Psychosomatics, 45,* 207–215.

Banquet, J. P. (1972). EEG and meditation. *Electroencephalography and Clinical Neurophysiology, 33,* 454.

Banquet, J. P. (1983). Inter- and intra-hemispheric relationships of the EEG activity during sleep in man. *Electroencephalography and Clinical Neurophysiology, 55,* 51–59.

Banquet, J. P. & Sailhan, M. (1976). Quantified EEG spectral analysis of sleep and Transcendental Meditation. In D. W. Orme-Johnson & J. T. Farrow (Eds.), *Scientific research on the Transcendental Meditation program: Collected papers* (Vol. 1, pp. 182–186). Rheinweiler: MERU Press.

Banquet, J. P., Sailhan, M., Carette, F., Hazout, S., & Lucien, M. (1976). EEG analysis of spontaneous and induced states of consciousness. In D. W. Orme-Johnson & J. T. Farrow

(Eds.), *Scientific research on the Transcendental Meditation program: Collected papers* (Vol. 1, pp. 165–172). Rheinweiler: MERU Press.

Barber. (1984). Changing »unchangeable« bodily process by (hypnotic) suggestions: A new look at hypnosis, cognitions, imagining, and the mind-body problem. In A. A. Sheikh (Ed.), *Imagination and healing* (pp. 69–120). Farmingdale, NY: Baywood.

Barcaro, U., Denoth, F., Murri, L., Navona, & Stefanini, A. (1986). Changes in the interhemispheric correlation during sleep in normal subjects. *Electroencephalography and Clinical Neurophysiology, 63, 112–118.*

Barrett, D. (1987). Flying dreams and lucidity: An empirical study of their relationship. *Lucidity Letter, 6*(2), 33–37.

Beaumont, J. G., Mayes, A. R., & Rugg, M. D. (1978). Asymmetry in EEG alpha coherence and power: Effects of task and sex. *Electroencephalography and Clinical Neurophysiology, 45*, 393–401.

Becker, M., & Herter, G. (1973). Effect of meditation upon SREM. *Sleep Research, 2, 90.*

Belicki, K. (1987). Recalling dreams: An examination of daily variation and individual differences. In J. I. Gackenbach (Ed.), *Sleep and dreams: A sourcebook* (pp. 187–206). New York; Garland.

Bersford, M., Jedrczak, A., Toomey, M., & Clements, G. EEG coherence, age-related psychological variables, and the Transcendental Meditation and TM-Sidhi program. In R. A. Chalmers, G. Clements, H. Schenkluhn & M. Weinless (Eds.), *Scientific research on the Transcendental Meditation and TM-Sidhi programme: Collected papers* (Vol. 3). Vlodrop MIU Press.

Blackmore, S. (1982). More sex differences in lucid dreaming frequency. *Lucidity Letter, 1*(2), 9.

Blackmore, S. (1988a). Lucid dreams and OBEs. *Lucidity Letter, 7*(1), 35–43.

Blackmore, S. (1988b). A theory of lucid dreams and OBEs. In J. I. Gackenbach and S. L. LaBerge (Eds.), *Conscious mind, sleeping brain: Perspectives on lucid dreaming*. New York: Plenum.

Block, M. (1989). Code Blue: New beginnings. *Lucidity Letter, 8*(1).

Bogzaran, Fariba (1987). The creative process: Paintings inspired from the lucid dream. *Lucidity Letter, 6*(2).

Boivin, D., Cote, J., Lapiene, C., & Montplaisir, J. (1987). Interhemispheric coherence during sleep before and after anterior callosotomy in human. *Sleep Research, 16, 6.*

Brown, D. P. (1987). The transformation of consciousness in meditation. *Institute of Noetic Sciences: Exceptional Abilities*, 1–45.

Brown, D. P. (1988). The transformation of consciousness in meditation. *Noetic Sciences Review, 6*, 15–16.

Brylowski, A. (1986). H-reflex in lucid dreams. *Lucidity Letter, 5*(1), 116–118.

Brylowski, A. (1987a). Dreaming (& waking) lucidity and healing, a proposal: Can lucid dreaming effect immunocompetence? *Lucidity Letter, 6*(1).

Brylowski, A. (1987b). Potential effects of lucid dreaming on immunocompetence. *Lucidity Letter, 6*(2).

Busby, K., & DeKoninck, J. (1980). Short-term effects of strategies for selfregulation on personality dimensions and dream content. *Perceptual and Motor Skills, 50*, 751–765.

Busk, J., & Galbraith, G. C. (1975). EEG correlates of visualmotor practice in man. *Electroencephalography Clinical Neurophysiology, 38*, 415–422.

Buss, A. H. (1980). *Self-consciousness and social anxiety*. San Francisco: Freeman.

Cartwright, R. (1986). Affect and dream work from an informationprocessing point of view. *Journal of Mind and Body: Cognition and Dream Research*, 7(2,3), 411–428.

Clerc, O. (1983). Natural induction of lucid dreams. *Lucidity Letter, 2*(1), 38.
Crick, F., & Mitchison, C. (1983). The function of dream sleep. *Nature, 304*, 111–114.

Dane, J. (1983) *An empirical evaluation of two techniques for lucid dream induction.* Unveröffentlichte Dissertation, Georgia State University.
Dane, J. P., Craig, E., & Schatzman, M. (1987). Ethical issues for applications of lucid dreaming. *Lucidity Letter, 6*(2).
Davidson, R. J., & Goleman, D. J. (1977). The role of attention in meditation and hypnosis: A psychobiological perspective on transformations of consciousness. *International Journal of Clinical and Experimental Hypnosis, 25*, 291–308.
Derogatis, L. R., (1986). The psychosocial adjustment to illness scale. *Journal of Psychosomatic Research, 30*(1), 77–91.
Descartes, R. (1947). The difficulty of distinguishing between waking and sleeping. In R. L. Woods (Ed.), *The world of dreams: An anthology*. New York: Random House.
Dillbeck, M. C., & Bronson, E. C. (1981). Short-term longitudinal effects of the Transcendental Meditation technique on EEG power and coherence. *International Journal of Neuroscience, 14*, 147–151.
Dillbeck, M. C., & Orme-Johnson, D. W. (1987). Physiological differences between Transcendental Meditation and rest. *American Psychologist*, 879–881.
Dillbeck, M. C., Orme-Johnson, D. W., & Wallace, R. K. (1981). Frontal EEG coherence, H-reflex recovery, concept learning, and the TM-Sidhi program. *International Journal of Neuroscience, 15*, 151–157.
Dillbeck, M. C., & Vesely, S. A. (1986). Participation in the Transcendental Meditation program and frontal EEG coherence during concept learning. *International Journal of Neuroscience, 29*, 45–55.

Dorian, B., & Garfienkle, P. E. (1987). Stress, immunity and illness – a review. *Psychological Medicine, 17*, 393–407.
Dorus, E., Dorus, W., & Rechtschaffen, A. (1971). The incidence of novelty in dreams. *Archives of General Psychiatry, 25*, 364–368.
Druckman, D., & Swets, I. A. (Eds.) (1988). *Enhancing human performance: Issues, theories, and techniques.* Washington, DC: National Academy Press.
Dubs, G. (1988). Trends in research. *The Common Boundary, 6*, 21–23.
Dumermuth, G., Lange, B., Lehmann, D., Meier, C. A., Dinkelmann, R., & Molinari, L. (1983). Spectral analysis of all-night sleep EEG in healthy adults. *European Neurology, 22*, 322–339.
Dumermuth, G., & Lehmann, D. (1981). EEG power and coherence during non-REM and REM phases in humans in all-night sleep analyses. *European Neurology, 20*, 429–434.

Faber, P. A., Saayman, G. S., & Touyz, S. W. (1978). Meditation and archetypal content of nocturnal dreams. *Journal of Analytical Psychology, 23*, 1–21.
Farrow, J. T., & Herbert, J. R. (1982). Breath suspension during the Transcendental Meditation technique. *Psychosomatic Medicine, 44*(2), 133–153.
Fellows, P. (1988). Working within the lucid dream. In Gakkenbach, LaBerge (Eds.), Conscious mind, sleeping brain: Perspectives on lucid dreaming. New York: Plenum.
Fenigstein, A., Scheier, M. F., & Buss, A. H. (1975). Public and private selfconsciousness: Assessment and theory. Journal of Consulting and Clinical Psychology, 43(4), 522–527.
Fenwick, P., Schatzman, M., Worsley A., Adams, J., Stone, S., & Baker, A. (1984). Lucid dreaming: Correspondence between dreamed and actual events in one subject during REM sleep. *Biological Psychology, 18*, 243–252.

Finke, R. (1980). Levels of equivalence in imagery and perception. *Psychological Review, 87*(2), 113–133.
Finke, R. (1986). Mental imagery and the visual system. *Scientific American, 254*(3), 88–95.
Flor-Henry, P. (1987). The influence of laterality in psychopathology. In M. Hamilton (Ed.) *Psychiatry in the 80's, 5,* 1–4.
Flor-Henry, P., & Koles, Z. J. (1982). EEG characteristics in normal subjects: A comparison of men and women and of dextrals and sinistrals. *Research Communications in Psychology, Psychiatry, and Behavior, 7,* 21–38.
Flor-Henry, P., Koles, Z. J., & Lind, J. (1987). Statistical EEG investigation of the endogenous psychoses: Power and coherence. In R. Takahashi, P. Flor-Henry, J. Gruzelier, and S. Niwa (Eds.), *Cerebral dynamics, laterality and psychopathology*. New York: Elsevier Science Publishers.
Flor-Henry, P., Koles, Z. J., & Reddon, J. R. (1987). Age and sex related EEG configurations in normal subjects. In A. Class (Ed.), *Individual differences in hemispheric specialization*. New York: Plenum.
Ford, M. R., Goethe, J. W., & Dekker, D. K. (1986). EEG coherence and power in the discrimination of psychiatric disorders and medication effects. *Biological Psychiatry, 21,* 1175–1188.
Foulkes, D. (1982). *Children's dreams: Longitudinal studies.* New York: John Wiley & Sons.
Foulkes, D. (1985a). *Dreaming: A cognitive-psychological analysis*. Hillsdale, NJ: Lawrence Erlbaum Associates.
Foulkes, D. (1985b). Dreaming: Lucid and non. *Lucidity Letter, 4*(1), 118.
Freeman, W. J. (1983). The physiological basis of mental images. *Biological Psychiatry 18, 1107–1125.*
French, C. C., & Beaumont, J. G. (1984). A critical review of EEG coherence studies of hemisphere function. *International Journal of Psychophysiology, 1,* 241–254.

Fuson, J. W. (1976). *The effect of the Transcendental Meditation program on sleeping and dreaming patterns.* Unveröffentlichte Dissertation, Yale Medical School, New Haven, CT.

Gackenbach, J. I. (1978). *A personality and cognitive style analysis of lucid dreaming.* Unveröffentlichte Dissertation, Virginia Commonwealth University.

Gackenbach, J. I. (1980). Lucid dreaming project. *A.R.E. Journal, 15*, 253–260.

Gackenbach, J. I. (1981a). Lucid dreaming: Individual differences in personal characteristics. *Sleep Research, 10*, 145.

Gackenbach, J. I. (1981b). Sex differences in lucid dreaming incidence. *Lucidity Letter, 1*(1), 2.

Gackenbach, J. I. (1985a). Eye movement direction and the lucid dreaming ability. *Lucidity Letter, 4*(1), 124.

Gackenbach, J. I. (1985b). Sex differences in lucid dreaming self-reported frequency: A second look. *Lucidity Letter, 4*(1), 127.

Gackenbach, J. I. (1985–86). A survey of considerations for inducing conscious awareness of dreaming while dreaming. *Imagination, Cognition, and Personality, 5*, 41–55.

Gackenbach, J. I. (Ed.) (1986). *Sleep and dreams: A sourcebook.* New York: Carland.

Gackenbach, J. I. (1987). Manifest content analysis of sleep-laboratory-collected lucid and nonlucid dreams. *Lucidity Letter, 6*(2).

Gackenbach, J. I. (1988a). From ordinary to lucid dreaming: Research and politics of dreaming in North America. *Lucidity Letter, 7*(1), 19–25.

Gackenbach, J. I. (1988b, July). *Is lucid dreaming naturally female?* Vortrag, gehalten auf dem Symposium »Women's Bodies, Women's Dreams« anläßlich der Jahresversammlung der Association for the Study of Dreams, Santa, Cruz, CA.

Gackenbach, J. I. (1988c). Personality differences between individuals varying in lucid dreaming frequency. *Journal of Communication Therapy, 4*, 49–64.
Gackenbach, J. I. (1988d). The psychological content of lucid dreams. In J. I. Gackenbach and S. LaBerge (Eds.), *Conscious mind, sleeping brain: Perspectives on lucid dreaming*. New York: Plenum.
Gackenbach, J. I. A developmental model of consciousness in sleep. In J. I. Gackenbach and A. A. Sheikh (Eds.), *Dream images: A call to mental arms*. Farmington, NY: Baywood.
Gackenbach, J. I. Interhemispheric EEG coherence in REM cleep and meditation: The lucid dreaming connection. In J. Antrobus (Ed.), *The mind in sleep* (Vol. 2). Hillsdale, NJ: Lawrence Erlbaum Associates.
Gackenbach, J. I., Cranson, R., & Alexander, C. (1986). Lucid dreaming, witnessing dreaming, and the Transcendental Meditation technique: A developmental relationship. *Lucidity Letter, 5*(2), 34–40.
Gackenbach, J. I., Cranson, R., & Alexander, C. N. (1989). *Consciousness during sleep.* Unveröffentlichtes Manuskript.
Gackenbach, J. I., Curren, R., & Cutler, G. (1983). Presleep determinants and postsleep results of lucid versus vivid dreams. *Lucidity Letter, 2*(2), 52.
Gackenbach, J. I., Curren, R., LaBerge, S., Davidson, D., & Maxwell, P. (1983). Intelligence, creativity, and personality differences between individuals who vary in self-reported lucid dreaming frequency. *Lucidity Letter, 2*(2), 52.
Gackenbach, J. I., & Hammons, S. (1984). Lucid dreaming ability and verbal creativity. *Dreamworks, 3*(3), 219–223.
Gackenbach, J. I., Heilman, N., Boyt, S., & LaBerge, S. (1985). The relationship between field independence and lucid dreaming ability. *Journal of Mental Imagery, 9*(1), 9–20.
Gackenbach, J. I., & Hunt, H. Lucid dreaming as a transper-

sonal (meditational) state: A potential distinction from dream-work methods. *Journal of Mental Imagery.*
Gackenbach, J. I., & LaBerge, S. P. (1986). An overview of lucid dreaming. In A. A. Sheikh (Ed.), *International review of mental imagery*. New York: Human Sciences Press.
Gackenbach, J. I., & Moorecroft, W. (1987). Psychological content of »consciousness« during sleep in a TM subject. *Lucidity Letter, 6*(1), 29–36.
Gackenbach, J. I., Moorecroft, W., Alexander, C. N., & LaBerge, S. (1987). Physiological correlates of »consciousness« during sleep in a single TM practitioner. *Sleep Research, 16*, 230.
Gackenbach, J. I., & Schillig, B. (1983). Lucid dreams: The content of conscious awareness of dreaming during the dream. *Journal of Mental Imagery, 7*(2), 1–14.
Gackenbach, J. I., Snyder, T. J., McKelvey, K., McWilliams, C., Ceorge, R., & Rodenelli, B. (1981). Lucid dreaming: Individual differences in perception. *Sleep Research, 10*, 146.
Gackenbach, J. I., Snyder, T. J., Rokes, L., & Sachau, D. (1986). Lucid dreaming frequency in relationship to vestibular sensitivity as measured by caloric stimulation. In R. Haskel (Ed.), *Cognition and Dream Research: The Journal of Mind and Behavior* (special issue), 7(2,3), 277–298.
Gackenbach, J. I., & Tart, C. (1988). A discussion between Charles Tart and *Lucidity Letter Editor, Jayne Gackenbach, examining similarities between dream lucidity, witnessing, and self-remembering. Lucidity Letter,* 7(2), 59–66.
Gackenbach, J. I., Walling, J., LaBerge, S. (1984). The lucid dreaming ability and parasympathetic functioning. *Lucidity Letter, 3*(4), 101.
Garfield, P. (1988a). Clinical applications of lucid dreaming: Introductory comments. In J. I. Gackenbach and S. LaBerge (Eds.), *Conscious mind, sleeping brain: Perspectives on lucid dreaming*. New York: Plenum.

Garfield, P. (1988b). Creative lucid dreams. In J. I. Gackenbach and S. LaBerge (Eds.), *Conscious mind, sleeping brain: Perspectives on lucid dreaming*. New York: Plenum.

Gillespie, G. (1985a). Can we distinguish between lucid dreams and dreaming-awareness dreams? *Lucidity Letter, 3*(2,3), 95–96.

Gillespie, G. (1985b). Comments on »Dream lucidity and near-death experience – A personal report.« *Lucidity Letter, 4*(2), 21–23.

Gillespie, G. (1985c). Lucid dreaming and mysticism: A personal observation. *Lucidity Letter, 2*(3), 64.

Gillespie, G. (1985d). Memory and reason in lucid dreams: A personal observation. *Lucidity Letter, 2*(4), 76–78.

Gillespie, G. (1985e). The phenomenon of light in lucid dreams: Personal observations. *Lucidity Letter, 3*(4), 99–100.

Gillespie, G. (1985f). Problems related to experimentation while dreaming lucidly. *Lucidity Letter, 3*(2,3), 87–88.

Gillespie, G. (1985g). Statistical description of my lucid dreams. *Lucidity Letter, 3*(4), 104–111.

Gillespie, G. (1986). Ordinary dreams, lucid dreams and mystical experiences. *Lucidity Letter, 5*(1), 27–30.

Gillespie, G. (1987a). Distinguishing between phenomenon and interpretation: When does lucid dreaming become transpersonal experience? *Lucidity Letter, 6*(2), 125–130.

Gillespie, G. (1987b). Dream light: Categories of visual experience during lucid dreaming. *Lucidity Letter, 6*(1), 73–79.

Gillespie, G. (1988a). Lucid dreams in Tibetan Buddhism. In J. I. Gackenbach and S. LaBerge (Eds.), *Conscious mind, sleeping brain: Perspectives on lucid dreaming*. New York: Plenum.

Gillespie, G. (1988b). When does lucid dreaming become transpersonal experience? *Psychiatry Journal of the University of Ottawa, 13*, 107–110.

Gillespie, G. (1988c). Without a guru: An account of my lucid dreaming. In J. I. Gackenbach and S. LaBerge (Eds.), *Conscious mind, sleeping brain: Perspectives on lucid dreaming*. New York: Plenum.

Goldstein, L., Staltzfus, N., & Gardocki, J. (1972). Changes in interhemispheric amplitude relations in EEG during sleep. *Physiological Behavior, 8*, 811–815.

Gottschalk, L. A., Stone, W. N., Cleser, G. C., & Iacono, J. M. (1966). Anxiety levels in dreams: Relation to changes in plasma-free fatty acids. *Science, 153*, 654–657.

Gray, K. (1988). From the beginning through feast or famine. *Lucidity Letter, 7*(2), 97–100.

Greer, S. (1983). Cancer and the mind. *British Journal of Psychiatry, 143*, 535–543.

Grinberg-Zylberbaum, J., & Ramos, J. (1987). Patterns of interhemispheric correlation during human communication. *International Journal of Neuroscience, 36*, 41–53.

Grindel, O. M. (1985). Intercentral relations in the cerebral cortex revealed by EEG coherence during recovery of consciousness and speech after protracted coma. *Zhurnal Vysshei Nervnoi Deyatel'nosti. 35*(1), 60–67. References in *Psychological Abstracts)*

Hall, C. S., Domhoff, G. W., Blick, K., & Weesner, K. E. (1982). The dreams of college men and women in 1950 and 1980: A comparison of dream contents and sex differences. *Sleep, 5*, 188–194.

Hall, C. S., & Van de Castle, R. L. (1966). *The content analysis of dreams.* New York: Appleton-Century-Crofts.

Hall, N. R. (1984). Cancer and imagery. In A. A. Sheikh (Ed.), *Imagination and healing*. Farmington, NY: Baywood.

Halliday, G. (1988). Lucid dreaming: Using nightmares and sleep-wake confusion. In J. I. Gackenbach and S. LaBerge (Eds.), *Conscious mind, sleeping brain: Perspectives on lucid dreaming*. New York: Plenum.

Haraldsson, Enlendur (1982). Near-death, out-of-body and

lucid experiences: Additional comments. *Lucidity Letter, 1*(3), 18.

Haskell, R. E. (1985a). Dreaming, cognition, and physical illness: Part I. *Journal of Medical Humanities and Bioethics, 6*, 46–56.

Haskell, R. E. (1985b). Dreaming, cognition, and physical illness: Part II. *Journal of Medical Humanities and Bioethics, 6*, 109–122.

Haynes, C. T., Hebert, J. R, Reber, W., & Orme-Johnson, D. W. (1977). The psychophysiology of advanced participants in the Transcendental Meditation program: Correlations of EEG coherence, creativity, H-reflex recovery, and experience of transcendental consciousness. In D. W. Orme-Johnson & J. T. Farrow (Eds.), *Scientific research on the Transcendental Meditation program: Collected papers* (Vol. 1, pp. 208–212). Rheinweiler: MERU Press.

Hearne, K. M. T. (1978). *Lucid dreams: An electrophysiological and psychological study.* Unveröffentlichte Dissertation, University of Liverpool.

Hearne, K. M. T. (1982). Keith Hearne's work on lucid dreaming. *Lucidity Letter, 1*(3), 15–17.

Hewitt, D. E. (1988). Induction of ecstatic lucid dreams. *Lucidity Letter, 7*(1), 64–66.

Hobson, J. A., & McCarley, R. W. (1977). The brain as a dream state generator: An activation-synthesis hypothesis of the dream process. *American Journal of Psychiatry, 134*, 1335–1348.

Holmes, D. (1984). Meditation and somatic arousal reduction: A review of experimental evidence. *American Psychologist, 39*(1), 1–10.

Hunt, H. T. (1982). Forms of dreaming. *Perceptual and Motor Skills, 54*, 559–633.

Hunt, H. T. (1984). A cognitive psychology of mystical and altered-state experience. *Perceptual and Motor Skills, 58*, 467–513.

Hunt, H. T. (1985). Dream lucidity and near-death experience: A lucidity-meditation analysis. *Lucidity Letter, 4*(2), 17–20.

Hunt, H. T. (1986). Toward a cognitive psychology of dreams. In J. I. Gackenbach (Ed.), *Sleep and dreams: A sourcebook*. New York: Garland.

Hunt, H. T. (1987). *Lucidity as a meditative state. Lucidity Letter, 6*(2), 105–112.

Hunt, H. T. (1988). The multiplicity of dreams. *Lucidity Letter, 7*(2), 5–14.

Hunt, H. T. (1989). *The multiplicity of dreams: A cognitive psychological perspective*. New Haven, CT: Yale University Press.

Hunt, H. T., & McLeod, B. Lucid dreaming as a meditative state: Some evidence from long-term meditators in relation to the cognitive-psychological bases of transpersonal phenomena. In J. I. Gackenbach & A. A. Sheikh (Eds.), *Dream images: A call to mental arms*. New York: Baywood.

Hunt, H. T., & Ogilvie, R. (1988). Lucid dreams in their natural series: Phenomenological and psychophysiological findings in relation to meditative states. In J. I. Gackenbach and S. L. LaBerge (Eds.), *Conscious mind, sleeping brain: Perspectives on lucid dreaming*. New York: Plenum.

Irwin, H. J. (1988). Out-of-body experiences and dream lucidity: Empirical perspectives. In J. I. Gackenbach and S. LaBerge (Eds.), *Conscious mind, sleeping brain: Perspectives on lucid dreaming*. New York: Plenum.

Jahn, R. G., & Dunne, B. J. (1987). *Margins of reality: The role of consciousness in the physical world*. New York: Harcourt Brace Jovanovich.

Jedrczak, A. (1984). The Transcendental Meditation and TM-Sidhi programme and field independence. *Perceptual and Motor Skills*.

Kelzer, K. (1988). East meets West, Buddhism meets Christianity: The lucid dream as a path for union. *Lucidity Letter, 7*(2), 22–27.

Kesterson, J. (1985). *Respiratory control during Transcendental Meditation.* Dissertation, Department of Neuroscience of Human Consciousness, Maharishi International University, Fairfield, IA.

Klippstein, H. (1988). Hypnotherapy: A natural method of learning lucid dreaming. *Lucidity Letter, 7*(2), 79–88.

Koles, Z. J., & Flor-Henry, P. (1986). *EEG correlates of male-female differences in verbally and spatially based cognitive tasks.* Abstract for the 12th C.M.B.E.C./1st Pan Pacific Symposium, Vancouver, Canada.

Koles, Z. J., Flor-Henry, P. (1987). The effect of brain function on coherence patterns in the bipolar EEG. *International Journal of Psychophysiology, 5*, 63–71.

Kruck, J. S., & Sheikh, A. A. (1986). Alexithymia: A critical review. *International Review of Mental Imagery* (Vol. 2). New York: Human Sciences Press.

LaBerge, S. (1980). *Lucid dreaming: An exploratory study of consciousness during sleep.* Unveröffentlichte Dissertation, Stanford University, Stanford, CA.

LaBerge, S. (1986). Healing through lucid dreaming. *Lucidity Letter, 5*(2).

LaBerge, S. (1987a). Induction of lucid dreaming by luminous stimulation. *Lucidity Letter, 6*(2).

LaBerge, S. (1987b). Varieties of experience from light-induced lucid dreams. *Lucidity Letter, 6*(2).

LaBerge, S. (1988a). Induction of lucid dreams including the use of the dreamlight. *Lucidity Letter, 7*(2), 15–21.

LaBerge, S. (1988b). Lucid dreaming in western literature. In J. I. Gackenbach and S. LaBerge (Eds.), *Conscious mind sleeping brain: Perspectives on lucid dreaming.* New York: Plenum.

LaBerge, S. (1988c). The psychophysiology of lucid dreaming. In J. I. Gackenbach and S. LaBerge (Eds.), *Conscious mind, sleeping brain: Perspectives on lucid dreaming*. New York: Plenum.

LaBerge, S., & Brylowski, A. (1987). EEG and other physiological findings. *Lucidity Letter, 6*(2).

LaBerge, S., & Dement, W. (1982). Voluntary control of respiration during REM sleep. *Sleep Research, 11*, 107.

LaBerge, S., & Gackenbach, J. I. 2(1986). Lucid dreaming. In B. B. Wolman & M. Ullman (Eds.), *Handbook of altered states of consciousness* (pp. 159–198). New York: Van Nostrand Reinhold.

LaBerge, S., Creenleaf, W., & Kediskerski, B. (1983). Physiological responses to dreamed sexual activity during lucid REM sleep. *Psychophysiology, 20*, 454–455.

LaBerge, S., Levitan, L., & Dement, W. (1986). Lucid dreaming: Physiological correlates of consciousness during REM sleep. *Journal of Mind and Behavior, 7*, 251–258.

LaBerge, S., Nagel, L., Dement, W., & Zarcone, V. (1981). Lucid dreaming verified by volitional communication during REM sleep. *Perceptual and Motor Skills, 52*, 727–732. Levine, P. H. (1976). The coherence spectral array (COSPAR) and its application to the study of spatial ordering in the EEG. In J. I. Martin (Ed.), *Proceedings of the San Diego Biomedical Symposium*, Vol. 15. New York: Academic Press.

Levine, P. H., Herbert, R., Haynes, C. T., Strobel, U. (1977). EEG coherence during the Transcendental Meditation technique. In D. W. Orme-Johnson & J. T. Farrow (Eds.), *Scientific research on the Transcendental Meditation program: Collected papers* (Vol. 1). Rheinweiler: MERU Press.

Levitan, H. (1976–77). The significance of certain catastrophic dreams. *Psychotherapy and Psychosomatics, 27*, 1–7.

Levitan, H. (1980). Traumatic events in the dreams of psychosomatic patients. *Psychotherapy and Psychosomatics, 33*, 226–232.

Livanov, Gavrilova & Aslanov, (1974). Intercorrelations between different cortical regions of human brain during mental activity. *Neuropsychologica, 2*, 281–289.

Magallon, L. L. (1987). Awake in the dark: Imageless lucid dreaming. *Lucidity Letter, 6*(1), 86–90.

Malamud, J. R. (1979). *The development of a training method for the cultivation of »lucid« awareness in fantasy, dreams, and waking life*. Unveröffentlichte Dissertation, erhältlich über University Microfilms International, Ann Arbor, MI.

Malamud, J. R. (1988). Learning to become fully lucid: A program for inner growth. In J. I. Gackenbach and S. LaBerge (Eds.), *Conscious mind, sleeping brain: Perspectives on lucid dreaming*. New York: Plenum.

Manseau, C., & Broughton, R. (1984). Bilaterally synchronous ultradian EEG rhythms in awake adult humans. *Psychophysiology, 21*, 265–273.

Marcot, B. G. (1987). A journal of attempts to induce and work with lucid dreams: Can you kill yourself while lucid? *Lucidity Letter, 6*(1).

Martin, J. B., Pihl, R. O., Young, S. N., Ervin, F. R., & Tourjman, S. V. (1986). Prediction of alexithymic characteristics from physiological, personality, and subjective measures. *Psychotherapy and Psychosomatics, 45*, 133–140.

Miskiman, D. E. (1972). The effect of the Transcendental Meditation program on compensatory paradoxical sleep. In D. W. Orme-Johnson & J. T. Farrow (Eds.), *Scientific research on the Transcendental Meditation program: Collected papers* (Vol. 1). Rheinweiler: MERU Press.

Mitchell, G. P., & Lundy, R. M. (1986). The effects of relaxation and imagery inductions on responses to suggestions. *International Journal of Clinical & Experimental Hypnosis, 34*(2), 98–109.

Moffitt, A., & Hoffman, R. On the single-mindedness and isolation of dream psychophysiology. In J. I. Gackenbach (Ed.), *Sleep and dreams: A sourcebook* (pp. 145–176). New York: Garland.

Moffitt, A., Purcell, S., Hoffman, R., Pigeau, R., & Wells, R. (1986). Dream psychology: Operating in the dark. *Lucidity Letter, 5*(1), 180–196. Dieser Aufsatz wurde auch veröffentlicht in Gackenbach, J. I., & LaBerge, S. (Eds.), *Conscious mind, sleeping brain*, 1988.)

Mullen, B., & Suls, J. (1982). »Know thyself«: Stressful life events and the ameliorative effects of private self-consciousness. *Journal of Experimental Social Psychology, 18*, 43–55.

Murphy, M., & Donovan, S. (1983). A bibliography of meditation theory and research: 1931–1983. *The Journal of Transpersonal Psychology, 15*, 181–228.

Murphy, M., & Donovan, S. (1988). The physical and psychological effects of meditation. San Rafael, CA: Esalen Institute.

Neilsen, T. (1986). Kinesthetic imagery as a duality of lucid awareness: Descriptive and experimental case studies. *Lucidity Letter, 5*(1), 147–159.

O'Connor, K. P., & Shaw, J. C. (1978). Field dependence, laterality and the EEG. *Biological Psychology, 6*, 93–109.

O'Connor, K. P., & Shaw, J. C. (1982). Comment on Zoccolotti's »Field dependence, laterality and the EEG: A reanalysis of O'Connor and Shaw.« Biological Psychology, 15, 209–213.

Ogilvie, R. D. (1982). Is dream lucidity work another Reich's orgone box. *Lucidity Letter, 1*(2), 6.

Ogilvie, R. D., Hunt, H. T., Sawicki, C., & McCowan, K. (1978). Searching for lucid dreams. *Sleep Research, 7*, 165.

Ogilvie, R. D., Hunt, H. T., Tyson, P. D., Lucescu, M. L., &

Jenkins, D. B. (1982). Lucid dreaming and alpha activity: A preliminary report. *Perceptual and Motor Skills, 55*, 795–808.
Ogilvie, R. D., Vieira, K. P., & Small, R. J. (1988). EEG activity during signaled lucid dreams. *Lucidity Letter, 7*,(1), 57–58.
Orme-Johnson, D. W. (1987). Maharishi's program to create world peace: Theory and research. *Modern Science and Vedic Science, 1*, 207–265.
Orme-Johnson, D. W., Clements, G., Haynes, C. T., & Badaoui, K. (1977). Higher states of consciousness: EEG coherence, creativity and experience of the Sidhis. In D. W. Orme-Johnson & J. T. Farrow (Eds.), *Scientific research on the Transcendental Meditation program: Collected papers* (Vol. 1). Rheinweiler: MERU Press.
Orme-Johnson, D. W., Dillbeck, M. C., Wallace, R. K., & Landrith, G. S. (1982). Intersubject EEG coherence: Is consciousness a field? *International Journal of Neuroscience, 16*, 203–209.
Orme-Johnson, D. W., & Granieri, B. (1977). The effects of the Age of Enlightenment Covernor Training Courses on field independence, creativity, intelligence, and behavioral flexibility. In D. W. Orme-Johnson & J. T. Farrow (Eds.), *Scientific research on the Transcendental Meditation program: Collected papers* (Vol 1). Rheinweiler: MERU Press.
Orme-Johnson, D. W., & Haynes, C. T. (1981). EEG phase coherence, pure consciousness, creativity, and TM-Sidhi experiences. *Neuroscience, 13*, 211–217.
Orme-Johnson, D. W., Wallace, R. K., Dillbeck, M., Alexander, C. N., & Ball, O. E. (in press). The functional organization of the brain and the Maharishi technology of the unified field as indicated by changes in EEG coherence and its cognitive correlates: A proposed model of higher states of consciousness. In R. Chalmers, G. Clements, H. Schenkluhn, & M. Weinless (Eds.), *Scientific research on*

the Transcendental Meditation and TM-Sidhi programme: Collected papers (Vol. 4). Vlodrop: MIU Press.

Pagano & Weanenberg (1983). Meditation in search of a unique effect. In Davidson, Scheat, & Shipiro (Eds.), *Consciousness and self regulation: Advances.*

Pivik, R. T. (1978). Tonic states and phasic events in relation to sleep mentation. In A. M. Arkin, J. S. Antrobus, & S. J. Ellman (Eds.), *The mind in sleep: Psychology and Psychophysiology*. Hillsdale, NJ: Erlbaum.

Posner, M, I., & Friedrich, F. J. (1986). Attention and the control of cognition. In S. L. Friedman, K. L. Klivington, & R. W. Peterson (Eds.), *The brain, cognition, and education*. New York: Academic Press.

Possey, L. The rediscovery of the mind. *Advances, 5*, 70–73.

Price, R. (1987). Dream content within the partially lucid REM period: A single-subject content analysis. *Lucidity Letter, 6*(2).

Price, R., & Cohen, D. (1988). Lucid dream induction: An empirical evaluation. In J. I. Gackenbach and S. LaBerge (Eds.), *Conscious mind, sleeping brain: Perspectives on lucid dreaming*. New York: Plenum.

Prichep, L. S. (1987). Neurometric quantitative EEG features of depressive disorders. In R. Takahashi, P. Flor-Henry, J. Gruzelier & S. Niwa (Eds.), *Cerebral dynamics, laterality and psychopathology* (pp. 55–69). New York: Elsevier Science Publishers.

Qualls, P. J. (1982–83). The physiological measurement of imagery: *An overview. Imagination, Cognition, and Personality, 2*, 89–101.

Rechtschaffen, A. (1978). The single-mindedness and isolation of dreams. *Sleep, 1*, 97–109.

Reed, H. (1977). Meditation and lucid dreaming: A statistical relationship. *Sundance Community Dream Journal, 2*, 237–238.
Reed, H. (1978). Improved dream recall associated with meditation. *Journal of Clinical Psychology, 34*, 150–156.
Rogo, D. S. (1985). Out-of-body experiences as lucid dreams: A critique. *Lucidity Letter, 4*(2), 43–46.

Schatzman, M., Worsley, A., & Fenwick, P. (1988). Correspondence during lucid dreams between dreamed and actual events. In J. I. Gackenbach and S. LaBerge (Eds.), *Conscious mind, sleeping brain: Perspectives on lucid dreaming*. New York: Plenum.
Schneider, D. (1973). Conversion of massive anxiety into a heart attack. *American Journal of Psychotherapy, 27*, 360–378.
Shapiro, D. H. (1982). Overview: Clinical and physiological comparison of meditation with other self-control strategies. *American Journal of Psychiatry, 139*, 267–274.
Sheikh, A. A. (Ed.) (1983). *Imagery: Current theory, research, and application*. New York: John Wiley & Sons.
Sheikh, A. A., Richardson, A., & Moleski, L. M (1979). Psychosomatics and mental imagery: A brief review. In A. A. Sheikh & J. T. Shaffer (Eds.), *The potential of fantasy and imagination*. New York: Brandon House.
Shopenhauer, A. (1947). Dream versus reality. In R. L. Woods (Ed.), *The world of dream: An anthology*. New York: Random House.
Silverman, S. (1985). Psychoanalytic observations on vulnerability to physical disease. *Journal of the American Academy of Psychoanalysis, 13*, 295–315.
Smith, R. The meaning of dreams: A current warning theory. In J. I. Gackenbach & A. A. Sheikh (Eds.), *Dream images: A call to mental arms*. Farmington, New York: Baywood.

Snyder, T. J., & Gackenbach, J. I. (1981). Lucid dreaming and cerebral organization. *Sleep Research*, 10, 154.

Snyder, T.J., & Gackenbach, J. I. (1988). Individual differences associated with lucid dreaming. In J. I. Gackenbach and S. LaBerge (Eds.), *Conscious mind, sleeping brain: Perspectives on lucid dreaming*. New York; Plenum.

Snyder, T. J., & Gackenbach, J. I. Vestibular contributions to the neurocognition of lucid dreaming. In J. I. Gackenbach & A. A. Sheikh (Eds.), *Dream images: A call to mental arms*. Farmington, NY: Baywood.

Sparrow, G. S. (1976). Effects of meditation on dreams. *Sundance Community Dream Journal, 1*(1), 48–49.

Sparrow, G. S. (1983). An exploration into the inducibility of greater reflectiveness and »lucidity« in nocturnal dream reports. *Lucidity Letter, 2*(4), 75.

Sparrow, G. S. (1988). Letter from Scott Sparrow. *Lucidity Letter, 7*(1), 6–9.

Stoffregen, T. A., & Riccio, G. E. (1988). An ecological theory of orientation and the vestibular system. *Psychological Review, 95*, 3–14.

Stuss, D. T., & Benson, D. F. (1986). *The frontal lobes. New York: Raven Press.*

Suinn, R. M. (1983). Imagery and sports. In A. A. Sheikh (Ed.), *Imagery: Current theory, research, and application*. New York: John Wiley & Sons.

Suls, J. & Fletcher, B. (1985). Self-attention, life stress, and illness. *Psychosomatic Medicine, 47*(5), 469–481.

Sun, F., et al. (1984). An analysis of EEG power spectrum and coherence during quiet state in qigong. *Acta Psychologica Sinica*, 16(4), 422–427.

Takigawa, M. (1987). Directed coherence and EEG prints in schizophrenia. In R. Takahaslii, P. Flor-Henry, J. Gruzelier & S. Niwa (Eds.), *Cerebral dynamics, laterality and psychopathology*. New York: Elsevier Science Publishers.

Taneli, B., & Krahne, W. (1987). EEG changes of Transcendental Meditation practitioners. *Advances in Biological Psychiatry, 16*, 41–71.
Tart, C. T. (1979). From spontaneous event to lucidity: A review of attempts to consciously control nocturnal dreaming. In B. B. Wolman (Ed.), *Handbook of dreams: Research, theories, and applications* (pp. 226–268). New York: Van Nostrand Reinhold. (Also in *Conscious mind, sleeping brain*, New York: Plenum.)
Tart, C. T. (1984). Terminology in lucid dream research. *Lucidity Letter, 3*(1), 82.
Tart, C. T. (1987). The world simulation process in waking and dreaming: A systems analysis of structure. *Journal of Mental Imagery, 11*, 145–158.
Thatcher, R. W., Krause, P. J. & Hrybyk, M. (1986). Corticocortical associations and EEG coherence: A two-compartmental model. *Electroencephalography and Clinical Neurophysiology, 64*, 123–143.
Tholey, P. (1983a). Cognitive abilities of dream figures in lucid dreams. *Lucidity Letter, 2*(4), 71.
Tholey, P. (1983b). Techniques for inducing and manipulating lucid dreams. *Perceptual and Motor Skills, 57*, 79–90.
Tholey, P. (1988). Psychotherapeutic application of lucid dreaming. In .J. I. Gackenbach & S. LaBerge (Eds.). *Conscious mind, sleeping brain: Perspectives on lucid dreaming*. New York: Plenum.

Wallace, R. K. (1976). The physiological effects of Transcendental Meditation: A proposed fourth major state of consciousness. *Scientific research on the Transcendental Meditation program: Collected papers* (Vol. 1). Rheinweiler: MERU Press.
Wallace, R. K. (1986). *The Maharishi technology of the unified field: The neurophysiology of enlightenment*. Fairfield, IA: Maharishi International University Press.

Wallace, R. K., & Benson, H. (1976). The physiology of meditation. In D. W. Orme-Johnson & J. T. Farrow (Eds.), *Scientific research on the Transcendental Meditation program: Collected papers* (Vol. 1). Rheinweiler: MERU Press.

Wallace, R. K., Fagan, J. B, & Pasco, D. S. (1988). Vedic psychology. *Modern Science and Vedic Science, 2*, 3–59.

Walters, M., & Dentan, R. (1985). Are Iucicl dreams universal? Two unequivocal cases of lucid dreaming among Han Chinese university students in Beijing, 1985. *Lucidity Letter, 4*(1), 128.

Warnes, H., & Finkelstein, A. (1971). Dreams that precede a psychosomatic illness. *Canadian Psychiatric Association Journal, 16*, 317–325.

Wescott, M. (1977). Hemispheric symmetry of the EEG during the Transcendental Meditation technique. In D. W. Orme-Johnson & J. T. Farrow (Eds.), *Scientific research on the Transcendental Meditation program: Collected papers* (Vol. 1). Rheinweiler: MERU Press.

West, M. A. (1980). Meditation and the EEG. *Psychological Medicine, 10*, 369–375.

West, M. A. (1982). Meditation and self-awareness: Physiological and phenomenological approaches. In C. Underwood (Ed.), *Aspects of consciousness: Vol. 3: Awareness and self-awareness*. New York: Academic Press.

Witkin, H. A., Dyk, R. B., Faterson, H. F., Goodenough, D. R., & Darp, S. (1974). *Psychological differentiation: Studies of development*. New York: John Wiley & Sons.

Witkin, H. A., Lewis, H. B., Hertzman, M., Machover, K., Meissner, P. B., & Wapner, S. (1954). *Personality through perception*. New York: Harper & Brothers.

Wolf, F. A. (1984). Star wave. New York: Macmillan.

Wolf, F. A. (1987a). Interview with physicist Fred Alan Wolf on the physics of lucid dreaming. *Lucidity Letter*, 6(1).

Wolf, F. A. (1987b). The physics of dream consciousness: Is the lucid dream a parallel universe? *Lucidity Letter, 6*(2).
Wolman, B. B., & Ullman, M. (Eds.) (1986). *Handbook of states of consciousness.* New York: Van Nostrand Reinhold.
Wolman, B. B., Ullman, M., & Webb, W. B. (Eds.) (1979). *Handbook of dreams: Research, theories and applications.* New York: Van Nostrand Reinhold Company.
Worsley, A. (1982). Alan Worsley's work on lucid dreaming. *Lucidity Letter, 1*(4), 21–22.
Worsley, A. (1983). Objective vs. subjective approaches to investigating dream lucidity: A case for the subjective. *Lucidity Letter, 2*(2), 55.
Worsley, A. (1988a). Lucid dreaming: Ethical issues. *Lucidity Letter, 7*(1), 4–5.
Worsley, A. (1988b). Personal experiences in lucid dreaming. In J. I. Gackenbach and S. LaBerge (Eds.), *Conscious mind, sleeping brain: Perspectives on lucid dreaming*. New York: Plenum.
Wren-Lewis, J. (1985). Dream lucidity and near-death experience: A personal report. *Lucidity Letter, 4*(2), 4–11.

Yates, J. (1985). The content of awareness is a model of the world. *Psychological Review, 92*, 249–284.

Ziegler, A. (1962). A cardiac infarction and a dream as synchronous events. *Journal of Analytic Psychology, 7*, 141–148.
Zoccolotti, P. (1982). Field dependence, laterality and the EEG: A reanalysis of O'Connor and Shaw (1978). *Biological Psychology, 15*, 203–207.